山东工商学院法学文库（6）

总主编　张献勇　夏凤英

中国社会转型期法律意识变迁研究

姜起民　著

中国人民公安大学出版社

·北　京·

图书在版编目（CIP）数据

中国社会转型期法律意识变迁研究/姜起民著．—北京：中国人民公安大学出版社，2013.10

（山东工商学院法学文库/张献勇，夏凤英主编）

ISBN 978－7－5653－1433－9

Ⅰ．①中…　Ⅱ．①姜…　Ⅲ．①法律意识—变迁—研究—中国　Ⅳ．①D920.0

中国版本图书馆 CIP 数据核字（2013）第 192639 号

山东工商学院法学文库（6）
中国社会转型期法律意识变迁研究
姜起民　著

出版发行：中国人民公安大学出版社
地　　址：北京市西城区木樨地南里
邮政编码：100038
经　　销：新华书店
印　　刷：北京兴华昌盛印刷有限公司

版　　次：2013 年 10 月第 1 版
印　　次：2013 年 10 月第 1 次
印　　张：9
开　　本：880 毫米×1230 毫米　1/32
字　　数：241 千字

书　　号：ISBN 978－7－5653－1433－9
定　　价：35.00 元

网　　址：www.cppsup.com.cn　www.porclub.com.cn
电子邮箱：zbs@cppsup.com　zbs@cppsu.edu.cn

营销中心电话：010－83903254
读者服务部电话（门市）：010－83903257
警官读者俱乐部电话（网购、邮购）：010－83903253
法律分社电话：010－83905745

总　序

　　山东工商学院（原中国煤炭经济学院）法学专业教育始于1993年。当年，学校首批招收了经济法专业专科学生。1999年，法学专业本科学生首批招生。在法学专业创办20周年即将到来之际，我们拟以法学学科和专业教师的博士学位论文和国家社会科学基金项目、省部级科研项目为基础，推出"山东工商学院法学文库"，旨在展示山东工商学院法学研究成果，传播法学学术思想，为推动我国法学理论创新和指导法治建设实践尽绵薄之力。

　　"山东工商学院法学文库"能够面世，得益于山东工商学院对学科建设的高度重视。早在1999年，宪法学与行政法学就被确定为学校重点建设学科。经过努力，宪法学与行政法学又先后获批为山东省"十五"和"十一五"重点建设学科。2009年，宪法学与行政法学被学校列为校级强化建设学科，经济法学被列为校级重点建设学科。学校对法学学科的重视和支持，极大地调动了教师学科建设的积极性，也为本文库的顺利出版提供了有力的物质保障。

　　目前，法学学科点共有专业教师34人，其中教授7人、副教授13人，具有高级职称的教师占全体教师的比例为59%；拥有博士学位的教师7人、在读博士5人，博士和在读博士占全体教师的比例达到35%。学校已经形成了一支方向稳定、结构合理、治学严谨、勤勉上进的学术队伍，特别是青年教师崭露头角，具有良好的研究潜力，实乃一件幸事。

法学学科点始终坚持以教学为中心，教学设施不断完善，教学改革扎实推进，教学质量稳步提高。建设了高标准的模拟法庭实验室，图书馆相关藏书丰富，建成了资料室和微机室。按照应用型人才培养要求，依据学科优势和学校特点，实施精细化、分方向人才培养模式改革，即在新生入学之始就为其确定四年就读期间的专业指导教师，在高年级分宪法行政法和民商经济法两个专业方向实施教学。法学专业曾被评为学校优秀专业，1 个教学团队被列为校级教学团队，1 门课程建成了省级精品课程，3 门课程建成了校级精品课程。主编教材 7 部，分别由法律出版社、北京大学出版社、中国民主法制出版社等出版，其中 1 部获得山东省普通高等学校优秀教材一等奖。1 项教学成果获得山东省高等教育优秀教学成果三等奖。4 篇论文被评为山东省优秀学士学位论文。截至 2011 年，已累计为社会培养法学本专科毕业生 3000 多人，得到了用人单位的普遍好评。他们正在各自的工作岗位上为法治建设增砖添瓦，为推动社会进步和实现公平正义发光发热。

法学学科点十分注重科学研究和学术交流。近年来，共主持国家社会科学基金项目 4 项，教育部人文社会科学研究项目、司法部法治建设与法学理论研究项目等省部级研究项目 40 多项，获得山东省社会科学优秀成果奖等各类奖项 30 余项，出版专著 20 余部，在《中国法学》、《法商研究》等重要学术刊物发表论文 110 余篇，取得了较为丰硕的研究成果。学科点先后邀请 50 多位知名学者来校讲学或指导，派出多名教师参加国内外重要学术会议，先后承办了 2001 年中国法学会行政法学研究会年会、全省建设"平安山东"法治理论研讨会、2010 年山东省法学会宪法学研究会年会、2011 年山东省法学会财税金融法学研究会年会等学术会议，学术影响逐步扩大。

我们深知，我校法学学科和专业建设起步较晚，虽然取得了一定的成绩，但与国内一流法律院校相比还有不小的差距。我们期望在我国实行"依法治国、建设社会主义法治国家"的进程中，借由本文库的出版，推动我校法学学科建设和专业建设水平的进一步提高。

最后，感谢中国人民公安大学出版社对本文库的出版给予的宝贵支持。

张献勇

2011 年 11 月 10 日

目　录

绪　论

一、研究缘起

中国社会转型期间，社会领域的各个方面都发生了十分深刻的历史性变革。在经济上，传统自然经济和计划经济体系已经解构，而社会主义市场经济体制正在积极地完善之中；在政治上，传统集权体制已经不能适应社会发展的要求，社会主义民主政治建设正朝着新的历史时期迈进。在法制建设方面，正经历着由传统"人治型"法制向现代"法治型"法治的历史嬗变，法治国家初步形成。这一伟大的历史变迁过程同时也是社会从传统向现代迈进的过程。历史的变迁必然伴随着社会的阵痛，这是一个取得巨大成就的时代，同时又是一个充满各种矛盾、迷茫和困惑的时代。就法制现代化建设而言，一方面，党和国家已经明确地提出了社会主义法制建设的目标，即"依法治国，建设社会主义法治国家"，并将其上升到宪法的高度，社会主义市场经济和民主政治建设的法律体系已经基本形成，法律文明的变革已经取得了举世瞩目的伟大成就，社会主义法制现代化进程在不断地向前推进；另一方面，在迈向法制现代化和实现"依法治国，建设社会主义法治国家"这一现代法治目标的过程中，法制现代化建设又遇到了多种多样的问题，面临着许多困难和挑战。

在立法方面，有些法律没有经过民主程序，仓促立法，有违大众的意志；有些法律立法不够科学，没有考虑到法律的本土性而盲目移植，造成"水土不服"；有些法律内容存在欠缺，法律位阶错位，下位法与上位法时有冲突；有些法律的"立、改、废"不够及时，出现了法律的缺位与滞后；有些法律立法与现代法治理念相违背，没有体现出现代法治保障人权、以人为本的时代精神。

在行政执法方面，也存在许多问题。从执法的主体看，执法主体多为行政机关，有时为法律、法规授权的组织，但其分工不够明确、职责不够清晰，在一定程度上存在着执法主体混乱的现象；从执法的效益看，有时执法成本过高，效益低下，不善于运用现代科技手段；从执法的依据看，政策与法律、法规、规章、红头文件等并存，有时互相矛盾，不知所措；从执法的程序看，已有的程序法得不到很好的执行，存在重实体、轻程序的现象；从执法的文明程度看，有时存在野蛮执法、粗暴执法的行为，有时滥用自由裁量权，时宽时严，同等情况不同等对待，不同等情况却相同对待，执法的文明程度还有待提高。

在司法方面，存在的问题尤为严重。司法是社会稳定的安全阀，是解决社会矛盾的最后一道防线，应该说建设法治国家没有司法独立，没有司法的权威是不可想象的。而我国法院的地位不高、司法权威不足，司法腐败也日益蔓延，法律在现实生活中难以落实，人民法院的许多判决难以执行。经常存在赢了官司但利益得不到保障的现象，以致出现了卖判决书、推行"执行年"等怪现象。

在守法方面，违法乱纪的事情时有发生。从违法的主体看，既有普通公民的违法，也有国家机关工作人员的违法；既有单个主体的违法，也有群体性违法。从违法的手段看，既有公然的违法，也有隐蔽的违法。从违法的形式看，既有实体性的违法，也有程序性违法。从违法的后果看，既有一般违法，也有恶性违法。从违法的主观心理态度看，既有故意的违法，也有过失的违法。从违法主体对法律的认知水平看，既有不知法的违法，也有知法犯法。

立法、执法、司法、守法等诸方面存在问题的原因是多方面的。从表面看，既有法律制度本身不健全、执法水平不高的原因，也有法律的权威不足、公民法律知识匮乏的原因。从深层次看，既有传统法律思想与现代法律思想冲突的原因，也有传统政治经济体制向现代社会转型时各种利益发生碰撞的原因。但其中有一个因素是不容忽视的，那就是在这些违法现象的背后有一个共同的问题，即法律意识的缺失问题。法律理念及法律意识作为支撑现代法治社会的精神力量无疑是非常必要的。任何一个国家的法律意识都是其法律制度得以产生、运作乃至发展的必要精神支柱，是法律得以高效运行的内在精神动力。"在任何一项事业背后，必然存在着一种无形的精神力量；尤为重要的是，这种精神力量一定与该项事业的社会文化背景有密切的渊源。"① 在中国这样一个具有久远的传统文化的东方大国，实现依法治国，建设社会主义法治国家，是一项开天辟地的伟大事业，是一项庞大的社会工程。它不仅要求社会法律制度的变革，而且还要求法律意识和社会主体法律价值理念的深刻变革。法律观念的更新，法律意识的转变，是中国迈向现代法治的基石。

　　法律意识是人们从法律的角度认知、感觉、评价各种社会现象，包括人们的日常生活与生产现象以及由此引发的各种社会交往现象，并用以支配他们行为方式的意识，是人们自觉地在一定法律文化背景下将其行为置于法律秩序、法律生活和法律世界之中的近乎本能的意识。法律意识的养成以及法律意识的存在状态决定了法律文化的形成及法律文化的发达程度和存在状态。在现代社会中，人们是否具有现代法律意识将直接决定该社会能否实现法治，并直接反映该社会的法治化程度。从某种意义上说，法治现代化的根本就是法律意识的现代化。因此，深入地研究现代法律意识有关问题便具有重要的意义。从根本意义上说，社会主体构建现代法律意识是实现法治国家的持久精神动力，要实现法治社会，必然要形成与现代市场经济和民主政治相适应的，并作为现代法治起点、依据、

---

① ［德］马克斯·韦伯著：《新教伦理与资本主义精神》，黄晓京、彭强译，四川人民出版社1986年版，"译者絮语"第3页。

核心和实质的现代法治精神，形成社会主体普遍的现代法律意识。没有与社会法律体系相适应的社会法律意识的支撑，任何一种法律制度的产生、存在和发展都是不可能持久的。因此，对当代中国法律意识和法律观念的研究就成为实现依法治国和法制现代化这一历史使命不可或缺的应有内容之一，它构成了社会主义法治国家建设中的基础工程。

亚里士多德将法治称之为"良法之治"，即"法治应包含两重意义：已成立的法律获得普遍的服从，而大家所服从的法律又应该是本身制定得良好的法律"。① 立法、执法、司法、守法的核心问题其实也就是实现亚里士多德的法治观问题。法律意识是现代法律文化观的核心，统领着立法、守法、司法等法的运行诸环节，深层次、持久性地影响着整个现代法律制度的产生和运作。法律意识不仅从理念上指导着法律的制订，保证所制订的法律符合现代法治国家的内在精神，而且对于法律的执行与遵守同样有着特殊的作用。

我国社会主体的法律意识在社会转型期间无疑发生了重大变化，从执政党到国家执法、司法机关，从普通公民到公司、团体以及其他社会组织，其法律意识在改革大潮中都发生了巨大的变化。而相对于社会法律意识变化的速度，学者对法律意识的研究还较为落后，尤其是缺乏对社会转型期法律意识变迁的整体性研究。国内学者的研究通常是针对法律意识的一般理论而言的，也有的学者对于某个群体或阶层的法律意识进行了研究。但社会转型以来，对社会整体法律意识究竟发生了哪些变化、变化的原因是什么、变化到了什么程度、变化的走向及发展趋势如何、是否与建设社会主义法治国家的目标相一致、目前法律意识的发展状况与建设社会主义法治国家还有哪些差距、如何促使与引导社会法律意识向现代转型等重大问题还缺乏系统的研究。正是基于这种社会要求与研究现状，

---

① ［古希腊］亚里士多德著：《政治学》，吴寿彭译，商务印书馆1965年版，第199页。

笔者拟对中国社会转型期法律意识变迁予以整体性研究，以期对建设社会主义法治国家提供理论基础。

二、研究意义

社会转型以来，我国法治建设取得了巨大的进步，"依法治国，建设社会主义法治国家"已经被写入了宪法。但如前所述，法制建设在立法、执法、司法、守法等方面仍然存在着不同程度的问题。造成问题的原因是多方面的，而现代法律意识的缺失就是其中的重要原因之一。现代法律意识可以为立法者提供科学的理念，可以弥补现实法律的不足，可以为执法、司法、守法者提供行动的指南。从根本意义上讲，社会法律意识的现代化是实现依法治国的关键和核心，没有与市场经济和民主政治相适应的现代法律意识，要实现法治国家是不可能的。而学界对于法律意识的研究严重不足，在大部分法理学教材中，一般也没有法律意识的"一席之地"；即使有所研究，也仅限于法律意识的一般理论层面叙述，研究还处于初级阶段。对于法律意识的实践研究，也往往拘泥于某一特殊主体的法律意识研究，而对于改革开放以来社会法律意识变迁的整体研究存在着严重匮乏。因此，对于改革开放以来社会法律意识变迁的整体研究与梳理，不仅具有重大的理论意义，而且还具有重大的现实意义。

具体来说，研究社会转型期法律意识变迁的理论意义在于：

第一，运用马克思主义理论中关于意识形态的一般原理，吸收和借鉴国内外关于法律意识和法律文化的最新研究资料和研究方法，在理论上构建起具有中国特色的法律意识的一般理论，科学地界定法律意识的概念范畴，系统地剖析法律意识的结构，具体分析法律意识的构成要素及其相互关系，全面阐释法律意识在法律运行中的功能和社会文化功能，深刻把握和揭示法律意识的社会、经济、文化传统和社会心理基础，从而初步形成法律意识研究的对话语境。

第二，在构建法律意识理论的基本框架基础之上，运用法律意识的一般原理，揭示改革开放以来中国法律意识现代化的变迁轨迹，特别是剖析改革开放以来社会法律意识变迁的状况、根基、背景和条件等。在实证分析改革开放以来社会法律意识状况的基础上，探讨这一时期社会法律意识的变迁规律，从而为我国立法和法律适用提供一定的理论参考。

研究社会转型期法律意识变迁的实践意义在于：

第一，法律的制订需要立法者具有较强的法律意识。在立法、执法、司法、守法等一系列法律运行的过程中，立法在法治建设中处于源头地位，立法质量的高低直接决定法律的良恶。立法过程是把党的路线、方针、政策以及人民的意志上升为国家意志的过程。在立法过程中，充分发扬民主精神、集中群众的智慧、取得多数人的一致意见才能更好地反映广大人民的意志和利益。社会主体如果没有良好的法律意识，公正、民主的立法程序也可能产生出恶法。

第二，公正执法需要执法者具有较强的法律意识。立法是法律运作的源头，执法是法律运作的关键。作为执法者的国家行政机关以及法律、法规授权的组织，其法律意识水平的高低直接决定着国家行政权力行使的合法性与合理性的程度。要保证行政主体严格依法行使法律授予的职权，正确履行法律赋予的职责，不仅要求行政主体及其工作人员要具有高度的责任心和良好的职业道德，更要求其根据行政法的基本原则正确地运用行政法律规范作出合法的行政行为。而如何行政才是符合立法者本意的判断，在很大程度上取决于执法者的法律意识水平。

第三，法律意识的提高，对于实现司法公正、预防司法腐败也具有重大的意义。司法凭借其公开、公正的审判程序以及法官良好的法律素养成为解决社会纠纷的最后防线。司法公正，不仅要求法官具有良好的法律素质，更要求其具有较高的法律意识。也只有法官和司法系统全体工作人员具有了较高的法律意识，才能最终形成良好的司法环境，为法治建设提供坚强的后盾。

第四，提高社会主体的法律意识是守法的关键。要实现法治，使越来越多的人不仅不触犯法律，而且还能积极维护法律，离不开社会主体整体法律意识水平的提高。如果执政党和国家机关及其工作人员不具备必要的法律意识，缺少法治观念，那么法治国家的建立是不可想象的。另外，普通公民无法掌握浩如烟海的法律条文，而公民法律意识的提高无疑可以提高其守法意识。

总之，研究中国社会转型期法律意识的变迁，对"依法治国，建设社会主义法治国家"不仅具有重要的理论意义，而且具有重大的现实意义。

三、本书框架

本书以"中国社会转型期法律意识变迁"为核心，具体围绕着什么是法律意识、什么是中国社会转型期法律意识变迁的基础、中国社会转型期法律意识发生了哪些变化、哪些因素影响着中国社会转型期法律意识的变化、怎样促使法律意识向更高一级层次变化五个方面的问题而展开，从而形成了本文研究的基本框架。因此，本书共分为五章，从不同的角度围绕着社会转型期法律意识变迁进行了论证，具体结构如下：

第一章　法律意识的内涵

本章主要对法律意识的基本内涵进行了分析与界定，共分为以下三个部分：

第一部分，主要研究了法律意识的内涵。首先，回顾了传统马克思主义法学、西方马克思主义法学的法律观以及苏联学者关于法律意识概念的界定；其次，分析了国内学者关于法律意识的论述，主要包括孙国华教授、沈宗灵教授、张文显教授、李步云教授等的观点；最后，在对法律意识的相关概念（法律意识与法、法律心理、法律知识、法律文化）进行比较分析的基础上，界定了法律意识的内涵。

第二部分，主要研究了法律意识的分类。在传统法律意识分类的基础上，进一步把法律意识分为：（1）职业法律意识与非职业法律意识；（2）个体、群体与社会法律意识；（3）实体法律意识与程序法律意识；（4）公法法律意识与私法法律意识；（5）公民法律意识与臣民法律意识；（6）权利本位法律意识与义务本位法律意识。（7）适应性法律意识与非适应性法律意识；（8）法制意识与法治意识。

第三部分，主要分析了法律意识的结构与功能。法律意识的结构包括横向结构和纵向结构两个方面。法律意识的横向结构主要包括法律知识、法律情感、法律意志、法律信仰、法律评价五个方面。法律意识的纵向结构主要包括法律心理、法律观念和法律意识形态三个方面。法律意识的功能包括认识与评价功能、预测与指引功能、法制运行功能和法律文化功能。

第二章　社会转型期法律意识变迁的历史渊源与现实根基

法律意识的变迁有其深刻的经济根源、政治背景和文化背景。本章包括以下四个部分：

第一部分，主要探讨了传统文化中的儒家法律思想对当代中国法律意识变迁的影响。传统文化对于当代中国法律意识的变迁既有积极的影响，也有消极的影响，必须科学地对待中国传统法律文化。

第二部分，主要探讨了新中国成立后到改革开放前中国法治建设思想与实践，回顾了执政党法律思想、新中国成立后的立法工作、法律制度的运作状况以及法学教育等几个方面，并指出了其与社会转型期法律意识变迁的关系。

第三部分，主要探讨了社会转型期法律意识变迁的现实经济基础。在回顾我国市场经济发展轨迹的基础上，首先分析了市场经济与法治的契合性；其次分析了市场经济对法律意识生成的促进作用，具体包括市场经济有利于社会主体树立平等意识观、权利意识观、自由意识观和法治政府观等几个方面。

第四部分，主要探讨了社会转型期法律意识变迁的现实政治基础，具体包括人民代表大会制度、政治协商制度、党内民主制度、基层民主制度、政治体制改革和法治建设等方面，并指出了其对社会转型期法律意识变迁的影响。

第三章　社会转型期法律意识变迁

本章主要考察了社会转型期法律变迁的状况。根据法律意识的结构原理，从横向和纵向两个方面考察了社会转型期法律意识变迁的状况，具体包括执政党法律意识、国家机关及其工作人员法律意识、农民法律意识、城市居民法律意识、大学生法律意识等几个方面。执政党法律意识的变迁，主要表现为由人民民主的法治观转变为社会主义法治观；国家机关及其工作人员法律意识的变迁部分，主要分析了立法机关、行政机关和司法机关法律意识的变迁状况，包括立法观念、执法理念、司法理念、程序意识等方面；农村居民、城市居民和大学生法律意识的变迁，主要体现在法律认知、法律遵守、法律运用、法律关注和法律评价等方面。

第四章　冲突·矛盾·整合：社会转型期法律意识变迁的相关变量分析

本章主要对社会转型期法律意识变迁的相关变量进行了分析，具体包括以下三个部分：

第一部分，主要分析了政府推进型法治现代化模式与构建现代法律意识的冲突。首先，分析了我国选择政府推进型法治建设模式的必然性；其次，分析了政府推进型法治建设模式与现代法律意识构建的冲突。

第二部分，主要对我国社会转型期法律意识变迁的基本矛盾进行了分析。认为在我国社会转型期存在着三大主要矛盾：（1）传统法律文化与现代法律意识之间的矛盾；（2）市场经济的快速发展与法律意识相对滞后的矛盾；（3）人们日益增长的法律意识与司法资源不能满足人们日益增长的法律意识需求之间的矛盾。并对三大矛盾进行了具体分析。

第三部分，主要分析了法律教育形式与法律意识结构的对接。

我国法律教育形式包括高等院校法学教育、法律职业教育和普法教育三个组成部分，这正好与法律意识的层次性存在着高度的契合性。根据法律意识的层次性，法律教育的改革方向应当是正确处理高等法学教育与职业法律教育的关系，并且应当取消普法教育。

第五章　法律意识现代化路径分析

本章主要分析了我国法律意识现代化的路径与对策。论述了如何树立对法律的信任以及执政党如何引领法律意识发展潮流两个问题。具体来说，树立法律信仰不具有现实性，相比之下，树立对法律的信任比较切实可行。树立法律信任的路径是通过司法独立而保证司法权威的，并对司法独立的本质进行了论述。在执政党如何引领法律意识的发展方面，简要论述了引领民主意识、法治意识、权力制约意识和人权意识等内容。

四、研究方法

1. 系统研究方法。社会法律意识作为上层建筑的组成部分，其与上层建筑的其他要素之间必然存在着千丝万缕的联系，经济基础对于法律意识的变迁也具有决定性的作用，就是法律意识本身也有其内在的结构。因此，研究社会法律意识必须用系统研究方法，只有这样，才能更好地理解法律意识生成的社会背景、文化基础以及影响法律意识的其他因素。

2. 历史研究方法。社会法律意识的变迁并非是在短期内完成的。法律意识作为上层建筑的组成部分，不可能与经济基础完全同步发展，其极有可能具有滞后性或超前性。法律意识自身有其发展的内在逻辑与历史轨迹。历史法学派认为，一个民族法律意识的形成和这个民族的历史有着密切的联系，抛开历史传统与国情凭空构建法律意识是不可能的。特别是研究法律意识的变迁，更离不开对法律意识形成的历史研究。

3. 实证研究方法。社会法律意识既是抽象的，同时也是具体的。当代中国法律意识的变迁，必然会通过某些法律事件或某些法律案例表现出来。通过一系列的事件可以更好地诠释社会法律意识的变迁规律，如新中国《行政诉讼法》的颁布，无疑是研究我国民主法律意识进一步增强的契机。

4. 比较研究方法。法律意识的变迁有其自身的发展逻辑，但其变迁速度不可能是匀速的。以改革开放为时间点，中国社会法律意识在其后发生了很大的变化。只有通过对改革开放前后法律意识的对比分析，找出当今法律意识变迁的原因，才能更好地把握现代法律意识的发展脉络与发展方向，从而为法律意识向健康的方向发展提供理论保障。

5. 心理学方法。法律意识是法律这一特殊的社会现象在人们头脑中的主观反映，是作为认识和感知对象的法律经过人脑的加工而形成的主观映像，法律意识是心理活动的产物。因此，研究法律意识还应运用现代心理学的研究成果与研究方法，从心理学的视角来研究法律意识的变迁规律。

通过上述五种方法的综合运用，有望能够准确把握我国社会转型期法律意识发展的轨迹，从而为实现依法治国，建设社会主义法治国家提供精神动力。

五、创新之处

本书的创新之处包括以下两个方面：

第一，研究视角创新。改革开放以来，随着我国社会转型期政治、经济和文化的大力发展，社会各个主体的法律意识也发生了巨大的变迁。从执政党到国家机关及其工作人员、从城市居民到农村居民、从文盲到大学生等的法律意识都发生了巨大的变化。然而，目前学者对法律意识的研究只限于某一特殊的群体，缺乏对法律意识变迁的宏观整体研究。本书从整体上对社会各主体法律意识变迁的基本状况进行了研究与梳理，以期从总体上把握中国社会转型期法律意识变迁的基本规律。

第二，观点创新。观点创新包括以下四个方面：

1. 法律意识变迁的基本矛盾创新：在社会转型期法律意识变迁的诸多矛盾中，笔者提出了以前学者忽略的一个矛盾，即人们日益增长的法律意识与司法资源不能满足人们日益增长的法律意识需求之间的矛盾，并认为该矛盾是社会转型期法律意识变迁的主要矛盾。

2. 司法独立本质创新：司法独立是树立司法权威的关键，是培养法律信任的前提。但我们一直对司法独立的本质没有清晰的认识。司法既有独立的一面，也有受制的一面，是独立与受制的混合体。司法独立的本质，是在司法独立于谁和司法受制于谁之间找到平衡点。

3. 执政党引领法律意识潮流的创新：中国的发展离不开执政党的领导，现代法律意识的培养也是如此。笔者首次提出了执政党引领法律意识潮流的观点，并从民主意识、法治意识、权力制约意识和人权意识四个方面给予了论述。

六、研究综述

社会转型期我国社会各主体，从执政党到国家机关及其工作人员，从普通公民到公司、团体及其他社会组织的法律意识，都在改革大潮中发生了不同程度的变迁。与法律意识的巨大变迁相比，学者对法律意识的研究则相对不足。[①] 对社会转型期整体法律意识的

---

① 国内学者对法律意识理论研究的专著只有刘旺洪的《法律意识论》（法律出版社 2001 年版）。另外，还有一些硕士毕业论文对法律意识进行了探讨，如王新宇的硕士毕业论文《法律意识之理论探析》（2001 年，中国政法大学）、管祥润的硕士毕业论文《论现代法律意识》（2007 年，北方工业大学）等。还有学者对某个群体或区域的法律意识进行了实证研究，如郑永流等的《农民法律意识与农村法律发展——来自湖北农村的实证研究》（中国政法大学出版社 2004 年版）、张智武的硕士毕业论文《锦州地区公民法律意识现状及成因分析》（2004 年，清华大学）、孙育玮等的《都市法治文化与市民法律素质研究》（法律出版社 2007 年版）。

研究更为薄弱，至今还没有关于社会转型期法律意识变迁的博士论文。

国外对于法律意识研究主要限于苏联以及俄罗斯学者，特别是他们的法理学者，十分重视对于法律意识的研究。早期便有俄国学者伊·亚·伊林的专著从哲学、社会学、法哲学、国家学的高度以及宗教的角度对公民法律意识作了极其深刻、全面、详尽的分析和论述，开创性地提出了"规范法律意识"学说。[①] 欧美学者虽然没有借用法律意识的概念，但其对于法律的思想、理论、价值等的研究都属于法律意识研究的范畴。这里仅以本书研究框架为线索，对我国社会转型期法律意识变迁的研究资料作如下梳理：

1. 关于法律意识的内涵。苏联以及俄罗斯学者关于法律意识的主要观点有：卡列娃、费其金的观点是："法律意识是社会意识的一种形式，它是一定阶级的法律观点的总和，而在人民道义上和政治上一致的条件下则是全体人民法律观点的总和。"[②] 彼·斯·罗马什金的观点是："它是传播于社会中的反映人们对现行法的态度的法律观点的总和，是对行为正当与否的理解。"[③] 伊·法尔别尔则着重强调了法律意识的心理要素，认为法律意识是法律思想和法律心理的结合，并认为不存在任何个人的法律心理。[④] C.C. 阿列克谢耶夫则强调了法律意识与道德、政治、哲学等形式的关系，"法律意识和其他社会意识形式——道德的、政治的、哲学的等形

---

① ［俄］伊·亚·伊林著：《法律意识的实质》，徐晓晴译，清华大学出版社 2005 年版。

② ［苏］卡列娃、费其金主编：《苏维埃国家和法的基础》，法律出版社 1955 年版，第 135 页。

③ ［苏］彼·斯·罗马什金、米·斯·斯特罗果维奇、弗·阿·图曼诺夫主编：《国家和法的理论》，中国科学院法学研究所译，法律出版社 1963 年版，第 378 页。

④ 王勇飞编：《法学基础理论参考资料》（下），北京大学出版社 1981 年版，第 206~208 页。

式——处于一个系列，处于直接的相互作用之中，并且有整个社会意识所具有的一切属性和特点"。① 总之，苏联和俄罗斯学者强调法律意识的阶级性、社会性，认为其是人们关于法和法律观点的总和。

西方学者则很少对法律意识的概念进行全面的界定，但他们从各自的不同视角探讨了法律意识性质、产生的基础以及法律意识在社会法律体系中的功能和地位等问题，涉及法律情感、法律文化、法律价值、法律信仰、法律理想和法律意识形态等相关概念。这些概念有些属于法律意识的相关部分，有些则属于法律意识的研究范围。西方有关法律意识的相关理论主要有梅里曼和弗里德曼的法律文化观念理论、帕森斯的法律价值思想、庞德的法律理想的思想、伯尔曼的法律信仰理论、耶林的法律情感的思想以及科特威尔关于法律与意识形态的论述等。②

我国学者对于法律意识的观点主要要有以下三类：

（1）主流法律意识观。该观点认为，法律意识是人们关于法、法律现象的思想、观点、知识和心理的统称。在我国法学界，许多著名的法学家都赞同这种观点，该观点已经成为我国目前关于法律意识内涵的通说与主流观点。③

（2）法律文化视域中的法律意识观。法律文化视域中的法律意识观是建立在哲学高度对法律意识进行解读的。该观点认为，在

---

① ［苏］C. C. 阿列克谢耶夫著：《法的一般理论》（上册），黄良平等译，法律出版社1988年版，第206～207页。

② 刘旺洪著：《法律意识论》，法律出版社2001年版，第25～34页。

③ 例如，沈宗灵主编：《法理学》，高等教育出版社1994年版，第234～236页；孙国华主编：《法理学》，中国人民大学出版社1999年版，第191页；葛洪义主编：《法理学》，中国政法大学出版社1999年版，第187页；舒国滢主编：《法理学阶梯》，清华大学出版社2006年版，第89页；周旺生主编：《法理学》，北京大学出版社2007年版，第550页；高其才主编：《法理学》，中国民主法制出版社2005年版，第75页等，都持该种观点。

感性认识与理性认识之间还存在一个独立的中间地带，因此法律意识是法律文化的组成部分，是介于法律思想体系与法律心理的中间部分。①

（3）强调心理作用的法律意识观。这种对法律意识的理解侧重于法律意识主体的主观心理方面，着重强调人们对法律现象的主观心理感受。②

另外，对法与法律意识的关系问题存在着两种不同的观点。一种观点认为，从本源上看，法不仅不是决定法律意识的第一性的社会存在，反而是被第一性的社会存在所决定的第二性的东西。法作为观念化产物的法，它只能是社会意识，不可能是社会存在。③ 而另一种观点认为，社会存在与社会意识概念的准确界定是法律意识概念界定的基础，法律意识的本源是而且只能是法律现象。④

2. 法律意识结构。目前，我国法学界对于法律意识结构的划分还很不统一，但多以二要素说、三要素说、四要素说为主。还有的学者把法律意识的结构等同于法律意识的分类。

法律意识结构二要素说认为，人的认识过程分为感性认识和理性认识两个阶段，因此将法律意识划分为法律心理和法律思想体系

---

① 例如，刘作翔著：《法律文化理论》，商务印书馆 1999 年版，第 126~129 页。

② 例如，张文显主编：《法的一般理论》，辽宁大学出版社 1988 年版，第 233 页；刘旺洪著：《法律意识论》，法律出版社 2001 年版，第 49 页；付子堂等主编：《法理学初阶》，法律出版社 2006 年版，第 182 页；孙春伟：《法律意识概念的学理解释及其评价》，载《学术交流》2008 年第 10 期等，都持有这种观点。

③ 朱景文、李正斌：《关于法律意识与法的关系的几个理论问题》，载《中外法学》1994 年第 6 期。

④ 李步云、刘士平：《论法与法律意识》，载《法学研究》2003 年第 4 期。

两个方面。①

　　在法律意识结构三要素说中，有学者认为法律意识是由法律认知、法律情感、法律评价三要素构成的；有学者认为，法律意识是由法律知识、法制观念和法律观点三要素组成的有机整体；还有学者认为，法律意识由法律知识性要素、法律意向性要素和法律决策性要素构成；② 还有更多的学者把法律意识划分为法律心理、法律观念、法律思想体系三要素。③ 目前，法律意识结构三要素说成为主流学说。

　　法律意识结构四要素说认为，法律意识是由法律认识、法律评价、法律情感体验以及法律行为的外化组成。

　　另外，值得特别指出的是，刘旺洪教授对法律意识的划分具有一定的特色，其把法律意识的结构划分为横向结构与纵深结构两大类。④

　　3. 对待儒家法律文化的态度。不可否认的是，儒家法律文化至今对现代法律意识具有重大的影响，其是现代法律意识变迁的文化根基。对待儒家法律文化可以基本分为三种态度，即肯定态度、否定态度与折中态度。

　　肯定态度：尹伊君认为，法律是依各自的文化传统连续演进的，法治非构建之物。中国社会与法律变迁应该尊重中国传统，回

---

① 赵震江、付子堂著：《现代法理学》，北京大学出版社 1999 年版，第 41~42 页。

② 周永坤著：《法理学——全球视野》，法律出版社 2004 年版，第 158 页。

③ 葛洪义主编：《法理学》，中国政法大学出版社 2002 年版，第 189 页；张文显著：《法哲学范畴研究》（修订版），中国政法大学出版社 2001 年版，第 239 页；付子堂等主编：《法理学初阶》，法律出版社 2006 年版，第 183~184 页。

④ 刘旺洪著：《法律意识论》，法律出版社 2001 年版，第 72~91 页。

复并建构中国人自己的生活秩序。① 梁治平认为，中国当代法律基本制度源于西方，并不是土生土长的东西，而制度后面的那套思想观念、行为却是千百年来民族文化的一部分，有其深厚的历史根基，绝不是一种政治或社会力量在短时期内可以改变或清除的。② 王苗苗认为，近代以来中国在构建法治过程中深受西方法治的影响，而对中国传统法律精神及文化思想的借鉴和吸收不足。在作为中国传统法律思想代表之一的儒家法律思想中，也有着其一以贯彻的理性和价值，可为当代中国的法治建设所借鉴。③

否定态度：王人博、程燎原认为，传统文化在现代化过程中存在着七个方面的内部冲突，显然传统法律文化不利于现代法律意识的成长。④ 郝铁川在其专著《儒家思想与当代中国法治》一书中，论述了儒家法律文化对当代中国立法模式的影响以及儒家法律思想对当代中国部门法的具体影响。该书基于对当代中国法律运行的现实状况，从文化的视角着重探讨了以儒家法律思想为核心的传统中国法律文化与中国法治现代化的问题，其结论是：建立在以儒家思想为主的中国传统法律文化在总体上是与法治现代化根本对立的。⑤ 并在其后的论文中认为，弥漫海内外文化界的"儒学复兴热"是不符合当代中国社会发展趋势的。如不否定儒家的基本价值观念，当代中国的法治精神就难以得到我们整个民族的认同，封

---

① 尹伊君著：《社会变迁的法律解释》，商务印书馆2003年版，"内容提要"部分。

② 梁治平等著：《新波斯人信札——变化中的法观念》，贵州人民出版社1987年版，第15~16页。

③ 王苗苗：《论儒家法思想对当代法治之借鉴意义》，载《法制与社会》2008年第13期。

④ 王人博、程燎原著：《法治论》，山东人民出版社1987年版，第428~433页。

⑤ 参见郝铁川著：《儒家思想与当代中国法治》，河南大学出版社1994年版。

建主义就会时常沉渣泛起。因此,当代中国法治必须从根本上否定儒家的基本价值观。① 还有学者认为,中国在发展中出现了一些道德滑坡现象,但不能用儒家文化对之修正。规范人的行为主要还得靠法律,而不是道德。讲等级的儒家文化无法回应求平等的现代社会,儒家文化有益修身养性,若作为中国文化现代化的基本内容则是历史的倒退。②

折中态度:李长喜指出,儒家思想的消极影响是当代中国公民法制观念淡漠、法律意识相对滞后的重要原因之一,要克服儒家思想对公民法律意识的消极影响,必须以科学的态度和方法对待儒家思想。③ 徐长安、宋新夫论证了传统法律心理从正反两个方面影响着公民的法律意识,对现代公民意识的培养起着二重作用。④ 赵霞、杨筱柏认为,我国传统法律文化固有的消极因素在某些方面已经阻碍了我国法治建设的进程,用依法治国的标准去重新评价传统法律文化,对传统法律文化加以改造、古为今用是实现法治现代化的必然要求。⑤ 王润秀、李岩认为,儒家法律思想中的"重礼轻法"、"重德轻刑"、"重刑轻民"等法律文化传统与现代法治的原则和观念产生了许多冲突,因此我们必须既要理性地继承和挖掘传统法律文化中的精华,又要大胆地借鉴和吸收国外先进的法律制度.

---

① 郝铁川:《儒家思想与当代中国法治》,载《探索与争鸣》1996 第 11 期。

② 彭为:《回归儒家文化是文化现代化的倒退》,载《绿叶》2008 年第 1 期。

③ 李长喜:《儒家思想与当代公民的法律意识》,载《社会科学家》1997 年第 6 期。

④ 徐长安、宋新夫:《传统法律心理对培养现代公民意识的二重作用》,载《社会科学》2002 年第 8 期。

⑤ 赵霞、杨筱柏:《中国传统法律文化与现代法治的冲突及协调》,载《河北经贸大学学报(综合版)》2004 年第 3 期。

和经验。①

4. 社会转型前新中国法制建设理论与实践。改革开放前，新中国法制建设的理论与实践是社会转型期法律意识变迁的直接逻辑起点，社会转型期法治建设的成就是在吸取改革开放前新中国法制建设经验与教训的基础上取得的。

徐祥民在《中国宪政史》一书中，从宪政的视角回顾了新中国立法体系不完善、执法不严、守法观念没有确立、法律监督薄弱等状况。② 陈景良主编的《当代中国法律思想史》则对执政党的法律思想及法律观进行了全面的总结，对研究人民民主法制观向社会主义法治观的转变提供了丰富的资料。③ 顾昂然在《回顾新中国法制建设的历程》一文中，回顾了 50 多年来法制建设的发展历程，对加深法制建设重要意义的认识，更好地实施依法治国、建设社会主义法治国家的战略任务具有借鉴意义。④ 周骁男对新中国成立之初批判"旧法观点"的历史进行了反思，并认为新中国成立之初对于"旧法观念"的批判虽然已经成为过去，但是其中折射出的轻视法律体系建设的意识和人治思想依然是今天实施依法治国、建设社会主义法治国家战略任务亟须解决的紧迫问题。在社会主义法律体系的建设过程中，对于一切作为人类共同文明成果的法律文化只能以马克思主义的原则加以批判地吸收。⑤ 陈永革对董必武依法

---

① 王润秀、李岩：《论中国传统法律文化与现代法治的冲突》，载《内蒙古财经学院学报（综合版）》2008 年第 5 期。

② 徐祥民等著：《中国宪政史》，青岛海洋大学出版社 2002 年版，第 294～298 页。

③ 陈景良主编：《当代中国法律思想史》，河南大学出版社 1999 年版，第 53～104 页。

④ 顾昂然：《回顾新中国法制建设的历程》，载《中国人大》2004 年 15 期。

⑤ 周骁男：《对建国初批判"旧法观点"的历史反思》，载《东北师大学报（哲学社会科学版)》2002 年第 5 期。

办事的思想进行了概括，具体包括：倡导和创建社会主义法制，实现有法可依；大力培养中国政法干部；透彻分析不守法的历史与社会根源；精辟地提出"依法办事是进一步加强法制的中心环节"的思想。① 王志坚从论述毛泽东的法制思想及其时代特征入手，揭示了毛泽东法制思想的局限性及其主客观原因，力图对毛泽东的法制思想作出客观的评价。② 潘疗星探索了邓小平权力制约思想，认为邓小平权力制约思想贯穿了两条主线，即以权力制约权力的思想和以权利制约权力的思想。③ 郭道晖比较了毛泽东和邓小平的治国方略与法制思想，认为毛泽东的"人治加群治"的治国方略实质上是"人治底下的群治"。邓小平提出了"以经济建设为中心"的治国路线，实行"三个有利于"原则的社会主义本质观和功利主义法价值观，为中国从人治走向法治开辟了道路。但由于历史的局限，不可能完全摆脱人治的痕迹，给其后的继承者留下了革故鼎新的空间。④

改革开放前，新中国的法学教育曾经一度取得了很好的成绩。杨振山对中国法学教育沿革进行了研究，他认为在 1840 年以前，中国没有西方意义上的法学教育。1840 年至 1949 年，中国法学教育进入了近代时期。1949 年以后，中国法学教育从头开始，经历了曲折的发展过程。他还就 1949 年以后中国法学教育的教育目的、

---

① 陈永革：《董必武"依法办事"法律思想探析》，载《毛泽东思想研究》1997 年第 5 期。
② 王志坚：《历史地看待毛泽东的法治思想》，载《党史文苑》2007 年第 12 期。
③ 潘疗星：《邓小平权力制约思想浅探》，载《党史研究与教学》2004 年第 6 期。
④ 郭道晖：《毛泽东邓小平治国方略与法制思想比较研究》，载《法学研究》2000 年第 2 期。

教育体制、教育内容和教育方法、师资等方面进行了详细的论述。① 朱立恒也就新中国成立以来法学教育工作的历史沿革进行了探索,把新中国成立后的法学教育划分为四个阶段:新中国法学教育的初创时期;反右扩大化及"文化大革命"期间的挫折时期;改革开放后的恢复时期;依法治国提出后的法学教育改革时期,并对每一时期的具体特点进行了分析。② 李龙、邝少明则对中国法学教育百年史进行了回顾,总结了中国法学教育的概况及每个发展阶段的特点。重点分析了法学教育与社会变革、法学教育与职业教育、法学教育与高等教育的相互关系。③

5. 社会转型期法律意识的变迁状况。随着社会转型期政治、经济和文化的大力发展,社会各个主体的法律意识也发生了巨大的变迁。从执政党到国家机关及其工作人员、从城市居民到农村居民、从文盲到大学生等的法律意识都发生了巨大的变化。

蔡定剑、王晨光主编的《中国走向法治30年(1978－2008)》指出:中国30年的法治建设进程同时也是一个社会转型、更新观念和制度创新的过程。法学领域的知名学者围绕着配套法律制度的创新与市场经济的培育、观念层面的人治与法治、政府与公民关系的重构、弱势群体权利保障法的兴起以及新兴法律领域的形成等主题,深刻地剖析了中国法治发展独特的制度构建过程,论述了中国以法治化、市场化为发展方向的改革逐步深化和成熟的过程,基本涵盖了改革开放30年来中国法治发展的焦点热点、问题与新兴

---

① 杨振山:《中国法学教育沿革之研究》,载《政法论坛》2000年第4期。

② 朱立恒:《新中国成立以来法学教育工作的历史沿革》,载《中共党史研究》2008年第3期。

③ 李龙、邝少明:《中国法学教育百年回眸》,载《现代法学》1999年第6期。

领域。①

　　中国社会科学院法学研究所编写的《中国法治 30 年》全面概括了中国法治发展 30 年的历程，从立法、依法行政、司法改革、宪法、人权、经济法治、社会法治等领域，深刻总结了 30 年法治建设的中国道路和中国经验。②

　　封丽霞在《政党、国家与法治——改革开放 30 年中国法治发展透视》一书各编的第二章中，分别论述了"中国共产党对人民代表大会制度的探索与实践"、"中国共产党与政府关系的生成与演变"、"中国政党与司法关系之回顾与反思"等内容，运用历史研究的方法对中国共产党与立法、行政、司法关系形成的诸多历史环境、时代背景进行了详细的回顾与考察。③

　　沈传亮主编的《规制与良序：中国法治政府建设 30 年》一书，以重大行政法律出台为切入点，生动地记录了法治政府建设的历程，反映了中国政治文明的发展趋势。该书主要论述了改革开放以来中国政府在重视法治建设和法治理念的普及，提出依法治国、建设法治政府的治国观念等方面的成就。④

　　郑永流等著的《农民法律意识与农村法律发展——来自湖北农村的实证研究》一书，主要基于问卷数据，分析了农户户主、村组干部、村组企业厂长和工人四个主要阶层的法律意识状况，包括法律知识及其获知方式、对法律的主观态度与评价、立法要求、关于法律在解决农村纠纷中作用的看法等，并从总体上作出了说

---

　　①　蔡定剑、王晨光主编：《中国走向法治 30 年（1978—2008）》，社会科学文献出版社 2008 年版。

　　②　中国社会科学院法学研究所编：《中国法治 30 年》，社会科学文献出版社 2008 年版。

　　③　封丽霞著：《政党、国家与法治——改革开放 30 年中国法治发展透视》，人民出版社 2008 年版。

　　④　沈传亮主编：《规制与良序：中国法治政府建设 30 年》，郑州大学出版社 2008 年版。

明。该书附录还收录了湖北省八县（市）农村法律问题访谈录 22 篇，对于研究农民法律意识具有重要的参考价值。①

　　孙育玮等著的《都市法治文化与市民法律素质研究》一书以上海市民为调查对象，对都市法治文化和市民的法律素质问题进行了深入的调查和系统的研究。在理论层面，作者对与都市法治文化、市民法律素质有关的问题进行了详细的剖析；在实践层面，作者利用问卷调查所取得的资料，真实地反映了都市法治文化与市民法律素质的状况，为研究城市居民法律意识的变迁提供了详尽的数据和科学的依据。②

　　蔡劲松所著的《当代大学生法律意识构建》是一部专门论述大学生法律权利与义务的著作，全书共分四章，结合宪法、教育法、高等教育法、普通高校管理规定以及部分高校的学生管理规定等法律、法规及规章制度，较为全面、系统地阐述了大学生的权利、法律救济、义务与法律责任。③

　　有关农民法律意识的实证调查研究类的论文较多，具有代表性的观点有：魏小强认为，当代农民法律意识现状以淡漠为特征的判断是不准确的和不合理的。农民法律意识淡漠表象的背后，是农民通过法律的利益诉求不足，以及农民可用社会规范的多元性。农民对法律的淡漠态度有其现实的合理性和正当性。④ 周铁涛认为，偏远地区农民生活在相对闭塞的地域环境中，主要依靠熟人伦理调控社会关系，更注重亲情、乡情，尊重道德、习惯，而排斥、逃避国

　　① 郑永流、马协华、高其才、刘茂林著：《农民法律意识与农村法律发展——来自湖北农村的实证研究》，中国政法大学出版社 2004 年版。

　　② 孙育玮等著：《都市法治文化与市民法律素质研究》，法律出版社 2007 年版。

　　③ 蔡劲松等著：《当代大学生法律意识构建》，北京航空航天大学 2007 年版。

　　④ 魏小强：《当代农民法律意识现状语境分析》，载《江苏警官学院学报》2006 年第 5 期。

家法律，其法律意识以"淡薄"为基本特征。① 段晓梅等学者以秦东地区农民为调查对象，其调查结果是：现实中农民对法律知识知之甚少，大多数农民对法权关系认识有所偏差，法治观念淡薄；权利和义务意识较差，维权意识淡漠，法律还没有完全成为解决纠纷的有效途径。他们还认为农民法律意识淡薄的主要原因是农民获得法律知识的途径少。② 王佐龙通过对西宁 y 村的典型实证分析，认为西部农民法律信仰的生成理应根植于法律的生活化积淀，因此要逐步改变农民是法治社会边缘人的传统，将他们推至法律生活的前台，以培养法治实现所必需的最深厚的民众基础。③ 于庆生认为，培养和提高农民法律意识是重构农村社会秩序的主要途径，为此要突出农民在法律意识现代化过程中的主体地位，完善立法，保障法律的良性运行，并提出了建立健全农村法律中介服务机构的设想。④

有关城市居民法律意识研究的论文中，具有代表性的观点有：孙育玮认为对市民法律意识的研究，其内容结构可以从认识角度、心理结构角度、主体范围角度、主体角色角度和客体内容角度去分析。市民法律意识的概念的维度角度包括：法律认知、法律关注、法律运用、法律遵守、法律评价、法律期待。⑤ 郭星华对我国居民的法律意识与法律行为进行了分析，并与美国同类研究进行了对比。他认为在中国走向法治化建设的进程中，虽然中国法律权威的

---

① 周铁涛：《偏远地区农民法律意识现状探析》，载《湖南行政学院学报》2008 年第 4 期。

② 段晓梅、王向华、谢玄志：《秦东地区农民法律意识现状的调查分析》，载《唐都学刊》2005 年第 4 期。

③ 王佐龙：《关于西部农民基本法律意识结构的调查分析》，载《青海民族研究》2004 年第 1 期。

④ 于庆生：《农民法律意识现代化的路径选择》，载《社会科学家》2008 年第 3 期。

⑤ 孙育玮：《论市民法律意识》，载《法学论坛》2002 年第 1 期。

树立离不开政府权威扶持，但只有当法律权威尽早地摆脱政府的权威，并成为超越国家其他权力的权威时，中国法治化进程才有可能尽早地完成。① 殷发志在调查的基础上，对上海市市民的法律知识、法律意识、法律行为、法律素质等方面进行了全面的统计分析，并就法制宣传工作进行了建议和评价。② 上海市法制宣传教育联席会议办公室则采用问卷调查的方式，对闵行、徐汇、浦东、杨浦4个区的900多位居民的法律意识进行了抽样调查，并进行了打分统计。从统计结果来看，上海市市民的法律素质普遍较好，但也存在着一些不足之处。另外，其还总结了市民对普法工作的建议与评价。③ 北京市司法局法宣处在对北京市市民调查的基础上认为，北京市市民在法律认知层面，市民的权利意识和法治观念日益成熟；在法律遵守方面，市民已经进入较为自觉的阶段；在法律运用方面，市民的维权意识提高较快，明显好于法律认知和法律遵守。另外，市民严重缺乏法律基础知识成为制约市民法律意识提高的障碍；不同群体之间的法律意识表现出明显的不均衡性；法治建设环境与市民的理想预期还具有一定的差距。④ 张智武等学者主要对锦州地区公民法律意识进行了调查，并结合公民的基本价值观、对法律的认识评价、日常生活中利用法律的手段、对法律机关的认识及我国法律是否符合民意等方面，对所调查的一手材料进行了分

① 郭星华：《走向法治化的中国社会》，载《江苏社会科学》2003 年第 1 期。

② 殷发志：《上海市市民法律素质抽样调查的统计分析报告（上）》，载《中国司法》2005 年第 4 期。

③ 上海市法制宣传教育联席会议办公室：《上海市市民法律素质的现状及进一步提高的途径》，载《法治论丛》2004 年第 6 期。

④ 北京市司法局法宣处：《北京市市民法律素质状况调查评析》，载《中国司法》2006 年第 9 期。

析。① 刘慧频、黄本莲对湖北省黄石市 6 个社区市民的法律意识调查结果进行了分析，认为通过普法宣传教育，社区市民的法律意识有了一定程度的提高。同时，就进一步提高市民法律意识提出了一些对策和建议。②

有关大学生法律意识研究的论文中，具有代表性的观点有：卢以品对 315 名大学生的法律认知、法律信仰、守法态度、诉讼意识、公民意识、法治观念以及法律意识的培养等方面进行了调查研究，并对高校法律基础课教学要注意的问题进行了探讨。③ 杨莉、叶文明对重庆地区 5 所高校的 851 名大三的学生进行了问卷调查，结果显示：大学生对法律和法治建设表现出了极大的兴趣和热情，但大学生法律意识依然淡薄，法治观念仍有待于加强。大学生法律意识在总体上具有一定的矛盾性，表现出明显的知行不一。④ 谢山河、黄章华对南昌市 9 所高校 1200 名大学生的法律意识状况进行了调查分析，结果表明：大学生存在法律知识掌握不牢、权利义务观理解不深、守法精神欠佳、法律信仰不够坚定等方面的问题。⑤郑真江根据中国公民人文素质调查中的大学生部分数据，分析了大学生法律意识、法律知识、法律行为等状况。其结论是：大学生具有扎实的法律基础知识和很强的法律意识，大学生群体的法律基础

---

① 张智武、刘长鸿、幺元昱：《锦州地区公民法律意识现状及评价》，载《辽宁工学院学报》2006 年第 2 期。

② 刘慧频、黄本莲：《法律意识与和谐社区建设——黄石市社区市民法律意识现状调查及分析》，载《经济师》2008 年第 6 期。

③ 卢以品：《大学生法律意识状况调查与分析——兼谈高校法律基础课教学应注意的两个问题》，载《理论月刊》2003 年第 7 期。

④ 杨莉、叶文明：《大学生法律意识状况的调查与研究》，载《统计教育》2006 年第 9 期。

⑤ 谢山河、黄章华：《关于当代大学生法律意识的调查分析》，载《教育学术月刊》2008 年第 7 期。

知识水平和法律意识要高于全体公民的平均值。① 张立兴、鲁昕通过对大学生法律素质的调查认为，大学生对法律的权威性认知比较模糊，对通常的涉法问题法律意识比较淡漠，遵纪守法的意志比较薄弱。但对于社会热点问题，大学生的认识比较统一。② 鲁宽民通过对西安高校的调查发现，大学生具有一定的法律知识，但对法律的认知程度不高；对司法的信心偏低；有强烈的维护正义感，但个人本位意识明显提高；法律认知与法律行为存在反差。③ 张宝成通过对内蒙古地区 1538 份在校大学生问卷的分析发现，大学生在法律心理、法律基础知识、法律态度、法律信仰四个方面存在着不同程度的问题，反映出加强大学生法制教育的紧迫性。④ 李义军通过对 1200 份大学生调查问卷的分析发现，从总体上看，大学生的法律素质不断提高，但还存在同法治进程不协调的状况：法律意识有所提高，但观念尚显落后；法律知识欠缺，且应用能力较差；缺乏通过法律途径维护自己合法权益的意识和能力；违法犯罪率升高。⑤ 石红在调查的基础上认为，理工科大学生的法律意识呈现出矛盾冲突的态势，这种冲突根植于社会的政治、经济和文化基础之外，还与理工科大学生的道德伦理观念和心理基础密切相关。理工

---

① 郑真江：《中国大学生法律素质调查研究》，载《四川经济管理学院学报》2007 年第 4 期。

② 张立兴、鲁昕：《大学生法律素质的调查与思考》，载《思想政治教育研究》2005 年第 2 期。

③ 鲁宽民：《西部高校大学生法律素质状况调查》，载《西北工业大学学报（社会科学版）》2004 年第 3 期。

④ 张宝成：《内蒙古地区大学生法律意识现状的调查与研究》，载《内蒙古师范大学学报（教育科学版）》2006 年第 3 期。

⑤ 李义军：《当代大学生法律素质状况分析》，载《长春理工大学学报（综合版）》2006 年第 1 期。

科大学生应当树立理性化的法律意识。①

6. 社会转型期法律意识变迁的主要变量。影响法律意识变迁的因素有多种，法治建设模式、法律教育的形式以及社会转型期法律意识变迁的基本矛盾都是影响法律意识变迁的重要变量。

有关中国法治建设模式，卓泽渊教授认为，中国法治建设采取政府主导型法治建设模式有其必要性，其是由中国缺乏法治传统与法治基础，以及中国有崇尚政治权力的传统文化、有服从权力的社会心理所决定的。我国的法治建设应该采取以国家推进为主导，国家推进与民众推进相结合的模式。② 郭向军认为，法治建设模式必须结合中国的国情来设计。当代中国法治建设模式主要有三种，即政府指导型、社会推进型、乡村认可性。法治建设本身具有互动性的要求，当代中国国情发展的实际也内在地需要发挥这种互动性，所以我国法治建设的模式应该以政府主导为前提、以乡村认可为基础、以市民推动为关键。③ 郭学德认为，中国选择和走上政府推进型法治建设模式是一种历史和现实的选择。政府推进型法治建设模式有许多优点和长处，但在法治化实践中也存在许多问题、矛盾和潜在的危险。因此，中国法治建设应该解决好两个问题：一是进一步强化政府权威，同时还要依法加强对政府权力的有效制约；二是在发挥政府在法治建设中的主导性作用的同时，必须大力培植和发展民间及社会的法治资源，发挥民间及社会的法治资源对中国社会法治化进程的推进作用。④

---

① 石红：《理工科大学生的法律意识冲突及其基础》，载《上海理工大学学报（社会科学版）》2003 年第 25 卷第 3 期。

② 卓泽渊：《中国法治建设行为模式的选择》，载《云南法学》2000 年第 1 期。

③ 郭向军：《论当代中国法治建设模式类型的互动性及其实施途径》，载《前沿》2008 年第 4 期。

④ 郭学德：《试论中国的"政府推进型"法治道路及其实践中存在的问题》，载《郑州大学学报（哲学社会科学版）》2001 年第 1 期。

有关法律意识建设矛盾方面，吴斌、汪公文认为，我国公民法律意识建设的矛盾有：对法律有感性认同，但缺乏对法律现实的理性认识；权利意识不断增长，但法律至上的观念并未完全确立；法律观念向西方社会靠拢，内心情感却向历史传统倾斜；法律价值观初步形成，但与现代法治国家理念尚有较大差距。① 刘旺洪认为，当代中国法律意识的基本矛盾包括：现代法律观念与传统法律意识之间的矛盾；法律的至上性要求与法律信任不足之间的矛盾；现代市场经济的内在法权关系体系所要求的公民的现代法律意识体系与公民法律意识中的片面性、残缺性之间的矛盾。② 柯卫认为，公民法治意识的基本矛盾包括：现代市场经济的发展与法律意识滞后之间的矛盾；现代法治观念与传统道德观念之间的矛盾；现代法治意识与传统法律意识之间的矛盾；法律的至上性要求与法律信仰缺失之间的矛盾。③

有关法律信任与信仰方面，许章润等学者在《法律信仰》一书中对有关法律信仰的理念、场景及法律信仰的实践进行了全面的论述。④ 马新福、杨清望在《法律信任初论》一文中认为，当前中国学者的法律信仰研究的理论前提和结果实际上是对法律的神化。然而，法律具有不可克服的内在局限性，他们首次提出了法律只能被信任而不能被信仰的理论。⑤ 吴美来在《论我国司法信任的养成》一文中认为，从社会学的视角来看，我国司法信任缺失的主要原因包括：社会转型期对原有信任环境及信任基础的破坏、职业

---

① 吴斌、汪公文：《我国公民法律意识之矛盾分析》，载《当代法学》2003 年第 9 期。

② 刘旺洪著：《法律意识论》，法律出版社 2001 年版，第 293～299 页。

③ 柯卫著：《当代中国法治的主体基础——公民法治意识研究》，法律出版社 2007 年版，第 176～185 页。

④ 许章润等著：《法律信仰》，广西师范大学出版社 2003 年版。

⑤ 马新福、杨清望：《法律信任初论》，载《河北法学》2006 年第 8 期。

法官专家系统尚未建立、司法亲和力的下降、对司法程序的参与程度不够、对司法有限性的认识不足等。要增进我国的司法信任，必须促进权威、高效、公正的司法与坚持增进司法信任相统一，促进交往信任向普遍信任拓展，推动人格信任向系统信任延伸，激励依存信任向主体信任转化。①

7. 法律意识现代化的路径。对法律意识现代化的路径，不同学者有不同的观点。刘旺洪认为，法律意识现代化的实质乃是与传统人治型社会法制系统相适应的法律意识向现代法治型的法律意识的历史转变过程。推动法律意识现代化的力量有发达的市场经济、外来法律文化的影响、民主政治的内在要求、传统法律中的积极因素等。阻碍法律意识现代化的力量有传统社会系统的阻却、对外来法律的情绪化反映、现实法律运作的低效率等。② 法律意识现代化路径主要围绕如何对待儒家法律文化、如何树立司法权威与法律信任，以及执政党如何引领法律意识的发展潮流而展开论述。

在对待儒家法律文化的问题上，正确对待法律与道德的关系是正确对待儒家法律文化的前提。刘红卫认为，在人类社会初期，原始社会的道德自然地发挥着作用，具有"原始法"的效力。随着社会的发展，形成了法律，但是由原始道德演化而来的法律制度与其仍有千丝万缕的联系，两者之间是互动的。③ 范进学认为，道德法律化是将人类的道德理性、原则、规范铸为法律的过程，也是善法由此产生并存在的过程；法律道德化是使法律内容化为更高的道德权利与道德义务的过程。由道德法律化到法律道德化是人类由人

---

① 吴美来：《论我国司法信任的养成》，载《西南政法大学学报》2009年第1期。

② 刘旺洪著：《法律意识论》，法律出版社2001年版，第213～237页。

③ 刘红卫：《法律与道德的关系及其发展变化》，载《山东社会科学》2007年第10期。

治走向法治的自然历史过程。① 刘国利、吴镝飞认为，在古代社会，世界各个民族都经历过法律与道德未分化的时期，西方国家逐步形成的法律与道德相对分离的传统促进了道德的更新和法律的进化。中国古代法保持的法律与道德相混同的传统阻碍了道德的更新和法律的进化。他们还认为，在法学研究和法律实践中要认真吸收法律与道德相对分离这一文明成果，并提出了区分法律调整范围与道德调整范围的三个标准。②

在树立司法的权威方面，谭世贵在其专著《司法独立问题研究》中，对司法独立的基础、功能和构成要素进行了深入的研究，并对我国司法独立的制度创新提出了若干构想，同时对司法独立与党的领导、媒体监督、司法自律、司法改革等关系进行了考察。③ 龙宗智、李常青对司法独立的内涵和一般性要求进行了界定，然后指出了司法独立不仅具有必要性，而且具有相对性。同时指出，我国司法独立的特殊性具体表现为：系官署独立而非官员独立、系技术独立而非政治独立、系有限独立而非充分独立。④ 董林华对"执行难"的原因及对策进行了分析，就"执行难"产生的具体原因进行了剖析，并就如何解决"执行难"进行了探讨。⑤ 石茂生对司法的终结性的重要性进行了论述，认为终结性是司法与立法、行政相比所具有的重要特征。司法的终结性是法的权威和法治社会的内

① 范进学：《论道德法律化与法律道德化》，载《法学评论》1998 年第2 期。

② 刘国利、吴镝飞：《论法律与道德的相对分离》，载《河北法学》2005 年第 12 期。

③ 谭世贵著：《司法独立问题研究》，法律出版社 2004 年版。

④ 龙宗智、李常青：《论司法独立与司法受制》，载《法学》1998 年第12 期。

⑤ 董林华：《"执行难"的原因及对策》，载《燕山大学学报（哲学社会科学版）》2005 年第 1 期。

在要求，而要贯彻司法的终结性就必须对司法进行改革。①

　　在执政党如何引领法律意识的发展潮流方面，李晓辉、周兆娟认为，执政党法律意识的构成应该包括执政意识、法治意识、公民意识和代表意识四个方面。② 本书主要是围绕执政党的民主意识、法治意识、权力制约意识和人权意识四个方面而展开论述的，相关的论述有：林尚立在《党内民主——中国共产党的理论与实践》一书中，全面论述了党内民主的实践历程、理论基础、制度体系、运作形态、党内民主与人民民主和党内民主与政治发展等内容。③ 房宁在《民主政治十论：中国特色社会主义民主理论与实践的若干重大问题》一书中，对中国特色社会主义民主进程中的若干问题进行了系统的论述：民主究竟是什么，中国是怎样走上自己的民主道路的，全面认识民主政治的功能与作用，中国特色社会主义民主建设的规律性问题，科学对待竞争选举制，中国的民主建设要以马克思主义为指导，中国共产党人民主探索的认识历程及其启示，正确认识与借鉴西方民主，认真吸取苏联民主实践的经验教训，发展与完善中国民主政治的基本路径。④ 刘城等著的《1989～2002 中国民主法治建设》一书对当代中国的民主建设实践进行了全面的论述，具体包括政治文明、民主制度、民主体制、基层民主、党内民主等内容。⑤ 喻中在《权力制约的中国语境》一书中，对我国近

　　① 石茂生：《司法的终结性与法的权威》，载《齐鲁学刊》2002 年第 3 期。

　　② 李晓辉、周兆娟：《新时期执政党法律意识的形成及其社会基础》，载《河北法学》2004 年第 7 期。

　　③ 林尚立著：《党内民主——中国共产党的理论与实践》，上海社会科学院出版社 2002 年版。

　　④ 房宁著：《民主政治十论：中国特色社会主义民主理论与实践的若干重大问题》，中国社会科学出版社 2007 年版。

　　⑤ 参见刘诚等著：《1989～2002 中国民主法治建设》，社会科学文献出版社 2007 年版。

年来权力制约的行为与过程进行了全面的研究。他从当代中国的实践出发，对权力制约这个主题作出了新的理论阐释，从而在权力制约的实践形态与权力制约的理论表达之间建立了更加直接的关联。[①] 张继良在《中共人权理论与中国人权立法》一书中，对中国共产党的人权理论及特征、中国共产党领导的人权立法、中国共产党与人权的实施保障等问题进行了论述，并对中共人权理论的基本经验、中共人权理论与实践曲折发展的原因以及当代保障与发展人权的途径与对策进行了理性的分析与思考。[②] 当然，关于民主意识、法治意识、权力制约意识以及人权意识的相关论文也有许多，由于篇幅所限这里就不便一一列举了。

[①]　参见喻中著：《权力制约的中国语境》，山东人民出版社 2007 年版。

[②]　参见张继良著：《中共人权理论与中国人权立法》，中国社会科学出版社 2004 年版。

第一章　法律意识的概念、分类、结构、功能

第一节　法律意识概念分析

概念是进行科学研究的逻辑起点，是进一步判断和推理的前提和依据。科学研究的首要任务便是对概念进行界定。概念反映了研究对象的本质与内在规定性。正如毛泽东同志所指出的："概念这种东西已经不是事物的现象，不是事物的各个片面，不是它们的外部联系，而是抓着了事物的本质，事物的全体，事物的内部联系了。概念同感觉，不但是数量上的差别，而且有了性质上的差别。"① 因此，研究法律意识问题也必须首先要对法律意识本身进行概念界定。这既是进一步研究的起点和平台，同时也规定了进一步研究的范围与框架，使得未来的研究在一个有限的外延范围内进行。

马克思唯物史观的创立为研究法学提供了新的世界观和方法论，虽然马克思、恩格斯、列宁等革命导师并没有对法律意识的概念作过专门的定义，但其法学的基本观点、方法是研究法律意识必不可少的前提。产生于20世纪初期的西方马克思主义法学继承了马克思主义法学的基本原则和批判精神，在资本主义社会的背景下对马克思主义法学进行了补充与发展，其对研究现代法律意识也具

---

① 《毛泽东选集》（第1卷），人民出版社1991年版，第285页。

有一定的参考价值。

对于法律意识，不同国家和地区的学者对其有着不同的论述。西方学者长期以来虽然注重对法律意识内容的研究，但他们却很少对法律意识的概念进行全面界定，而是散见于对"法律观念"、"法律理想"、"法律思想"、"法律信仰"、"法律情感"等有关法律意识某一方面或某一问题的研究。例如，伯尔曼的法律信仰理论、帕森斯的法律价值思想、耶林的法律情感思想，梅里曼和弗里德曼的法律文化观念的理论、庞德的法律理想思想等。① 由于本节的重点在于对法律意识概念的界定，因此不便展开论述。

与此不同的是，苏联学者对法律意识的研究有其独特的路径，不仅在他们的法理学教科书里有对法律意识概念的专门论述，而且还有学者写有法律意识方面的专著。我国法学界对法律意识的研究主要开始于 20 世纪 80 年代，但关于法律意识的有关基本问题的解释和理论，甚至包括法律意识概念等主要来源于苏联学者的法学理论。正如我国著名的法学家郭道晖先生所说的："早在 20 世纪五六十年代，中国法学界承袭苏联法学界关于法律意识的定义。"② 直到现在，这种影响还在一定程度上存在着。

一、马克思主义法学视域中的法律观

所谓法律观，指的是人们对法律的基本看法和基本观点。马克思主义的法律观是指建立在历史唯物主义哲学基础之上的法律观，是历史唯物主义的法律观，它是整个马克思主义法学的基石，是后来各种马克思主义法学理论发展的基础。"西方马克思主义法学，泛指西方（包括追随西方的国家）那些以自己独特的对马克思主义的理解来分析和研究法现象的思潮。它是西方马克思主义或新马

---

① 刘旺洪著：《法律意识论》，法律出版社 2001 年版，第 25～34 页。

② 郭道晖著：《法理学精义》，湖南人民出版社 2005 年版，第 287～288 页。

克思主义体系的组成部分。"① 西方马克思主义法学产生于20世纪初期，它是西方共产党人及学者依据当代资本主义社会的发展状况对马克思主义进行反思、运用和发展的产物。西方马克思主义的法律观属于马克思主义法律观的重要组成部分。

1. 经典马克思主义的法律观。马克思主义的法律观，是指导人们树立正确法律意识的科学指南，它以历史唯物主义为哲学基础，正确揭示了法律根源的物质性、法律本质的阶级性、法与国家的互动性、法律发展的规律性以及法律文化的继承性等法学领域的重大命题，实现了法律思想史上的根本变革，为人们形成正确的法律观点、法律思想奠定了坚实的理论基础。经典马克思主义的法律观散见于《关于林木盗窃法的辩论》、《〈黑格尔法哲学批判〉导言》、《英国工人阶级状况》、《神圣家族》、《德意志意识形态》、《共产党宣言》等论著中，其主要包括如下几方面观点：

第一，法的经济基础观。马克思和恩格斯在《德意志意识形态》一书中驳斥了法的意志决定论与法的权力决定论的观点，阐述了现实物质生活关系是法的基础的观点："如果像霍布斯等人那样，承认权力是法的基础，那末法、法律等等只不过是其他关系（它们是国家权力的基础）的一种征兆，一种表现。那些决不依个人'意志'为转移的个人的物质生活，即他们的相互制约的生产方式和交往形式，是国家的现实基础，而且在一切还必需有分工和私有制的阶段上，都是完全不依个人的意志为转移的。这些现实的关系决不是国家政权创造出来的，相反地，它们本身就是创造国家政权的力量。在这种关系中占统治地位的个人除了必须以国家的形式组织自己的力量外，他们还必须给予他们自己的由这些特定关系

---

① 吕世伦主编：《西方法律思想史论》，商务印书馆2006年版，第171页。

所决定的意志以国家意志即法律的一般表现形式。"① 马克思还在《哲学的贫困》一书中指出，法律既不能创造也不能废除客观经济规律的事实，"其实，只有毫无历史知识的人才不知道：君主们在任何时候都不得不服从经济条件，并且从来不能向经济条件发号施令。无论是政治的立法或市民的立法，都只是表明和记载经济关系的要求而已"。② 马克思虽然肯定经济是决定法的主要力量，但不是唯一力量。马克思主义在承认经济基础对法的决定作用的同时，也不否认其他因素对法的作用。恩格斯曾经指出："政治、法律、哲学、宗教、文学、艺术等的发展是以经济发展为基础的。但是，它们又都互相影响并对经济基础发生影响。并不是只有经济状况才是原因，才是积极的，其余一切都不过是消极的结果。这是在归根到底不断为自己开辟道路的经济必然性的基础上的互相作用。"③

第二，法的阶级意志观。马克思主义关于法与阶级的关系的基本内容包括：法是统治阶级整体意志的体现，而不单是体现统治阶级中单个人的任性的；并非统治阶级的任何一部分意志都会上升为法律，只有上升为国家意志的统治阶级意志才是法律；法所体现的统治阶级的内容是由现实的物质生活条件或生产关系决定的。正如马克思和恩格斯在《德意志意识形态》一书中所指出的："那些决不依个人'意志'为转移的个人的物质生活，即他们的相互制约的生产方式和交往形式，是国家的现实基础，而且在一切还必需有分工和私有制的阶段上，都是完全不依个人的意志为转移的。这些现实的关系决不是国家政权创造出来的，相反地，它们本身就是创造国家政权的力量。在这种关系中占统治地位的个人除了必须以国

---

① 《马克思恩格斯全集》（第3卷），人民出版社1960年版，第377～378页。

② 《马克思恩格斯全集》（第4卷），人民出版社1958年版，第121～122页。

③ 《马克思恩格斯选集》（第4卷），人民出版社1972年版，第506页。

家的形式组织自己的力量外，他们还必须给予他们自己的由这些特定关系所决定的意志以国家意志即法律的一般表现形式。这种表现形式的内容总是决定于这个阶级的关系，这是由例如私法和刑法非常清楚地证明了的。这些个人通过法律形式来实现自己的意志，同时使其不受他们之中任何一个单个人的任性所左右，这一点之不取决于他们的意志，如同他们的体重不取决于他们的唯心主义的意志或任性一样。他们的个人统治必须同时是一个一般的统治。他们个人的权力的基础就是他们的生活条件，这些条件是作为对许多个人共同的条件而发展起来的，为了维护这些条件，他们作为统治者，与其他的个人相对立，而同时却主张这些条件对所有的人都有效。由他们的共同利益所决定的这种意志的表现，就是法律。"① 列宁也曾经明确指出："法律是什么呢？法律是统治阶级的意志的表现。一旦发生复辟，原来那些阶级将重新成为统治阶级。普列汉诺夫同志，难道法律能把他们束缚住吗？如果你把这一点想一想，你就会懂得，任何法律都不能限制统治阶级意志的表现。"②

第三，法的历史发展观。马克思主义唯物史观的创立完成了哲学史上的根本性变革，从而带来了社会科学领域的革命，也为科学地解释法的产生、继承、变化、发展和消亡提供了科学的世界观和方法论。针对唯心主义的法律观，马克思和恩格斯指出，市民社会是国家以及任何其他观念的上层建筑赖以产生和存在以及发展的基础，法律的发展不能脱离社会物质生活关系的发展水平，法的产生、继承、变化、发展和消亡都与此基础密切相关，"不应忘记法也和宗教一样是没有自己的历史的"。③

首先，从法的起源来看，法是人类历史发展到一定历史阶段的

① 《马克思恩格斯全集》（第3卷），人民出版社1960年版，第377~378页。

② 《列宁全集》（第17卷），人民出版社1988年版，第145页。

③ 《马克思恩格斯全集》（第3卷），人民出版社1960年版，第71页。

产物。马克思和恩格斯认为，法和国家乃是由于社会大分工的出现，随着私有制和阶级的产生而产生的。"在社会发展某个很早的阶段，产生了这样的一种需要：把每天重复着的生产、分配和交换产品的行为用一个共同规则概括起来，设法使个人服从生产和交换的一般条件。这个规则首先表现为习惯，后来便成了法律。随着法律的产生，就必然产生出以维护法律为职责的机关———公共权力，即国家。"① 因此，法和国家绝不是产生于普遍的概念的。

其次，从法的变化发展来看，也必须以现实的客观条件为基础。法是统治阶级意志的体现，如果统治阶级失去其统治基础，法律必然也随之发生变化。法律的发展变化包括量变与质变两种形式，法律的量变以生产力和交往形式的量变为前提，法律的质变也要以市民社会的质变为基础。②

再次，从法的产生、发展与未来趋势来看，"法的历史表明，在最早的和原始的时代，这些个人的、实际的关系是以最粗鲁的形态直接地表现出来的。随着市民社会的发展，即随着个人利益之发展到阶级利益，法律关系改变了，它们的表现方式也变文明了"。③ 法的产生与发展是一个历史的过程，法律必然随着阶级和国家的消亡而消亡。

2. 西方马克思主义法学视域中的"法与意识形态"。西方马克思主义法学主要反对经典马克思主义法学的简单经济决定论和仅仅强调法的镇压功能的阶级工具论，关注法的意识形态功能。其代表人物有葛兰西、阿尔都塞、哈贝马斯、柯林斯等。西方马克思主义法学"法与意识形态"问题的核心观点主要包括如下几个方面：

① 《马克思恩格斯选集》（第 2 卷），人民出版社 1972 年版，第 538 ~ 539 页。

② 付子堂著：《马克思主义法律思想研究》，高等教育出版社 2005 年版，第 56 页。

③ 《马克思恩格斯全集》（第 3 卷），人民出版社 1960 年版，第 395 页。

第一，葛兰西的"法与意识形态的领导权"。传统马克思主义法学强调国家和法的暴力镇压职能，而西方马克思主义法学学者认为国家和法的职能不仅仅限于镇压与强制，还包括"同意"，法是创建社会同意的重要手段之一。这一观点由葛兰西首创，并贯穿于西方马克思主义法学关于"法与意识形态"的问题之中。根据葛兰西的市民社会与国家理论，资产阶级统治的合法性已经不是单纯地通过国家机器的武力强制所获得的，而是通过依靠掌握意识形态的领导权来争取大多数人的"同意"而获得的。市民社会不再被认为是与物质生活相对应的领域，而是由政党、工会、教会、学校、学术文化团体和各种新闻媒体等舆论机构所组成的意识形态领域。上层建筑是市民社会与政治社会结合在一起的产物，政治社会的领导权通过强制来实现，市民社会的领导权通过教育来争得大多数人的"同意"来实现。而法律成为国家对每个人不断进行教育、使人们在思想上和行动上步调一致的工具。葛兰西指出，资产阶级的法律观与先前保守的统治阶级的法律观相比具有开放性和平等性，资产阶级把自身看做处于不断变动中的有机体，能够吸引整个社会，使之被同化而达到他们的文化和经济水平。国家的职能已经在总体上发生了改变，国家已经变成了"教育者"。①

阿尔都塞在葛兰西思想的基础上，提出了意识形态国家机器理论，把国家机器分为镇压性的国家机器和意识形态的国家机器，葛兰西的市民社会领域被称为意识形态的国家机器。普兰查斯根据结构主义理论提出了法是社会各种力量黏合剂的论断，进一步发展了葛兰西和阿尔都塞关于法的意识形态功能。

第二，哈贝马斯的"法的合法性"理论。哈贝马斯在对晚期资本主义分析的基础上认为，尽管资本主义已经实行"由国家调

---

① 参见中共中央马克思、恩格斯、列宁、斯大林著作编译局，国际共运史研究所编译：《葛兰西文选（1916—1935）》，人民出版社1992年版，第441页。

节的资本主义"，但其仍然还存在着经济、政治、文化以及合法性的危机，而树立合法性又以建立"信任"为基础。他指出："一个统治制度的合法性，是以被统治者对合法性的信任为尺度的。"①信任的实现是通过哈贝马斯的交往行动理论来完成的。

法律同样存在着合法性危机。哈贝马斯在《事实与有效性》一书中把法律定位于"事实与有效性之间"，并揭示了法律的纯粹事实性和法律对合法性要求之间的张力。法律的事实性在于，法律是一种现实的力量和强制的手段。但是法律仅仅凭借其强制力迫使人服从是不够的，它必须同时得到人们的认可，从而使人们自愿地服从法律。这就要求法律具有合法性。"由于国家权力媒介是用法律形式建构起来的，因此，政治秩序依靠的主要是法律的合法性要求。也就是说，法律不仅仅要求得到接受，或者说，法律不仅要求得到实际承认，而且要求值得承认。"②

法律的合法性来源于哈贝马斯交往活动理论，没有体现交往活动中的分散形式的人民主权，就不可能有合法的法律。为了解决法的事实性与法的有效性的有机统一问题，实现法的合法性，哈贝马斯提出了"程序主义"的法律范式。他说："一种法律秩序之为合法的程度，确实取决于它在多大程度上确保其公民的私人自主和政治公民自主这两种同源的地位；但与此同时，它之所以具有合法性，也是归功于交往的形式——只有通过这种形式，这两种自主才得以表达和捍卫。这是一种程序主义法律观的关键。"③

第三，柯林斯与萨姆纳的"法的阶级工具本质观"。西方马克

---

① ［德］尤尔根·哈贝马斯著：《重建历史唯物主义》，郭官义译，社会科学文献出版社 2000 年版，第 287 页。

② ［德］尤尔根·哈贝马斯著：《后民族结构》，曹卫东译，上海人民出版社 2002 年版，第 133 页。

③ ［德］哈贝马斯著：《在事实与规范之间——关于法律和民主法治国的商谈理论》，童世骏译，生活·读书·新知三联书店 2003 年版，第 508 页。

思主义法学虽然反对传统马克思主义法学的简单工具论观点，强调意识形态在"优化"法的阶级工具论中的作用，但在总体上仍然坚持法的阶级工具本质观点。这无疑发展了马克思主义法学关于法的工具本质的理论。

柯林斯在《马克思主义与法》一书中梳理了马克思主义法学理论的众多争论，对法的阶级工具本质及法与意识形态等问题提出了自己的看法。他认为，马克思主义者并不都是主张意识形态是虚假的。相反，由于意识形态的有效性取决于其对物质世界的解释，在某种程度上讲它必须是真实的。虚假的意识仅指统治阶级的意识形态掩盖了其真实的实践情况，通过把生产关系描述成事物的自然秩序从而使其对权力的掌握合法化。由于统治阶级所具有的相类似的社会实践产生了这个阶级的意识形态，从而使它倾向于以一个整体来行动，并决定着法律的制订，因此，法律仍然是统治阶级意志的反映，是统治阶级的工具。柯林斯还依此批驳了那些把阶级工具论等同于阶级简化论以及用"法律自治"来否定法的阶级工具论的观点。

对于法律规则是属于经济基础还是上层建筑的问题，柯林斯认为，法律规则既能反映生产关系，同时还能构成生产关系。因为法律虽然来源于上层建筑，但由于规范性的特征它又可能在物质基础中起作用，因此法律看起来在经济基础和上层建筑中都发挥着作用，它不能被归入社会结构的上层建筑之中。柯林斯之所以认为法律既表达生产关系，又构成生产关系，是与其对法的概念的认识分不开的。他认为，法有比阶级压迫更为广泛的功能，必须抛弃传统的命令式的法律概念。①

萨姆纳虽然被一些人看做结构主义马克思主义的代表，但他关于法的本质的论述也承认法的阶级工具性质。他认为法只是以政治

---

① 参见任岳鹏著：《西方马克思主义法学》，法律出版社 2008 年版，第 129～133 页。

和意识形态为中介的阶级统治工具，因而它不仅是阶级统治的工具，同时还是政党政策的工具、相对观念的保守者以及社会动乱的预防机构。而且，法只有具有政治意识形态同意（不管这种同意是自发的还是认为建构的）基础才能成功地实施。法是所有这些情况的总和。①

二、苏联学者的法律意识概念之解读

1. 卡列娃、费其金的法律意识观。卡列娃、费其金认为，"法律意识是社会意识的一种形式，它是一定阶级的法律观点的总和，而在人民道义上和政治上一致的条件下则是全体人民法律观点的总和"。政治制度、法律制度及其他制度是根据社会上的政治观点、法律观点及其他观点建立起来的。在阶级对抗的社会中不可能有统一的法律意识。社会主义基础与资本主义基础的对立，决定了资本主义法律意识和社会主义法律意识有原则上的区别。社会主义法律意识在社会主义发展的各个阶段都具有进步的性质，因为它是消灭了人剥削人现象以及各种阶级压迫、民族压迫的社会的法律观点。社会主义法律意识具有真正民主的性质。②

2. 彼·斯·罗马什金等学者的法律意识观。彼·斯·罗马什金认为，"可以给法律意识下如下的定义：它是传播于社会中的反映人们对现行法的态度的法律观点的总和，是对行为正当与否的理解"。他认为法律意识有两种基本表现形式，第一，它是普遍传播于社会当中的法律观点，这些观点表现出人们对他们关于自己的权利和义务、某些法律规范是否公正、某种行为是否正当的观念以及人们对现行法的态度。而这些观点正是通常被称之为法律意识的东

① 参见任岳鹏著：《西方马克思主义法学视域下的"法与意识形态"问题研究》，法律出版社 2009 年版，第 158 页。

② ［苏］卡列娃、费其金主编：《苏维埃国家和法的基础》，法律出版社 1955 年版，第 135～136 页。

西。第二，法律意识表现在法律理论中的法律思想和理论上的概括，而这种法律思想是法律意识的种类或形式。在法与法律意识的关系问题上，他认为法和法律意识不能相互创造，两者都是社会生活的客观条件创造的。在分裂为阶级对抗的社会中没有统一的法律意识，剥削阶级和被剥削阶级的法律意识在本质上是有区别的。另外，统治阶级有时还对过了时的法律和不足以保护统治阶级利益的法律持否定态度，统治阶级的个别集团基于自己的特殊利益对待某些现行法律的态度也不尽相同。而社会主义的法律意识是统一的。①

3. 伊·法尔别尔的法律意识观。伊·法尔别尔认为，法律意识不仅是社会主义法的教育作用的对象，而且也是科学认识的对象。"法律意识是社会意识的一种形式，是马克思列宁主义的法律思想和法律心理（社会心理，即集体的、群众的心理）的结合。"他还强调了研究法律心理和法律情感的重要性，指出研究消除的和积极的法律感情是十分繁重和十分复杂的工作。如果不研究法律心理，即不研究法律观点和法律感情的广泛传播，就无法深入和有效地探讨社会主义法对公民意识的教育作用问题。法律教育居民的理论，应当依靠关于个别居民集团对劳动法、家庭法、刑法、诉讼法和其他部门法的具体法律心理的知识，应当研究影响社会心理的法律方法，否则关于法的教育作用的讨论，仍然只是良好的愿望或空谈。研究法律心理和人们对待法律、法制、审判、司法、犯罪、刑罚等心理态度的方法论，特别要求法学家同心理学家和教育学家集体进行。②

---

① ［苏］彼·斯·罗马什金、米·斯·斯特罗果维奇、弗·阿·图曼诺夫主编：《国家和法的理论》，中国科学院法学研究所译，法律出版社1963年版，第378～384页。

② ［苏］伊·法尔别尔：《论全民法的教育职能》，载《法学研究资料》1964年第一辑，第21～23页。转引自王勇飞编：《法学基础理论参考资料》，北京大学出版社1981年版，第206～208页。

4. л. C. 雅维茨的法律意识观。л. C. 雅维茨认为，"法律意识是揭示社会、个人、阶级以及社会组织对现行的有效的法，对过去的法和对法应该是什么样的看法的思想、评价、信念、情绪和感觉的体系"。道德评价因素在法律意识中占有很显著的地位，因而法律观点具有道德所具有的调整职能并具有特别发达的价值。"道德价值渗透到作为社会意识的一种形式的法律意识，即法律思想体系和法律心理之中。"道德价值渗透到法律意识之中的原因应当归结于产生、生活的条件。当需要法律固定的某种实际关系开始建立时，人们便以道德意识的形式提出了支持和保证社会关系的主体的权利和行为的思想。关于自由行动和自由选择的思想补充了关于道德判断和社会责任的道德义务，从而逐渐提供了一个新的社会（个人和组织）意识领域的形成，即法律意识的形成。先前关于责任的道德判断，此时也转变为其有法律性质的义务了。当制订了适应于新产生的法律意识的一般法律规则后，法律意识本身就被法律思想所丰富，后来又被其他法学范畴所丰富。①

从上述介绍的苏联法学家关于法律意识概念的论述可以看出，其关于法律意识概念分析具有以下一些明显的特点：第一，苏联法学家一般认为法律意识是一种特殊的社会意识形式，是社会主体对法和法律现象的主观反映，并且是与政治意识、道德意识、哲学意识等相并列的一种社会意识形态，是社会主体关于法律现象和法的观点的总和；第二，苏联法学家一般将法律意识看做社会意识，以此来区别个人意识，甚至有的学者还否认个人心理以及个体法律意识的存在；第三，苏联法学界普遍强调法律意识的阶级性，被剥削者与剥削者的法律意识是不可能统一的。但随着苏联演变进程和改革步伐的推进，人们也开始淡化法律意识阶级性的观念；第四，苏联法学界一直坚持历史唯物主义的理论传统，在关于法律意识与社

---

① ［苏］л. C. 雅维茨著：《法的一般理论——哲学和社会问题》，朱景文译，辽宁省人民出版社 1986 年版，第 56～57 页。

会经济基础的联系方面，十分强调社会经济基础对法律意识的决定和制约作用；第五，早期苏联学者一般认为社会主义法律意识具有统一性，不承认社会主义国家法律意识的差别性、不统一性，并认为这是社会主义法律意识区别于剥削阶级法律意识的重要乃至主要的特征。另外，苏联法学家已经关注到对法律心理、法律情感、法律信仰与道德评价等有关法律意识问题的研究。①

三、中国学者的法律意识概念之见解

我国学者对法律意识概念的学理解释主要开始于 20 世纪 80 年代。此前，虽然有学者介绍过苏联的相关研究成果，但很少有学者对法律意识展开全面的论述。在我国 20 世纪 80 年代初出版的《辞海》（1980 年版）中甚至连"法律意识"的词条都没有，由此可以看出，我国学者当时还没有关注法律意识的问题。之后，法律意识问题逐渐引起了我国法理学界的初步重视，在法理学的教科书中也都开始对法律意识问题进行简单介绍，其内容主要涉及法律意识的本原、概念、种类、作用、法律文化与法律意识的关系、法律意识的现代化等。经过 30 多年的研究和探讨，到目前为止，国内法理学界对法律意识概念的解释，大多数学者的观点已经基本达成共识，但是也存在着一些不同的看法。当前，国内法理学界对法律意识概念的主要表述可以概括为以下三类主要观点：

1. 主流法律意识观。该观点认为，法律意识是人们关于法、法律现象的思想、观点、知识和心理的统称。在我国法学界，许多著名的学者都持这种观点，这种观点已经成为现阶段我国法学界关于法律意识的通说与主流观点。这种对法律意识概念的认识主要受苏联法学理论的影响，其显著特点是：从哲学角度特别强调法律意识中的理性认识内容。

---

① 参见刘旺洪著：《法律意识论》，法律出版社 2001 年 8 月版，第 24 ~ 25 页。

在《中国大百科全书·法学》卷中对法律意识是这样定义的："人们对于法（特别是现行法）和有关法律现象的观点和态度的总称。它表现为探索法律现象的各种法律学说，对现行法律的评价和解释，人们的法律动机（法律要求），对自己权利、义务的认识（法律感），对法、法律制度了解、掌握、运用的程度（法律知识），以及对行为是否合法的评价等。"① 沈宗灵教授主编的《法理学》对法律意识是这样定义的："法律意识是社会意识的一种特殊形式，是人们关于法律现象的思想、观点、知识和心理的总称。"他认为法律意识与道德意识、政治意识等有十分密切的联系，但同时法律意识又有自己的特殊性，有自己独特的结构和特定内容。法律意识所反映的是法律现象，是人们关于法律现象的观点、心理和思想，如人们依据法理或对法律的理解对法官作出的判决是否公正、合理的看法，人们对法律的评价，对依法行政原则的信任程度，等等。法律意识作为一种特殊的法律现象，与其他法律现象，如法律行为、法律关系、法律规范等处于有机的统一体之中。法律意识属于社会上层建筑的重要组成部分，其与构成政治上层建筑的核心组成部分——法，存在着密切的关系。一国占统治地位的法律意识不但属于独立于法律制度而存在的思想上层建筑领域，而且渗入到法律制度以及法律调整过程中，并且成为法律制度的有机组成部分。② 孙国华教授、朱景文教授在其主编的《法理学》一书中认为："法律意识是社会意识的一种特殊形式，是人们关于法律现象的思想、观点、知识和心理的总称。"③ 葛洪义教授在其主编的

---

① 《中国大百科全书》总编辑委员会编：《中国大百科全书·法学》，中国大百科全书出版社1984年版，第104页。
② 沈宗灵主编：《法理学》，高等教育出版社1994年版，第234～236页。
③ 孙国华、朱景文主编：《法理学》，中国人民大学出版社1999年版，第191页。

《法理学》一书中说道:"法律意识是人们关于法的现象的思想、观点和心理的总称,是社会意识的一种特殊形式。它是一个与法律文化研究有紧密联系的概念,是法律文化的重要组成部分。"① 周永坤教授认为:"法律意识是法律文化之一部分,法律意识又是意识之一种。'意识'一词在学界也是众说纷纭。一般认为,意识是人脑的机能,意识是人类对存在的反映。法律意识是关于法律的意识,是人们关于法律的思想、观念、知识、心理的总称,包括对法律本质、作用的看法,对现行法律的要求、态度和评价、解释,对人们行为的法律评价,法治观念等等。法律意识可以分为低级阶段的法律心理和高级阶段的法律思想体系。"② 舒国滢教授在其主编的《法理学阶梯》一书中说道:"所谓法律意识就是人们关于法律和法律现象的心理、态度、知识和思想的总称。"③ 周旺生教授在其主编的《法理学》中说道:"法律意识泛指人们关于法律的知识、思想、观点、心理或态度等。法律意识是用来描述法律系统中观念性和精神性要素的一个法学范畴,主要与法律系统中的制度性和实体性要素相区别。法律意识的内容和表现形式复杂,既有关于各种法的现象的心态,包括对法、法制、法律行为、法律事件、法律权利和法律义务以及其他各种法的现象的感觉、情绪、态度、评价;又有关于各种法的现象的观念,包括对各种法的现象的理解、知识、观点和理论。"④ 高其才教授在其主编的《法理学》一书中说道:"法律意识是社会意识的一种特殊形式,是人们关于法律现象的思想、观点、知识和心理的总称。"⑤ 类似的关于法律意识的

① 葛洪义主编:《法理学》,中国政法大学出版社 2002 年版,第 187 页。

② 周永坤著:《法理学——全球视野》,法律出版社 2004 年版,第 155 页。

③ 舒国滢主编:《法理学阶梯》,清华大学出版社 2006 年版,第 89 页。

④ 周旺生主编:《法理学》,北京大学出版社 2007 年版,第 550 页。

⑤ 高其才主编:《法理学》,中国民主法制出版社 2005 年版,第 75 页。

概念还有多种，很难一一列举。

2. 法律文化视域中的法律意识观。这种对法律意识的理解，主要是从哲学的视角来解释法律意识，认为在理性认识与感性认识之间还应当存在一个独立的中间地带，认为法律意识是法律文化的组成部分，是介于法律心理与法律思想体系的中间部分。

刘作翔教授在其所著的《法律文化理论》一书中说道：法律意识属于法律文化深层次结构的第二个层次，即法律意识是与法律心理和法律思想体系相并列的层次。法律意识较之法律心理，从理论上讲更深化了一步。它的感性成分减少了，理性成分增加了。法律意识则是较低层次法律心理向较高层次的法律思想体系的一个过渡，是处于两者中间的一个环节。按照作者对法律文化深层次结构的认识，法律意识形态应该采用"三分法"，即在法律心理和法律思想体系之间，还存在着一个很长的过渡带，还应该有一个特殊阶段。在这个过渡阶段中，既有理性因素，也有感性的成分，两者互相交织在一起。这一过渡阶段既不像法律思想体系那样，有一种相对理性化、明确的、理论化的对法律现象的法律认识体系，而是表现为一种个别的、零散的、对某一具体的法律问题或法律现象的认识；同时也不像法律心理那样，完全处于感觉、感性阶段，处于自发的直觉的情绪、情感体验阶段，而是处于一个已逐渐脱离了感性认识阶段，意识逐步理性化的认识过程。这一过渡阶段被称为法律意识阶段，它的主要表现内容是法律观念。在法律文化深层次结构中，法律意识是一个最大的变量因素，处于较活跃的变动之中，而法律心理和法律思想体系一旦形成，就处于一种相对固定化、稳定化的状态中。在法律意识中，占核心地位的是法律价值观。法律价值观是人们对法律及法律现象的态度、认识、信仰和评价。[①]

3. 强调心理作用的法律意识观。这种对法律意识的理解侧重

---

① 刘作翔著：《法律文化理论》，商务印书馆1999年版，第126~129页。

于心理方面，特别强调人们对法律现象的主观心理感受，并认为法律意识总的来说首先表现为人们的心理意识问题，具有心理学意识形态的一般表现形式。法律意识与其他意识的不同之处在于，它是关于法律现象的意识，除意识的对象不同之外，没有什么特别不同之处。

张文显教授在其主编的《法的一般理论》一书中说道："意识是人的自觉的心理活动，而人的心理活动呈现为认识、情感、意志三过程，且此过程与群体或个体（个性）心理特征紧联。因此，法意识是与群体或个体（个性）心理特征相联的、人们关于法现象的认知、情绪和意志的总和。它在内容上包括人们对法现象的知晓、理解和把握；对法规范和法行为的情感、评价和态度；对法现象的意愿、要求和期待。在形式上表现为人们关于法现象的心态、观念、理论。法意识是一种特殊的社会意识，是法现象的特殊组成部分。"① 刘旺洪教授在其所著的《法律意识论》一书中说道："法律意识是一个十分复杂的、外延十分广泛的社会法律现象，是社会法律文化的一个十分重要而不可或缺的构成部分，它体现的是社会主体对法和法律现象的主观心理感受和认知把握状况。简而言之，法律意识是一种特殊的社会意识体系，是社会主体对社会法的现象的主观把握方式，是人们对法的理性、情感、意志和信念等各种心理要素的有机综合体。"② 付子堂教授在其主编的《法理学初阶》中说道："法律意识是社会意识的一种，是指人们在一定的历史条件下，对现行法律和法律现象的心理体验、价值评价等各种意识现象的总称。它包括人们对法的本质和功能的看法，对现行法律的要求和态度，对法律适用的评价，对各种法律行为的理解，对自

---

① 张文显主编：《法的一般理论》，辽宁大学出版社 1988 年版，第 233 页。

② 刘旺洪著：《法律意识论》，法律出版社 2001 年版，第 49 页。

己权利义务的认识等，是法律观点和法律观念的合称。"① 孙春伟教授认为，法律意识首先是一种心理现象，对法律意识问题的认识也应当立足于心理方面。从心理学角度解释法律意识更能够揭示法律意识的具体心理表现，也更加切合实际。"从心理学角度上看，一般情况下，我们可以认为，法律意识是人们关于法律现象的感觉、知觉、思维等心理现象。"②

以上是我国学者关于法律意识概念之学理解释的基本概况，从以上的总结中我们可以看出，我国学者对法律意识问题的基本认识，尤其是对法律意识概念的诠释，是有一定发展变化的。从 20 世纪 80 年代起，我国关于法律意识的主流观强调法律意识中的理性认识内容，但目前有些学者开始从心理方面对法律意识的概念进行探索，主流观点逐步受到了挑战。

四、法律意识之我见

在界定法律意识概念之前，有必要对以下几个问题进行梳理：

1. 法律意识与法的关系问题。法律意识与法的关系问题直接决定和影响着人们对法律意识的概念、本源、性质、范畴、作用等法理学基本问题的理解。关于法律意识与法的关系问题，目前存在着两种不同的观点。其焦点在于法律意识与法谁是第一性。

持法律意识先于法之观点的学者认为：从发生上看，法律意识先于法而存在，它是形成法的前提条件，法的创制和运行过程一刻也离不开法律意识的作用。其理由是：法律意识属于思想上层建筑，法律制度及设施则属于制度上层建筑。制度上层建筑是通过人们的意识而建立的，是在一定思想、观点指导下建立起来的，正是从这种意义上说，制度要同观点相适应。因此，法律意识要先于法

---

① 付子堂等主编：《法理学初阶》，法律出版社 2006 年版，第 182 页。

② 孙春伟：《法律意识概念的学理解释及其评价》，载《学术交流》2008 年第 10 期。

而存在。法只是一般存在，而不是社会存在。从本质上看，法作为统治阶级意志的体现，是一种观念化的产物。从法律制订的角度看，法律意识在法的形成过程中起着明显的中介作用，强调法律制度是根据法律意识建立的，并不否认法律制度归根结底依赖于经济基础，而是表明包括法律制度在内的上层建筑现象区别于经济基础的重要特征就在于它是根据人的意识建立的。[①]

持法是法律意识的本源之观点的学者认为：社会存在与社会意识是相对应的一组概念，是存在于思维、物质与精神这对哲学范畴在人类社会生活领域的具体表现。社会存在是独立于人们社会意识之外的现实生活中全部社会现象及其发展过程的总和。社会意识是反映社会存在的思想与心理及其发展过程的总和。社会存在是客观的，第一性的；社会意识是第二性的，是派生物。它们是被反映与反映的关系。社会存在决定社会意识，社会意识是社会存在的反映，又反作用于社会存在。就法与法律意识的关系而言，法是第一性的东西，法律意识是第二性的东西，法律意识应当是法这一社会现象在人们头脑中的反映和印象。法的本源绝不是法律意识，尽管法律意识对法的制订、实施以及遵守具有十分重的要指导作用。但法制订的根据应当是社会秩序的实际状况、客观需求、社会关系以及客观规律，其形式应当符合法律自身的特点、性质以及规律性。从渊源上看，也应当是先有法，后有法律意识，否则会把法律意识的指导作用夸大到不适当的地步，甚至把法律意识看成是法律制订与法律实施的根据，这就极有可能造成立法和司法的恣意。[②]

笔者认为，法和法律意识都是社会意识的组成部分，法是法律意识的外在表现形式，法律意识是法的实体内核，法和法律意识不

---

① 朱景文、李正斌：《关于法律意识与法的关系的几个理论问题》，载《中外法学》1994 年第 6 期。

② 李步云、刘士平：《论法与法律意识》，载《法学研究》2003 年第 4 期。

存在谁创造谁或谁决定谁的问题，它们都决定于社会存在，正如苏联学者所言："马克思主义的法的理论认为这一问题的提法本身就是不合理的，法和法律意识不能相互创造，这两者都是由社会生活的客观条件创造的，因此，它们之间总是存在着相互的联系。"①

　　要准确理解法和法律意识的关系，必须正确地把握社会存在与社会意识之间的关系问题。马克思主义对人类发展史划时代的贡献并不仅仅是社会存在就是社会生活的物质生活现象，社会意识就是人的意识。如果仅止于此的话，那不过是一般的唯物主义者就能达到的境界。作为历史唯物主义者，论述社会存在与社会意识之间的关系问题才是马克思主义理论创新之处。因此，我们必须把马克思所说的社会存在理解为人类社会的生产方式；把马克思所说的社会意识理解为在一定的生产方式基础上产生和发展的意识形式，它不是指人们的所有意识，这种意识形式只能是社会意识形态。我们只有在把社会存在理解为社会生产方式，把社会意识理解为社会意识形态的情况下，才能真正地理解马克思的"实践唯物主义"，才能真正正确、完整地理解马克思主义在哲学领域实现的历史性飞跃。马克思的历史唯物主义正是一般唯物主义原理在人类历史领域的体现。马克思主义在物质与意识的关系问题上态度非常明确，那就是坚定地认为物质决定意识。马克思在《政治经济学批判序言》中指出："人们在自己生活的社会生产中发生一定的、必然的、不以他们的意志为转移的关系，即同他们的物质生产力的一定发展阶段相适合的生产关系。这些生产关系的总和构成社会的经济结构，即有法律的和政治的上层建筑竖立其上并有一定的社会意识形式与之相适应的现实基础……不是人们的意识决定人们的存在，相反，是

───────────

　　① ［苏］彼·斯·罗马什金、米·斯·斯特罗果维奇、弗·阿·图曼诺夫主编：《国家和法的理论》，中国科学院法学院研究所译，法律出版社1963年版，第379页。

人们的社会存在决定人们的意识。"① 这段话清楚地表明，"经济结构"是生产关系的总和，而生产关系又是人们在自己生活的社会生产中发生的一定的、必然的关系。这个"现实基础"是客观的、不以人们的意志为转移的社会存在。社会意识形式，当然包括法和法律意识，是由这个"现实基础"所决定的，"社会意识形式"只能与这个现实的基础"相适应"。

法的制订离不开法律意识，不表明法律意识是法的本源。从法的产生过程来看，法的本源绝对不是法律意识，恰恰相反，法律意识源于客观的法律现象。法乃是一种社会规则，有其产生与发展的特殊规律。法最初表现为原始社会的习俗与习惯，到了阶级社会才被上升为国家意志。法律意识正是产生于对这种特殊的社会规则的认识。没有这种特殊的社会规则的存在，就不会有对这种特殊规则的认识——法律意识的产生。至于这种特殊的社会规则叫法还是叫律，或是英语的 law，只是一个表明它的符号而已，并不能够妨碍其存在。法律意识如果准确地把握了法的运行规律，就能够正确地指导法的制订与执行。错误的法律意识很可能制订出"恶法"并错误地执行这些法律。

2. 法律意识是否包含法律心理。法律意识是社会意识的重要组成部分，社会意识的内容具有广泛性。我们通常所理解的社会意识概念的内涵远不如马克思所揭示的那么宽泛，马克思所主张的社会意识主要是指社会的精神生活，其不仅包括各种思想方式、理论产物和幻想，而且包括意识形式，如宗教、道德和法律、哲学世界观，甚至还包括需要和情感等。恩格斯也同样认为社会意识的内涵具有广泛性，他认为社会意识不仅包括思想、认识、幻想、理论、制度，还包括美学、科学、艺术等社会意识形式，甚至包括传统、动机等社会心理。恩格斯拓展了意识形式的种类，如艺术、科学、美学，增加了传统、动机（动因）等内容。列宁和恩格斯一样，

---

① 《马克思恩格斯选集》（第 2 卷），人民出版社 1972 年版，第 82 页。

也同样坚持了马克思主张的社会意识的广泛性内涵。列宁把社会意识形式称为社会认识，并且还把意向、社会思潮列入了社会意识范畴，从而进一步丰富了马克思的社会意识理论。斯大林也特别重视社会意识中的意识形式、思想体系，但其忽略了社会意识的其他组成部分，使得社会意识的内涵相对简单化了。毛泽东的社会意识内涵要比斯大林认为的广泛得多，他把一切观念形态的文化都当做社会意识。他从一切文化中特别列举了舆论和思想两样，隐含着社会意识由社会心理舆论和思想体系两个层次构成的意思。可见，马克思主义的经典理论家都认为社会意识的内涵具有广泛性。① 社会意识的构成是极其复杂而精微的，从高低不同的层次角度来看，社会意识又分为社会心理和社会意识形式，"社会心理是一种较低层次的社会意识，它具有不系统、不定型、相对地处于自发状态的特点。社会心理直接与日常社会生活相联系，表现为感情、情绪、习惯、成见以及各种自发倾向、民族心理、社会思潮等，以感情因素为主，不具备自觉的理性形式"。②

　　由此可知，法律意识的较低层次必然包括法律心理。但是上述我国部分学者主要从心理现象来定义的法律意识概念是否科学呢？笔者认为，法律心理要素对于形成人们的法律态度、情感、信仰、信念、意志、法律观念、法律理念、法律思想等虽然具有重要意义，但远远不能够包含法律观念、法律理念、法律思想等重要内容。法律观念、法律理念、法律思想等内容与法律心理相比，是具有较高层次的社会意识形态，是法律意识的重要组成部分甚至是主要组成部分。法律意识是社会意识形态的一种，法律意识如果要发挥其对社会存在的反作用，必然要借助法律观念、法律理念、法律思想等内容来发挥作用，而不能仅仅借助法律心理。与法律有关的

---

① 张庆：《社会意识的内涵和结构》，载《现代哲学》1992 年第 3 期。

② 刘同舫主编：《马克思主义基本原理》，人民出版社 2006 年版，第 137 页。

特殊心理应当属于法律心理学的研究范畴。法律心理学（Legal Psychology）是研究社会生活中与法律有关的行为的心理学问题的学科，是应用心理学的一个分支。"法律心理学不是法学的一个分支学科，而是隶属于心理学，是心理学在应用领域的分支学科。"①由此可知，在界定法律意识的概念时，即不能排斥法律意识的心理因素，也不能夸大心理因素在法律意识中的地位。

3. 法律意识是否包括法律知识。上述我国学者在界定法律意识概念时，绝大多数人认为法律知识是法律意识的组成部分。但也有个别学者认为法律意识不应该包括法律知识，"对法律知识的掌握，只能说明其对法律思想和法律制度的了解程度以及对法律条文的熟悉情况。对法律意识的培养是一项综合工程，并非仅仅以对法律知识的掌握程度来衡量。虽然法律意识的培养可能与法律知识的学习有关，但是，不能由此得出结论说：法律知识掌握得越多，法律意识就越强；不具有法律知识的人就没有法律意识"。② 笔者赞同大多数学者的观点。法律意识属于思想上层建筑，是社会主体对法以及法律现象的能动反映，体现了人的主观能动性。法律知识是法这种特殊的社会存在经过人的意识加工而产生的智力成果，法律知识一经借助某种物质，如书本、电子文本等固定下来，就成为社会意识形态的组成部分。法律知识是法律意识的外在表现形式，与法律意识具有不可分割的联系。对某一具体主体来说，法律知识的多少对于法律意识形成的快慢、法律意识水平的高低等具有重要的影响。我们承认某一主体法律知识的多少与其法律意识强弱没有必

---

① 乐国安主编：《法律心理学》，华东师范大学出版社 2003 年版，第 4 页。

② 赵震江、付子堂著：《现代法理学》，北京大学出版社 1999 年版，第 40 页。

然的联系，因为这里还有一个"转识成智"① 的问题，法律知识还需要主体内化为自己的法律意识，但是没有"识"就不可能成"智"。法律知识是否能够转化为法律意识，还与具体主体的生活经历、意志品格、性格特征、政治素养以及法律知识本身内容是否具有正当性等诸多因素有关。法律知识是法律意识的载体，人们可以透过法律知识来探寻它背后所蕴藏着的法律意识。当然，我们也不否认不具有法律知识的人也有法律意识。但一个没有法律知识的人，其法律意识的获得主要通过直接经验，其虽然也具有法律意识，但其法律意识结构肯定与有法律知识的人不同。一般而言，没有法律知识的人的法律意识水平总是处于感性认识阶段，或许其还有某些法律观点，但不可能达到法律思想体系的境界。因此，法律知识是法律意识的重要组成部分。

4. 法律意识与法律文化的关系。由于人们对文化概念理解的差异性，导致了对法律文化理解的千差万别。但大体而言，法律文化可以归纳为以下三类："第一类是把法律文化看作是法律现象的综合体现和产物，包括内在和外在、主观和客观、制度和观念等各个方面；第二类是把法律文化视为法律现象的主观方面，主要是法律意识形态和观念形态；第三类是把法律文化看作法律意识中非意识形态的那部分内容，即体现人类智慧、知识、经验等的文化结晶。"② 笔者姑且将这三类法律文化观分别称为广义法律文化观、中义法律文化观与狭义法律文化观。依据法律文化的类别划分标准可以看出，广义法律文化观与法律意识关系是整体与部分的关系；中义法律文化观与法律意识内容基本一致；狭义法律文化观认为，法律意识中存在着两部分内容，一部分是法律意识中的法律意识形态成分，另一部分是法律文化。这样，法律意识的概念就包含了法

---

① "转识成智"是上海大学陈新汉教授在对博士研究生进行教育时反复提到的用语，着重强调知识的内化。

② 刘作翔著：《法律文化理论》，商务印书馆1999年版，第65页。

律文化，法律文化也成了法律意识的组成部分。

　　笔者赞同从广义的角度理解法律文化的观点。法律文化是从文化视野出发，运用文化学理论及其方法对法律这一特殊社会现象的观念的把握。基于对文化整体性的理解，法律文化不能仅被界定为等同于法律意识或仅仅是法律意识的组成部分，而应当从整体角度把握法律文化的概念。既要把法律文化置于文化的大背景、大环境之中来系统地定位，又要从法律文化内部要素及其相互联系中把握其内在联系和规律。这里不妨借用一种广义的法律文化概念，以此为基础来与法律意识作一比较。"所谓法律文化，即人类在法律实践中创造的文化，是社会群体关于权利与义务的价值选择、思维模式、情感模式和行为模式的总称。法律文化渗透在人类的法律实践活动中。法律文化既体现在隐性的法律意识形态中，也体现在显性的法律制度中；法律文化既是历史文化的遗留，又是人类的现实创造。"①

　　根据广义的法律文化观，法律意识是广义法律文化的组成部分，其与法律文化的区别如下：

　　首先，从内容上来说，法律意识主要包括人们的法律态度、情感、信仰等与心理活动有关的内容以及法律观念、思想等高级社会意识形式；而法律文化则是人们理性认识的产物，是对法及法律意识反思的结果，是经由历史积淀下来的有关法律思想、观念、制度、习俗、传统等的统一体。"法律文化是整个人类文化体系中的一部分。它是法律观念、法律制度、法律机构、法律设施、法律主体、法律活动等要素的统一体，以及内含于这一统一体中的法律价值、法律本体和法律方法。"② 由此可知，法律文化的内涵要远远大于法律意识的内涵。

　　① 高其才主编：《法理学》，中国民主法制出版社2005年版，第74页。
　　② 刘进田、李少伟著：《法律文化导论》，中国政法大学出版社2005年版，第79页。

其次，从主体上看，法律意识往往体现为个体或某些特定群体的法律思维、法律心理、法律观念、法律思想等，其主体可以是社会、群体、政党、特殊阶层等，也可以是个人；而法律文化则强调人类或民族的共性，其是人类或民族的共同精神财富，因此其主体只能是群体，而不能是个体，尽管群体范围有大有小。所以，我们可以说个人法律意识，而不能说个人法律文化。进而还可以把法律意识划分为个体法律意识和群体法律意识等，而不能对法律文化作类似的划分。

再次，法律意识与具体的社会形态有密切关系，其一般带有强烈的政治意识形态色彩，如奴隶社会法律意识、封建社会法律意识、资本主义法律意识以及社会主义法律意识等；而法律文化作为历史进程中积淀下来的民族法律精神，具有一种超越具体社会形态的特征，虽然法律文化也渗透着意识形态的影响，但民族性及群体的习惯化特征却更为明显。

综上所述，笔者将法律意识的概念定义为：法律意识是法律文化的重要组成部分，是社会主体对于法以及法律现象的情感、意志、态度、信仰、评价等有关法律心理要素以及法律观念、法律思想、法律理念等法律意识形态要素的总称。

第二节　法律意识的分类

根据辩证唯物主义基本原理可知，法律意识属于社会意识的组成部分，从根本上说法律意识属于主观范畴，是人脑的机能，是人脑对法以及法律现象的主观反映，但作为科学研究对象的法律意识亦属于一个社会事实的范畴，具有相对的客观性。迪尔凯姆在分析社会学的研究方法时指出："如同从外部认识的东西与从内部认识的东西是对立的一样，物与观念也是对立的。凡是智力不能自然理解的一切认识对象；凡是我们不能以简单的精神分析方法形成一个确切概念的东西；凡是精神只有在摆脱自我，通过观察和实验，逐渐由最表面的、最容易看到的标志转向不易感知的、最深层的标志的条件下才能最终理解的东西，都是物。因此，把某一类事实作为物来考察，并不是把它们归到这一或那一实在的范畴，而是以一定的心态观察它们。"①　从这个意义上来说，可以将法律意识作为一种社会事实来进行分类考察。

对法律意识的分类有助于我们对法律意识的本质、内涵、特征、功能、价值等有更为深入的理解，从而更好地发挥法律意识的能动作用。法律意识可以按照不同的标准作不同的分类。对法律意识的传统分类有：根据法律意识的社会政治属性，把法律意识划分为占统治地位的法律意识和不占统治地位的法律意识；根据法律意识不同的阶级内容，把法律意识划分为奴隶社会法律意识、封建社会法律意识、资本主义法律意识和社会主义法律意识；根据人的认识心理过程有感性认识和理性认识两个阶段，把法律意识划分为法律心理和法律思想体系；以法律发展的历史阶段为标准，把法律意识划分为农业社会的法律意识与工业社会的法律意识；以民族性、区域性为标准，把法律意识划分为东方法律意识与西方法律意识；以法律意识的内容为标准，把法律意识划分为自然经济的法律意识与市场经济的法律意识；根据法律意识的主体不同，可以把法律意识划分为个体法律意识与群体法律意识；以法律意识是否符合现代性为标准，把法律意识划分为传统法律意识和现代法律意识；等等。

应该说，以往传统法律意识的分类对于我们理解法律意识具有重要的参考价值。但随着我国法治进程的不断发展与进步，法律意识现象也变得越来越复杂。我们对法律意识的分类也不能简单化，而应该从多角度、多层次或多要素上尽可能予以客观、全面的透视。这样的法律意识分类才有可能更加具有针对性，更好地接近社

---

① ［法］E. 迪尔凯姆著：《社会学方法的准则》，狄玉明译，商务印书馆1995年版，第二版序言第7页。

会现实，从而更好地发挥法律意识的能动作用，更好地指导我国法治建设的伟大实践。笔者认为，将法律意识作如下类型分类更具有现实意义。

一、法律意识主体分类

1. 职业法律意识与非职业法律意识。这是依据法律意识主体是否从事法律职业所作的划分。"法律职业是指以律师、检察官与法官为代表的，受过专门的法律专业训练，具有娴熟的法律技能与法律伦理的人所构成的自治性共同体。"① 该共同体的成员又被称为法律人。从广义上说，法律职业者也包括司法助理人员以及从事法律教育的工作者。法律人不仅仅限于从事律师、检察官和法官工作，还可以从事立法机关、行政机关和企业等方面的工作。职业法律意识是指法律职业者的法律意识，亦即包括律师、法官、检察官、法律教育工作者、法学家以及其他接受过专门化、系统化法律训练的人所构成的法律职业共同体的法律意识。非职业法律意识是指社会一般公众所具有的法律意识。

职业法律意识是在法律职业产生以后逐渐形成的。在法律产生以后相当一段时期内，法律职业者与非法律职业者没有严格的区分界限，从事法律职业的人员的法律意识与普通人的法律意识也并没有根本的区别。但随着社会分工的不断细化、法律材料的日益积累、法律工作程序的日渐复杂，普通民众如果不经过专门的法律工作培训已经不可能胜任有关法律方面的工作了，于是法律工作逐渐成为一种职业。从事法律职业的人的法律意识与普通人的法律意识也越来越不同，最终形成了职业法律意识。

职业法律意识与非职业法律意识的主要区别在于，职业法律意识具有专门化、质量高的特点，表现出较高程度的理论性和思想性，它积累了大量职业法律者的法律实践经验，其中也包含了大量

---

① 张文显主编：《法理学》，法律出版社2007年版，第272页。

从事法律工作的专门技巧和专业知识，以至于法律意识成为法律工作者的一种本能反应。这与法律职业者经过系统的法律专业教育和严格的法律培训与训练是密不可分的。相对于职业法律意识来说，非职业法律意识是基于常理和常识而形成的，主要来自于法律文化潜移默化的影响和生活经验的积淀。其总体上还是一种相当普及的普通人的法律意识，具有直观性和朴素性的特点，更多地表现为法律心理，如情感、情绪等方面，系统观念、思想一般较少。对于非法律职业者来说，虽然也有可能在个别场合表现出职业法律意识的特点，但其总体上和职业法律意识是有本质区别的。

职业法律意识与非职业法律意识划分的意义在于，从事职业法律的工作者必须具有相应的法律知识与经验，并在实践中不断地更新自己的法律知识与法律理念，从而符合日益发展的社会现实需要。严禁没有相应法律知识与经验的人从事职业法律工作。职业法律意识与非职业法律意识的划分不仅体现了维护法律工作职业化的问题，同时也反映了一个国家的法治发展水平问题。①

另外，职业法律意识与非职业法律意识的划分对于提升社会主体的法律意识水平具有一定的重要意义。非职业法律意识与职业法律意识存在着一定的差距，尤其在社会转型过程中，普通公众对法律自身的变革更容易产生过高的期待，或者因法律变革使他们不得不改变某些原有的行为方式，进而产生对法律的抵触情绪。面对法律问题，他们有时缺乏法律思维和理性判断，往往从习俗的、道德的、伦理的、乃至个人的价值观的角度去分析和思考法律问题，甚

---

① 贺卫方教授在一次给法官培训的活动中，针对我国曾经有一段时间将退伍军人安排到法院工作的现实，问了学员一个非常有趣的问题：为什么退伍军人不安排到医院而安排到法院呢？这个问题不仅有趣，而且充满了智慧。法官与医生都可以要人的性命，其职业都具有高度的科学性，只不过一个属于社会科学，一个属于自然科学而已。参见贺卫方著：《司法的理念与制度》，中国政法大学出版社1998年版，第237页。

至采取过激的行为，导致对自己不利后果的发生。职业法律工作者可以通过复议、诉讼等途径实现对社会法律意识的指导、引领作用。

2. 个体、群体与社会法律意识。这是按照法律意识的主体数量不同而对法律意识进行的一种分类。有些法理学教材从主体角度出发，只把法律意识分为个体法律意识和社会法律意识两种。笔者赞成法律意识主体的三分法，即在个人法律意识和社会法律意识之间，还存在群体法律意识的层次。这样的分类和概括比较全面、合理，衔接有序，而且更具有现实意义。

个体法律意识，是指公民个体对法和法律现象的情感、信念、看法、信仰、观点和思想等的总和。个体法律意识是个人独特的社会经历和地位的反映，它受个人成长经历、教育背景、所处环境、职业、社会地位和个人品德修养等诸多因素的影响，个体法律意识的形成与个体对有关法律和法律现象的接触、学习或实践密切相关。个体法律意识具有独特性和分散性的特点。① 个体法律意识是个人法律行为的内在精神动力，它的独特性和分散性特点决定了整个社会的维权、违法、犯罪等行为的复杂性和多样性。提高和培养个体法律意识对整个社会法治建设有着基础性的重要意义。

群体法律意识，是指集团、阶层、阶级、政党、家庭、社区等不同的社会集合体对于法与法律现象表现出来的心理态度及观点、思想和看法。它是具有共同利益的多个自然人，通过一定的社会互动或关系而结合起来所形成的共同法律意识，是法律意识主体范围的中观存在形态，是联系个体法律意识与社会法律意识的纽带和桥梁。群体法律意识是以个体法律意识为基础的，同时又由于各群体的政治观念、经济状况、社会地位、活动领域和谋生方式等的不同，形成了各个群体法律意识的不同特点。

---

① 参见舒国滢主编：《法理学阶梯》，清华大学出版社 2006 年版，第 91 页。

社会法律意识是一个国家或民族对法和法律现象的心理态度及观点、思想和看法，是法律意识的宏观存在形态。社会法律意识是群体法律意识和个体法律意识相互交融的产物，它集中反映了一个国家或民族的法律文化、法律传统，体现出一个国家法治发展水平。社会法律意识与个体法律意识和群体法律意识的主要区别在于，它是建立在整个社会有关法律问题的实践基础上的，集中反映了社会上占统治地位和主导地位的法律价值观。

上述三个层次的法律意识相互依赖、相互制约、相互影响。个体、群体与社会法律意识在社会中总是处于相互交织的状态之中。一方面，群体法律意识和个体法律意识会推动社会法律意识的进步；而另一方面，社会法律意识也在不断地促进或整合、限制个体法律意识和群体法律意识的发展。

对以往曾经一度被忽略的、处于承上启下地位的群体法律意识的研究，是具有一定现实意义的。社会是由各种各样的社会群体构成的，社会中的个体总是处于特定群体中的个体，群体法律意识的状况直接决定了个体法律意识水平。例如，青少年的法律意识正确与否，直接与家庭这一最重要的社会群体的法律意识水平密切相关；而按照现代企业制度要求建立的现代化企业，必然要培植出与之相适应的具有现代企业法律意识的员工。不仅如此，群体法律意识在社会法律意识中也占有举足轻重的地位。例如，某一执政党的法律意识水平的高低，必然对一个民族或社会的法律意识具有重大的影响；而群体性事件中的"法不责众"的法律观念必然对某一群体性事件的发生、发展具有一定的重要影响。

二、法律意识内容分类

1. 实体法律意识与程序法律意识。实体法律意识是人们对实体法的认知、心理、理想、评价、观念、学说等的总称。程序法律意识是人们对程序法的认知、心理、理想、评价、观念、学说等的总称。程序法律意识是随着人们对程序法的逐渐重视，在程序法与实体法的比较中逐渐产生的一种法律意识。

实体法律意识和程序法律意识是基于实体法与程序法的不同而对法律意识进行的一种分类。根据《牛津法律大辞典》对实体法与程序法的解释，实体法是指"一切法律体系以及各法律部门的主要部分，该部分涉及特定的法律上的人在特定情况下所享有的法律权利和应承担的法律义务。与之相对的是程序法，后者与法律程序结构有关，根据此种法律来宣告或实施权利义务"。① 最早提出实体法与程序法划分的是 19 世纪英国著名功利主义法学家边沁，他认为程序法是保障实体法实施的工具。革命导师马克思也对实体法与程序法的关系作过精辟地论述，他认为："审判程序和法二者之间的联系如此密切，就像植物的外形和植物的联系、动物的外形和血肉的联系一样。审判程序和法律应该具有同样的精神，因为审判程序只是法律的生命形式，因而也是法律的内部生命的表现。"②

在程序法与实体法的关系上，主要存在三类不同的观点。一是"程序工具主义"或"实体至上论"的观点，认为实体法是实施社会控制的直接手段，程序法则是通过保障实体法的有效实施而间接地完成社会控制的任务，程序法是实体法的保障。二是"程序中心论"观点，认为程序法具有独立的法律价值，这种价值甚至超越实体法的价值，如日本学者谷口安平认为："程序是实体之母，或程序法是实体法之母。"③ 三是实体法与程序法并重的观点，认为既不能片面强调实体法的价值，把程序法视为依附于实体法的工具，也不能片面强调程序法的独立价值而否认程序法对实体法实现的保障作用。实体法与程序法相互作用形成合力，共同作用于法律

---

① ［英］戴维·M. 沃克著：《牛津法律大辞典》，李双元等译，法律出版社 2003 年版，第 1082 页。

② 《马克思恩格斯全集》（第 1 卷），人民出版社 1956 年版，第 178 页。

③ ［日］谷口安平著：《程序的正义与诉讼》，王亚新、刘荣军译，中国政法大学出版社 1996 年版，第 8 页。

正义。

实体法律意识与程序法律意识划分的意义在于：首先，有助于我们提高对程序法的重视。我国长期以来形成了"重实体轻程序"的法律理念，再加上近代以来受大陆法系传统影响较深，在司法实践中，往往重视实体公正而没有给予程序公正应有的重视。树立程序法律意识有助于防止司法程序不当、严重违反程序规定现象的发生，有利于实现司法正义，有助于完善我国的程序立法，特别是有关行政程序方面的立法。其次，有助于人们认识程序法的独立价值。程序法除了保障实体法实现的价值外还有其自身的价值，即程序法自身所体现出来的不依赖于实体法存在的价值。例如，程序法在某种程度上可以弥补实体法的不足并创制实体法；程序法在尊重当事人人格尊严和法律关系主体平等地位的同时，还体现了公平、公正、正义和民主等价值观念；民主、公正的程序还会使判决结果易于得到社会公众的尊重和认可，有利于判决的顺利执行。再次，对程序法的重视程度还是衡量一个国家法治水平的标准之一。

2. 公法法律意识与私法法律意识。公法法律意识是人们基于对公法的心理、认知、理想、评价、观念、学说等而形成的法律意识的总称。私法法律意识是人们对私法的认知、心理、理想、评价、观念、学说等的总称。公法法律意识与私法法律意识的划分是以公法与私法划分为基础而对法律意识进行的一种分类。

公法与私法的划分理论是西方法律文化的产物，最早源于古代罗马法学家的创立。罗马法学家乌尔比安根据法律调整对象的不同，首次将罗马法划分为公法与私法。查士丁尼在《法学总论——法学阶梯》一书中进一步肯定了这一分类，指出："法律学习分为两部分，即公法与私法。公法涉及罗马帝国的政体，私法则涉及个人利益。"① 中世纪，公法与私法的划分理论在日耳曼王国

---

① ［罗马］查士丁尼著：《法学总论——法学阶梯》，张企泰译，商务印书馆 1989 年版，第 5 ~ 6 页。

中曾一度衰落，而后伴随着罗马法的复兴得以延续，特别是到了近代资产阶级革命后，伴随资本主义商品经济与民主政治的发展，公法与私法划分的理论也获得了充分的发展，成为大陆法系国家最重要的法律分类。20世纪以来，随着社会关系的日益复杂，公法与私法的划分开始遇到了挑战，出现了"私法公法化"和"公法私法化"的发展趋势，但这并没有动摇公法与私法划分的社会基础，也不可能取代其在大陆法系中法律分类的基础性地位。

　　公法与私法的具体区别如下：首先，调整对象不同。公法主要调整国家公共权力行使的问题，以国家的政治生活为主要调整对象；私法主要调整私权利行使的问题，以市民社会生活为主要调整对象。其次，法律关系主体不同。公法调整的法律关系主要发生于国家机关与国家机关之间或国家机关与私人、私团之间，因此公法关系的各方当事人中必有一方是国家机关或由国家机关授权行使公权力的机构；私法法律关系发生于私人或私团体之间，私法关系的各方当事人必然是从事私领域活动的主体，国家机关在从事私法行为时也可以成为私法法律关系的主体。再次，法律的调整手段不同。公法法律关系主要以命令与服从为调整手段，以国家干预为特征；私法法律关系主要依据平等自愿原则，一方不能对另一方采取强制手段。最后，价值目标不同。公法的价值目标在于控制与规范公权力的行使，而私法的价值目标在于保障私权利的实现。

　　对我国来说，区分公法法律意识与私法法律意识具有一定的现实意义。首先，有利于正确认识传统中国的公法。公法与私法的划分理论源于西方，我国传统法律以对权力的服从和人身依附为基础，以国家和家族为本位，几乎没有以私权为本位的私法的生存空间。但也不能就此得出我国具有发达的公法的结论。公法的主旨在于控制与规范公权力的行使，具有发达的宪法与行政法是其重要特征，而这一点正是我国传统文化所缺失的。即使单就刑法来说，其理念也与现代刑法理念相去甚远，罪刑法定原则、罪刑相适应原则等都是近代资产阶级的产物。其次，有利于形成正确的公法与私法意识观。公法与私法的划分理论虽然源于古罗马时期，但发达的公法与私法理念的繁荣却是资产阶级革命之后的事情。公法与私法建立在市民社会与国家分野的基础之上。公法侧重于对国家权力的限制和对公民权利的保障。"有限政府"、"权力制约"、"责任政府"、"正当程序"和"以人为本"等是公法与私法的基础性理念。再次，有利于正确认识公法与私法的关系，更好地指导我国的法治建设。由于受中国传统法律文化的制约以及苏联法学理论的影响，特别是对列宁"经济领域中的一切都属于公法范畴，而不是什么私人性质的东西"① 的片面理解，我国学者长期以来拒绝公法与私法的划分理论，即使现在对公法与私法的关系也存在着片面的理解，总是把公法与公益、私法与私益联系在一起，并想当然地认为公益比私益更重要，所以公法总是优位于私法。我们似乎更加注重了公法与私法的区别，而没有关注公法与私法的内在联系和公法与私法所体现的共同的价值。这或许正是我国部分学者试图建立统一公法学的原因。②

三、法律意识性质分类

1. 公民法律意识与臣民法律意识。公民法律意识是指在公民社会中，社会主体所形成的对法及法律现象的态度、情感、意志等有关法律心理及法律观念、理念、思想等的总称。臣民法律意识是指在臣民社会中，社会主体所形成的对法及法律现象的心理、观念、理念、思想等的总称。

法律意识最基本的主体为个体，个体法律意识是法律意识构成的最小单位。任何个体法律意识都是在特定的历史时期以及与之相

---

① 《列宁全集》第 42 卷，人民出版社 1987 年版，第 427 页。

② 袁曙宏教授在《论建立统一的公法学》一文中首次倡导了在我国应该建立统一公法学的思想，部分学者已经开始了构建统一公法学的论证。参见《中国法学》2003 年第 5 期。

对应的特定法律文化背景下形成的。臣民法律文化只能培育出臣民法律意识，公民意识也只有在公民法律文化的背景下才得以发育和成长。法律意识作为上层建筑的组成部分，最终受经济基础发展水平的制约，但其与经济基础的发展并不具有完全的同步性，有时会超越或落后于特定的经济发展阶段。对于某一特定的主体而言，其法律意识的构成也具有复杂性，不能排除具有公民法律意识的个体也同时具有臣民法律意识的某种成分的现象，但就法律意识总体状况而言，某一特定主体的法律意识必然与其所处的历史条件和文化背景相适应。

公民法律意识与臣民法律意识的划分，源于公民文化或臣民文化所孕育的公民意识与臣民意识。臣民意识是在封建专制统治下形成的一种文化意识，其基本特征是：在君权至上价值准则的支配下，臣民没有关于法定权利的自觉意识，忠于封建君主及大小封建权威成为臣民的思维定势；个人的主体意识被道德修身观念所吞噬，缺乏独立的人格尊严；政治参与意识缺失，"尽人皆奴仆"的政治心态占据了主导地位。公民意识是在现代民主国家所形成的一种意识，其特征基本与臣民意识的特征相反。公民意识的主体具有完整的独立人格和理性精神，有积极主动地参与政治的热情和意识以及全面的而非片面的权利义务观念和神圣的法律规则意识。

公民法律意识与臣民法律意识分别是公民意识和臣民意识的组成部分，与之相对应的公民法律意识和臣民法律意识的区别表现在如下几个方面：首先，对法制与法治的要求不同。公民法律意识必然要否定法律之上的任何权威，要求法律至上，对法律的诉求是法治而不仅仅是法制；臣民法律意识则把法律定位于维护统治阶级利益的工具，对法律的价值诉求只能是法制，不可能达到法治的高度。其次，对法的价值定位不同。公民法律意识把法作为维护权利与限制权力的手段，法律的重心以权利为本位；臣民法律意识把法作为维护统治者特权的利器，法律的重心以义务为本位。再次，对程序法的重视程度不同。程序法不仅是限制权力的手段，而且还承

载着权利对权力制约的政治使命。公民法律意识必然要求实体法与
程序法并重，而臣民法律意识则注重实体法而轻视程序法。最后，
两种法律意识所包含的内在理念不尽相同。公民法律意识必然包含
着平等、自由、公平、正义等现代法律的基本理念，而这些理念必
然为臣民法律意识所排斥。

2. 权利本位法律意识与义务本位法律意识。权利本位法律意
识是指将法的终极价值目标定位为限制权力而保护权利的法律意
识。义务本位法律意识是指把法律的终极价值目标定位为抑制权利
而维护权力的法律意识。

法是以权利义务的设定为机制，通过权利义务来调整人的行
为，进而调整社会运行的。权利义务于法，犹如横坐标纵坐标于坐
标图一样，它们支撑并贯穿于法的一切部门和法运行的全部过
程。① 因此，研究法就离不开对法律权利和法律义务的研究。法以
权利为中心还是以义务为中心代表了两类不同的法律文化。权利本
位法律意识与义务本位法律意识的区别在于：

首先，产生的历史背景不同。权利本位法律意识产生于现代社
会，从资产阶级启蒙思想家对天赋人权的传播，到资产阶级建立政
权后以法律对权利的确认和保护，以权利为中心的法律逐步占据了
现代社会的主导地位。义务本位法律意识主要产生于封建专制统治
时期，法律主要以义务为内容并成为维护封建帝王统治的专政工
具，奴隶、农民、臣民的权利遭到漠视。

其次，对待权利义务关系的态度不同。权利本位法律意识视权
利为目的，义务为实现权利的手段；义务本位法律意识则视义务为
目的，义务是满足少数人特权的手段，大多数人所享有的少量权利
也为义务而存在。

再次，权利义务的分配不同。权利本位法律意识视全体公民为
法律上平等的权利主体，任何人的权利主体资格不因性别、种族、

---

① 张文显主编：《法理学》，高等教育出版社 1999 年版，第 86 页。

肤色、信仰等不同而被剥夺，在基本权利的分配上，任何人都不应当受到歧视；义务本位法律意识则依据不同主体的身份而给予区别对待，在权利义务的分配上存在着严重的不平衡性。

最后，法律追求的价值目标不同。权利本位法律意识把法律存在的根本目的定位为保护和维护公民的基本权利，在法律没有禁止的情况下可以作出公民权利的推定。权利行使过程中所受到的法律限制也旨在保证其他主体权利的顺利行使。义务本位法律意识把法律视为保护特权的工具，法律没有规定的权利基本被纳入义务的范畴，法律以义务为逻辑起点和归宿。

虽然在权利本位法律意识指导下的法律，在内容上也不可避免地设定了法律义务，违反法定义务还要承担相应的法律责任，但权利本位法律意识和义务本位法律意识的根本区别在于其对法所持的理念不同。权利本位法律意识以保护权利为逻辑起点，以义务对权利的保障为手段，为立法者、执法者、守法者形成正确的权利观和义务观提供了新的理念，是对我国以义务为本的传统法律文化的一种否定，其对我国民主与法治建设和公民法律素质的提高具有一定的现实意义。

四、法律意识价值分类

1. 适应性法律意识与非适应性法律意识。这是按照法律意识在社会上的正负作用所作出的一种价值分类。适应性法律意识是指人们对于法和法律现象符合客观规律的科学认识。非适应性法律意识则是指人们关于法和法律现象主观而虚幻的认识。非适应性法律意识仍然属于法律意识，因为非适应性法律意识仍然是人们关于法和法律现象的认识，不过是一种主观的、脱离实际的认识罢了。

以往学者由于受阶级斗争绝对论的影响，没有将法律意识作价值分类，因此他们认为奴隶社会法律意识、封建社会法律意识、资本主义社会法律意识都属于一种剥削阶级的法律意识形态，而剥削阶级法律意识都是非适应性的法律意识。社会主义的法律意识则是建立在社会主义公有制基础上的工人阶级和广大人民群众的法律意识，具有平等、现实、民主的特征，因而都可以适应。这实际上是用法律意识的阶级分类代替或囊括了法律意识的价值分类。从法律意识的阶级性出发，可以说建立在私有制基础之上的剥削阶级的法律意识具有维护特权、虚伪、专横的特征，建立在公有制基础之上的社会主义法律意识具有维护平等、现实、民主的特征。但不能得出剥削阶级的法律意识都是非适应性的，社会主义的法律意识全部是适应性的结论。因为适应性法律意识和非适应性法律意识是法律意识的一种价值分类，它有自己的标准。实际上，每一种社会的法律意识，包括这一社会占统治地位的法律意识都有适应与非适应之分。法律意识的价值分类有利于我们重新审视与反思现有的法律意识，有利于克服社会主义法律意识中的非适应性因素，学习并继承历史上一切先进的法律文化与法律意识，这对于社会主义法的制订、适用和遵守、普法教育以及防止违法犯罪的发生都具有重要的指导意义。①

2. 法制意识与法治意识。这是按照法律意识的发展水平对法律意识进行的一种分类。法治意识是法律意识的最高级形态，是社会主体在社会实践中所形成的关于法治的情感、态度、意志、评价、信仰等心理要素以及相关的法治观念、思想和理念的总称，是符合法治社会建设要求的法律意识，是人们对法律和法律现象认识所达到的自觉性程度最高的一种法律意识形式。法制意识是与法治意识相对应的一种法律意识形式，是人们对法律和法律现象认识所达到的自觉性程度较低的一种法律意识形态。

法律意识的发展水平最终是由社会物质生活条件所决定的，是

---

① 适应性法律意识和非适应性法律意识的划分是受蒋晓伟的正确法律意识与非正确法律意识划分的启发而形成的一类对法律意识的划分形式。参见蒋晓伟：《试述法律意识的价值分类》，载《同济大学学报（人文·社会科学版）》1997年第1期。

社会存在的必然反映。随着生产力发展水平的提高，人类社会经济发展模式与民主政治发展水平的进步，人们的法律意识必然从总体上表现为从低级到高级的发展趋势。"法制"与"法治"不同于法学的一般性概念，其是统领法学领域思维的概括力极高、涵盖面极广的两大基础范畴。"法制"与"法治"虽然仅一字之差，但代表着一系列法律理念的重大变化。对于"法制"与"法治"这两大范畴的不同理解，在很大程度上标志着人们的法学理性思维和法律科学的成熟程度。对于"法制"与"法治"两个概念认识和把握的准确、清晰程度，也直接决定着人们法律意识水平的高低。

法制意识和法治意识的划分是基于对法制与法治内涵的不同理解的。法治的含义最早见于古希腊的学者亚里士多德的著述，其在《政治学》一书中这样说道："法治应包含两重意义：已成立的法律获得普遍的服从，而大家所服从的法律又应该本身是制定得良好的法律。"① 法治最基本的价值取向是保护公民的权利，主张法律至上和法律面前人人平等。为了保护公民权利和法律至上，法治必须有自己特定的制度原则、体制形态，如宪法权威、司法独立等。法治的现实基础是市场经济和民主政治。法制的本义是指法律制度，只要有法律制度就会有法制存在。因而历史上的奴隶制国家和封建制国家都可能有自己的法制，但我们绝不可以说那些国家存在着法治。因为法制缺乏法治所具有的价值取向、体制形态和经济、政治基础。因此，法制与法治的根本不同之处主要在于，法制在根本上仍然是政治权力的工具。虽然法治与法制都具有自身的工具性，但区别在于，法治是民治的工具而不是治民的工具，而法制则恰恰相反。②

---

① ［古希腊］亚里士多德著：《政治学》，吴寿彭译，商务印书馆 1965年版，第 199 页。

② 程竹汝等著：《政治文明：历史维度与发展逻辑》，上海人民出版社 2004 年版，第 280～281 页。

因此，法治意识与法制意识的最主要的区别在于，两种意识对法的态度与理念不同。法治意识视域中的法律必然包含了公正、正义、自由、平等、民主、人权等要素，而且要求法律必须得到普遍的遵守，不存在法律之外的任何特权。法制意识虽然也要求社会存在着法律制度的制约，虽然也渗透着法律的善的价值，但其对法律的价值要求远远没有达到法治要求的水平，其并不排除法律之外的权威，法律往往被理解为统治与管理的社会的工具。

法治意识与法制意识同以往的传统法律意识与现代法律意识的划分是有区别的。严格来说，传统法律意识和现代法律意识是依据时间来划分的。尽管现代法律意识具有法治精神的内涵，但其毕竟不同于专门强调法治精神的法治意识。就世界各国法治的发展水平而言，现代国家的法治发展水平仍然存在着一定的差距，法治意识的提倡与弘扬，对于迅速提高法治国家建设更具有现实意义。

第三节　法律意识的结构与功能

人文社会科学研究的首要特征是，既要从科学角度出发揭示对象的结构，又要从价值角度出发探寻研究对象的意义。对于法律意识的研究也是如此，我们不仅要研究法律意识的结构，而且也要探寻法律意识的功能。

一、法律意识结构

结构范畴是随着结构主义思潮的兴起而逐渐受到重视的。美国人类学家克鲁克洪指出："结构关系的根本特点，是各部分之间的相对固定的关系而不是各部分或各要素本身。"[①] 随着人文社会科学的研究技术和研究水平的不断提高，人们对人文社会科学的研究

---

① ［美］克莱德·克鲁克洪等著：《文化与个人》，高佳、何红、何维姿译，浙江人民出版社 1986 年版，第 10 页。

方法也从技术经验研究逐步转向抽象理论研究,从因素研究转向因素间的关系研究,从表层研究转向深层研究。结构是表征事物内部各要素的组合方式、结合方式的范畴。皮亚杰在《结构主义》一书中认为结构有三个特征,即整体性、转换性和自身调整性。[①]

　　法律意识的概念揭示了法律意识的内在规定性及其外延,其回答的是什么是法律意识的问题;对法律意识结构的理性探讨和分析,则回答的是法律意识构成部分和要素及其相互关系的问题。"法律意识的内容或构成因素就是其构成要素,而法律意识的各构成要素之间的相互联系、相互制约和彼此互动的关系及其所形成的法律意识的有机系统则是法律意识的结构。"[②] 所以,法律意识结构是法律意识内部诸要素之间的内在联系及其相对稳定的组织形式。

　　目前,我国法学界对于法律意识结构的划分还很不统一,但多以二要素说、三要素说、四要素说为主。有的学者还把法律意识的结构等同于法律意识的分类。

　　1. 法律意识结构二要素说。法律意识结构二要素说认为,人的认识过程分为感性认识和理性认识两个阶段,因而可以把法律意识的结构划分为法律心理和法律思想体系两部分。"法律心理是低级阶段的法律意识,是人们对法律现象认识的感性阶段。它直接与人们的日常生活、法律生活相联系,是人们对法律现象的表面的、直观的、感性的认识和情绪,是对法律现象自发的、不系统的反映形式。""法律思想体系是高水平的法律意识,是人们对法律现象认识的理性阶段;它表现为系统化、理论化了的法律思想观点和学说,是人们对法律现象的自觉的反映形式,在整个法律意识中处于

---

　　① ［瑞士］皮亚杰著:《结构主义》,倪连生等译,商务印书馆 1984 年版,第 3 ~ 11 页。

　　② 刘旺洪著:《法律意识论》,法律出版社 2001 年版,第 56 页。

主导地位。"① 法律思想体系和法律心理是法律意识发展的两个不同的阶段，法律思想体系的形成对法律心理起到了指引和调节的作用。法律心理则是法律思想体系形成和发展的必要基础，二者互相作用，共同构成了法律意识发展的内在动力。

法律意识结构的二要素说不断受到挑战，目前这种划分已经不占主导地位。

2. 法律意识结构三要素说。相比之下，法律意识结构三要素说的观点相对来说存在着较大的分歧。有学者认为，如果把法律意识分为法律思想体系和法律心理两大宏观部分，就很难了解和说明个体法律意识的状态及其是如何调整人们行为的。因此，这些学者认为法律意识的微观结构应当是由法律情感、法律认知和法律评价三要素构成的，并形成相互作用、相互渗透的机制。② 另有学者认为，法律意识是由法律知识、法律观点和法治观念三要素组成的有机统一体。法律知识是形成法律意识的基础；法律观点是人们对法律产生、发展、作用、本质等一系列主要问题的看法，其决定了人们法律意识的性质；法治观念是人们对法律自觉遵守和重视的程度，即人们对法律所持有的基本态度。这三者相辅相成，缺一不可，都是法律意识的重要组成要素。③ 还有学者认为，法律意识由法律知识性要素、法律决策性要素和法律意向性要素构成。法律知识性要素主要解决法律是什么，法律怎么样的问题；法律意向性要素指关于法律的理想，包含了法律需求观念和动机观念，其是法律知识性要素和社会实践碰撞的产物；法律决策性要素则是法律意识

---

① 赵震江、付子堂著：《现代法理学》，北京大学出版社 1999 年版，第 41～42 页。

② 参见王勇飞、张贵成主编：《中国法理学研究综述与评价》，中国政法大学出版社 1992 年版，第 312 页。

③ 参见王勇飞、张贵成主编：《中国法理学研究综述与评价》，中国政法大学出版社 1992 年版，第 313 页。

中涉及法律行为的要素,是指人们在一定的法律知识和法律意向的基础上,结合自己所要达到的社会目的,然后作出最终的法律决策。法律意识的三大要素决定了法律意识的三大功能:认识功能、创造功能和实践功能。① 还有更多的学者把法律意识划分为法律心理、法律观念、法律思想体系三要素。② 目前,法律意识结构三要素说成为主流学说。

3. 法律意识结构四要素说。持法律意识结构包括四要素说的学者认为,法律意识是与个体(个性)心理特征或群体相联系的,是人们对法现象的情绪、认知、意志的总和,而这种关于法现象的认知、情绪和意志活动是有着不同的层次或阶段的,即表现为人们关于法现象的心态、观念、理论三个层次;又基于人们关于法现象的认知、情绪和意志活动总是与一定民族(这种特定群体)的特殊的历史积淀而形成的思维态势、心理和观念相联系,因此又形成了法律意识的第四个层次,即法文化。这四个层次彼此联结、互为作用。从法心态、法观念到法理论形成的过程,同时也是法律意识由表层到深层、意识水平由低级到高级的发展过程,在这个过程中形成了意识内容的相互吸收、渗透的发展链条,从法心态、法观念到法理论又形成了一个方向性引导过程。而法文化则处于民族历史的最深层次,其影响、支配着法心态、法观念以及法理论的发展,并使之具有了特定民族和特定时代的特征,并因不同法文化的冲突

---

① 周永坤著:《法理学——全球视野》,法律出版社2004年版,第158页。

② 参见孙育玮:《对法律意识内容结构的再认识》,载《学习与探索》,1995年第6期;葛洪义主编:《法理学》,中国政法大学出版社2002年版,第189页;张文显著:《法哲学范畴研究》(修订版),中国政法大学出版社2001年版,第239页;付子堂等主编:《法理学初阶》,法律出版社2006年版,183~184页。

与碰撞而不断发生着变革。①

还有倾向于法律意识结构四要素的学者认为，法律意识应当由法律情感体验、法律认识、法律行为的外化（即对行为的法律调节）以及法律评价四要素组成，并认为这一结构是法律思想体系和法律心理宏观结构的精确化、具体化。这四个要素以特定的方式互相联系、互相作用，如果没有法律认知，也就谈不上对法律的情感和评价，更谈不上对行为的法律调节。当人们在认识法律现象和法律时，必然伴随着对法律的情感和评价：诸如合理的或不合理的；正确的或错误的；全面的或偏颇的，而这些评价又反过来去影响人们的认识。法律评价和法律认识行为是法律调节的前提，法律调节反过来又影响人们对法律的评价、认识和情感，它可以促使人们不断地去认识法律现象和法律并付诸行动，从而使情感体验更加强烈和稳定。②

4. 法律意识结构的其他学说及评述。除上述观点外，还有的学者将法律意识视为法律文化结构的组成部分，即法律文化的深层次结构，包括法律心理层次、法律意识层次和法律思想体系层次三个组成部分。法律意识是处于法律心理和法律思想体系之间的层次。法律意识比法律心理更深化了一步，它的感性成分减少了，理性成分增加了；法律意识中既有法律心理的成分，也有法律思想的成分。法律意识是法律心理向较高层次的法律思想体系的一个过渡。③ 如果按照这种划分方式，法律心理和法律思想体系则不属于法律意识结构的范畴了。笔者在前文已经区分了法律意识与法律文

---

① 张文显主编：《法的一般理论》，辽宁大学出版社 1988 年版，第 238 ~ 241 页。

② 王勇飞、张贵成主编：《中国法理学研究综述与评价》，中国政法大学出版社 1992 年版，第 313 ~ 314 页。

③ 刘作翔著：《法律文化理论》，商务印书馆 1999 年版，第 118 ~ 132 页。

化的内涵，法律意识作为社会意识的一种特殊形式，不应当排除法律心理和法律思想体系。

还有的学者对法律意识的分类与法律意识的结构并不加以区分。例如，有的学者认为，法律意识的结构可以根据不同的标准在不同层次上进行划分。根据意识的主体视角，可以把法律意识划分为社会法律意识和个人法律意识；根据法律意识所产生的法律基础，可以把法律意识划分为宪法意识、民法意识、刑法意识等；根据法律运行的环节，可以把法律意识划分为立法意识、司法意识、守法意识、护法意识等；根据法律意识与法律制度的关系以及法律意识所具有的社会政治意义，可以把法律意识划分为占统治地位法律意识与不占统治地位的法律意识；根据人们的认识过程角度，则可以把法律意识划分为法律心理、法律观念和法律思想体系。[①]

依笔者之见，法律意识的分类与法律意识的结构还是不同的。法律意识的分类可以按照不同的标准进行划分，法律意识的划分标准有多少个，法律意识的分类就有多少种。例如，可以按照法律意识的内容来划分，也可以按照法律意识的构成要素来划分，甚至还可以按照法律意识的主体范围、法律部门、法律运行的环节、阶级性、时间性等作出不同的划分。然而，法律意识结构是说明法律意识构成要素以及和要素之见相互关系的范畴，尽管人们对法律意识的结构存在着不同的看法，但这并不等于法律意识可以有多种结构。确切地说，一定历史时期的法律意识结构应该是具体的、固定的，不存在多个法律意识结构互相并存的局面。如果不区分法律意识的结构与法律意识的分类，我们就可能得出错误的结论。例如，我们可以根据阶级性来划分法律意识，但如果根据阶级性来划分法律意识结构就会得出法律意识的结构也存在阶级性的错误结论。

值得特别指出的是，刘旺洪教授对法律意识的划分具有一定的特色，在其专著《法律意识论》中，他把法律意识的结构划分为

---

① 付子堂等主编：《法理学初阶》，法律出版社 2006 年版，183 页。

纵深结构与横向结构两大类。

就横向结构而言，法律意识包括法律情感、法律知识、法律意志、法律理想、法律评价以及法律信仰六个方面的内容。法律情感是法律意识主体在对法律认识的基础之上而产生的对法律的情感性体验；法律知识是社会主体的法律意识上升到理性认识的产物，是全部法律意识所赖以产生的知识基础；法律意志是法律意识中的意志因素，它不但是人们是否勇于同违法犯罪行为作斗争的心理基础，而且也是社会主体与自己内心的消极法律意识作斗争的心理基础；法律理想是人们在基于对法律理性认识的基础之上产生的对法律应然状态和法律制度是怎样的反映；法律评价是人们依据社会主体对法律的评价尺度和评价法律的标准体系而对特定时期、特定国家的具体的法律制度和法律体系所作出的主观判断，因而其具有强烈的价值指向性；上述法律意识因素共同作用的结果就是法律信仰，因此法律信仰是建立在理性基础之上的社会主体对法律的全身心的认同，是激情化了的法律理性和理性化了的法律激情的相互结合。因此，从横向的视角来看，在上述这些要素互相结合的基础上就形成了法律意识的有机横向结构系统。①

法律意识的纵深结构主要是由三个层次的要素所构成的，即法律心理、法律观念和法律意识形态，它们依次形成由深层到表层的法律意识结构体。这个由内到外的发展过程也体现了法律意识逐步稳定化、定型化和理论化的过程。法律心理是法律意识发展的初级阶段，它是人们在一定的文化传统氛围和社会条件下，根据自己所经历的社会法律生活感受和法律实践所形成的对法律表面的、直观的、零散的、片面的认识、情绪、感情、体验等主观心理反应。法律观念则是既不同于法律心理又不同于法律意识形态的社会法律意识现象。法律观念是指社会主体基于对法的理解所形成的决策思想和意向，它是一种比较稳定的法律意识形式，处于法律意识的中间

---

① 刘旺洪著：《法律意识论》，法律出版社 2001 年版，第 72 页。

发展阶段，因而也是法律意识从法律心理上升为法律意识形态的过渡阶段，它既有理性因素又有感性成分。法律思想体系或法律意识形态则是社会主体对法律现象认识的理性阶段，其表现为理论化、系统化的法律观点、思想和学说，是社会主体对法律现象的自觉反映。①

应该说，横向法律意识结构与纵深法律意识结构的划分为法律意识的划分提供了新的角度与思维方式。但笔者认为，该学者的这种划分方法在逻辑上还有不妥之处。

首先，法律意识是社会主体对于法以及法律现象的态度、情感、意志、信仰、评价等有关法律心理要素以及法律观念、法律思想、法律理念等法律意识形态要素的总称。从横向划分要素来说，法律意识作为一种特殊的社会意识，必然包括法律观念、法律思想、法律理念等思想意识形态，而不仅仅包括与心理有关的法律意识要素。当然，该学者的这种划分与其把法律意识主要定位为一种心理现象是有必然联系的。

其次，从纵深划分的角度来说，该学者又把法律观念与法律意识形态划分在法律意识结构之内。按照该学者的观点，法律意识的纵深结构是由深层到表层的法律意识的结构体系，这就意味着法律意识横向结构的诸要素（法律情感、法律知识、法律意志、法律理想、法律评价和法律信仰六个方面）与法律意识纵深结构的诸要素（法律心理、法律观念和法律意识形态三个方面）是深层和表层的关系。笔者认为，上述法律意识横向结构要素几乎可以等同于法律意识纵深要素中的法律心理。这样，法律意识纵深结构要素中的法律观念和法律意识形态所包含的内容，在法律意识的横向结构中就没有了具体的要素支撑，从而被架空了。应该说，法律意识的纵深结构是法律意识横向结构的重新整合，横向结构的诸要素必须在纵深结构里体现出来才是较为科学的。法律观念和法律意识形

①　刘旺洪著：《法律意识论》，法律出版社 2001 年版，第 84～90 页。

态毕竟与法律情感、法律知识、法律意志、法律理想、法律评价和法律信仰不是同一层次的范畴。前者属于思想层面，后者主要属于心理层面。

总之，笔者认为，大多数学者把法律意识结构分为法律心理、法律观念与法律思想体系还是比较科学的。法律心理要素本身可以包含法律情感、法律理想、法律意志、法律评价和法律信仰等与心理因素有关的诸多因素。而法律心理、法律观念与法律思想体系本身又是一个从深层到表层的发展过程。

二、法律意识功能

法律意识的功能与法律意识的结构具有十分紧密的联系。"结构同功能是一种辨证的相互作用的关系；一方面，一个系统的结构决定这个系统的功能；另一方面，结构本身就是'凝结的功能'，也就是说，结构是在功能的影响下构成的。事物的规律就是事物的结构与功能的关系，认识了事物的功能，就是认识了事物的规律。"[1] 因此，在对法律意识的结构进行研究分析之后，有必要进一步具体分析和科学把握法律意识的功能，以便于更加全面、深入地把握法律意识的性质和运行规律。

现代科学领域的"功能"一词首先使用于生物学领域，后由帕森斯将其引入社会学领域，其最初基本含义是机能、作用和职能。"法律意识的功能是法律意识作为社会文化和社会法制系统的子系统对法律文化整体系统和社会文化体系的职能、作用和影响。它既有对社会文化体系的作用和影响，也有对社会法制系统的能量和功效。"[2] 因此，法律意识的功能主要包括法律意识对社会法制系统和社会整体文化体系两个方面所具有的渗透力和整合力。其法

---

① 吕世伦、公丕祥主编：《现代理论法学原理》，安徽大学出版社1996年版，第89页。

② 刘旺洪著：《法律意识论》，法律出版社2001年版，第98页。

治功能包括在法律制度建构中的功能和法制运行方面的功能；其社会功能包括政治、经济、文化等方面的功能。

我国目前的法理学教材一般把法律意识的作用等同于法律意识的功能，其实法律意识的作用与法律意识的功能是有区别的。法律意识的功能主要是指法律意识所具有的可能性，而法律意识的作用主要是指法律意识的功能在实践中的状态、特征和结果。笔者根据法律意识功能的基本原理，结合已有的研究成果，认为法律意识的功能可以划分为直接功能与间接功能两大类。

既然法律意识是与法和法律现象这种特殊的社会存在相对应的一种社会意识形式，是社会主体对于法以及法律现象的主观能动的反映，那么法律意识的直接功能就是指法律意识直接作用于法和法律现象的能动性，它是人的主观能动性在法领域的一种表现形式。法律意识的间接功能是指法律意识通过法的运行而间接达到的社会效果，包括对社会的政治、经济与文化等方面的效果。应该说社会政治、经济与文化的发展状态是多种社会因素共同作用的结果，法律意识的功能只是诸多社会因素中的一种，因此，这里仅分析法律意识的直接功能，即法律意识对于法和法律现象的能量和功效。

法律意识包括以下四种直接功能：

1. 认识与评价功能。按照心理学的观点，严格地说意识与心理还不是同一概念。在人出生的最初一段时间内，人只有心理，而没有意识。意识是心理发展的高级阶段，"意识就是认识"。[①] 法律意识的认识功能是指法律意识在人们认识、了解法律和法律现象时所发挥的功能，它包括人们对法的性质、属性、特征、作用、价值以及法与社会的关系等诸多方面的认识功能。法律意识作为一种特殊的社会意识，在人们认识法律的过程中发挥着重要的能动作用，其是人的主观能动性的一种表现。法和法律现象作为人类社会发

---

① 潘菽主编：《意识——心理学的研究》，商务印书馆1998年版，第18页。

展过程中出现的一种特殊的社会存在形式，有其自身的属性以及发生、发展、消亡的规律，然而其性质、属性、特征、作用、价值、发展规律不会自发地映入人的大脑之中，必须发挥人的主观能动性，充分发挥法律意识的能动作用。人们认识法律的过程并不是简单地摹写法律的过程，而是在一定的法律意识的指导下能动反映法律的过程，不同的法律意识对法的认识会有很大的不同，如占统治地位的法律意识与不占统治地位的法律意识、东方法律意识与西方法律意识、自然经济法律意识与市场经济法律意识、传统法律意识与现代法律意识、法制意识与法治意识、职业法律意识与非职业法律意识等对法和法律现象的认识肯定是不同的。正确的法律意识能够准确地反映法的性质、属性、特征、作用、价值以及法与社会的关系等诸多方面的认识，对法治建设与社会发展具有积极的促进作用；反之，错误的法律意识对法治建设及社会发展具有阻碍作用。

严格意义的认识活动还包括评价活动。"为我关系是马克思主义哲学的一个基本出发点。从哲学基本问题的高度来理解，评价活动在本质上是反映活动。认识活动包括认知活动、评价活动和审美活动。评价活动在认识活动中占有重要地位，离开了评价活动，就不能说明认识活动的起点、动力、认识内容，也就不能及时构建认识活动的完整过程。"[①] 有了认识之后，社会认识主体就随之会对法律现象及法倾入一份价值关注，并根据其是否符合人们的价值标准作出主观的价值判断。法和法律现象作为一种社会存在一旦出现，就与人之间产生了一种为我关系。"为我关系在本质上就是客体属性满足主体需要的价值关系。因而，为我关系也就是价值关

---

① 陈新汉著：《评价论导论——认识论的一个新领域》，上海社会科学院出版社1995年版，第1页。

系。"① 法是否能够满足人们的某种需要，取决于两方面的因素：一是人本身的需要。由于人的认识水平不同，对对象的价值感觉也不同，如果主体感觉不到认知对象的价值就很难在情感上接受认知对象。另外，主体的价值选择也是不同的，主体价值选择受到多方面因素的影响，诸如其受教育程度、成长环境、道德水平等。二是法本身所具有的客观属性，即法本身所具有的价值。法的价值包括法的内容价值和法的形式价值两个方面。法的内容价值包括法的进步性、合理性、有效性、正义性以及法对社会产生的积极效果等诸多方面。法的形式价值包括法的公开性、稳定性、连续性、严谨性、灵活性、实用性、明确性、简连性等。② 在认识主体与认识对象的价值两方面结合的基础上，人们就会作出价值需求判断，就会对法产生一定的心理反应，如对法律的情感、认同、信仰等，或者由于主体的认识差异得出相反的心理反应。这些心理反应是法律运行的心理支撑。

2. 预测与指引功能。法律意识的预测功能是指法律意识可以为本人或人们相互之间提供预测对方行为的功能。人们可以根据法律意识来预测自己或他人的法律行为，从而作出明确的决策。预测功能的主要对象是本人或人们相互间的法律行为。法律意识的预测功能表现为两个方面：第一，行为人根据法律意识对自己将要作出的行为进行预测。在现实生活中，一个理性人在作出重要决策时，都要预先评估该行为在法律上的可行性，以及该行为会带来怎样的法律影响，忽视这种研究和预测常常会为行为人带来不利的法律后果。第二，行为人根据法律意识对他人的行为进行预测。人们的任何活动都是建立在人们认为比较确定的预期基础之上的。在社会生活中，个体的行为往往不是孤立进行的，一个人的行为往往是由其

---

① 陈新汉著：《评价论导论——认识论的一个新领域》，上海社会科学院出版社1995年版，第2页。

② 张文显主编：《法理学》，法律出版社2007年版，第310页。

他所有相关人的行为所共同决定的。个体的行为要想达到预期的目的，就必然要根据一定的信息对其他人的行为作出预测。行为人在法律意识的支配下，可以对人们彼此之间的行为交往作出大致确定性的预测。这种预测之所以重要，是因为只有在比较明确的预测下，人们进行的一切社会交往和社会活动才具有稳定性、可靠性，进而才能够达到人们的预期目的。可以说，法律意识的预测功能在一定程度上能够降低人们行为决策的信息成本，减少行为的不确定性，从而保证社会秩序的稳定性。

法律意识的指引功能是指法律意识所具有的指导人们法律行为的功能。指引功能的对象是被指引者的法律行为。人的行为与其他动物行为的重大区别在于：其他动物的行为是出于动物本能作出的，而人的行为在大多数情况下是在意识支配下进行的。因此，法律意识决定人的法律行为，有什么样的法律意识就有什么样的法律行为。一方面，随着社会关系的日益复杂化，普通大众没有时间和精力去钻研法律条文；另一方面，随着法律职业的兴起，法律职业与医生等职业一样逐步成为专门化的职业，普通大众宁愿在必要时去寻求法律职业者的帮助，也不愿意花费很大的精力去钻研法律。这样一来，普通大众的法律行为与其说是在具体法律条文指引下进行的行为，不如说是在法律意识支配下进行的行为，法律意识的指引功能正源于此。

法律意识的指引功能可以划分为个体指引功能、群体指引功能和社会指引功能。个体指引功能是指法律意识对某一具体主体法律行为的指引功能。法律意识主体的最小单位为个人，每一个体的法律行为都是在其法律意识的支配下进行的。由于经济基础、社会地位、法律知识、生活经历等各不相同，所以法律意识的个别指引功能所发挥的效果也不尽相同。法律意识的群体指引和社会指引功能是指群体法律意识与社会法律意识对人们的法律行为的指引功能。虽然个体法律意识不尽相同，但从更大的范围来说，每个群体、每个社会的法律意识又都具有一定的共性，处于某一群体和某一社会的法律意识必然具有共同的法律心理、观点、理念和信仰等。群体法律意识和社会法律意识必然对处于该群体或社会的人的法律行为产生指引功能。

法律意识的预测功能与法律意识的指引功能具有一定的联系。法律意识的预测功能是法律意识指引功能的基础，从广义上来说，法律意识指引功能包含了法律意识的预测功能。

3. 法制运行功能。法律意识的法制运行功能是指法律意识在法的制订、实施、遵守等法制环节运行的过程中所发挥的职能、作用和意义。具体表现为以下几个方面：

第一，法律的制订需要社会主体有较强的法律意识。立法工作在法制建设中处于源头地位，立法质量的高低直接决定法律的善恶。古希腊的哲学家亚里士多德认为，法治的要义之一就是良法之治。立法质量的高低是整个法治大厦的基石，如果所立之法为恶法，那么其执行和遵守就失去了民族心理基础，一切法律之中最为重要的法律，"既不是铭刻在大理石上，也不是铭刻在铜表上，而是铭刻在公民的内心里；它形成了国家的真正宪法；它每天都在获得新的力量；当其他的法律衰老或消亡的时候，它可以复活那些法律或代替那些法律，它可以保持一个民族的创制精神，而且可以不知不觉地以习惯的力量代替权威的力量"。① 立法过程是国家立法主体代表社会作出重大决策的过程，是把党的方针、政策和人民的意志上升为国家意志的过程。在立法过程中，必须充分发扬民主精神，集中群众的智慧，取得多数人的一致意见，这样的法律才能更好地反映广大人民的意志和利益。但社会主体如果没有良好的法律意识，特别是立法者如果缺乏对风俗、习俗、公平、正义等法律价值的深入理解，公正、民主的立法程序也可能产生出恶法。

第二，公正执法需要执法者具有较强的法律意识。立法是法律

---

① ［法］卢梭著：《社会契约论》，何兆武译，商务印书馆1980年版，第73页。

运作的源头，执法是法律运作的关键。作为执法者的国家机关及其工作人员，其法律意识水平的高低，直接决定国家权力行使的正确与否。要保证执法主体严格依法行使法律授予的职权，正确履行法律赋予的职责，不仅要求执法者要有高度的责任感及职业道德，更重要的是要求执法者根据法律适用的原则作出正确的法律运用判断。而怎样的判断才是符合立法者本意的判断，这在很大程度上取决于执法者的法律意识。只有执法者有较高的法律意识，其才能够准确地理解法的本质、目的、作用，准确地把握法律规范的本意，从而正确、及时、合法地执行法律，保障法的实施。特别是在法律制度还不健全的情况下，执法人员的法律意识水平就显得尤为重要。

第三，公正司法需要司法主体具有较强的法律意识。法律意识的提高，对于树立司法权威、预防司法腐败也具有重大的意义。严格意义上的司法权仅指法院的裁判权。[①] 司法凭借其公开、公正的审判程序以及法官良好的法律素养，成为解决社会纠纷的最后防线。司法公正，不仅要求法官具有良好的法律素质，更要求其具有较高的法律意识。但这还远远不够，还必须依靠社会整体法律意识的提高。只有整个社会形成良好的对于法官的监督机制，才能最终形成良好的司法环境，为法治建设提供坚强的后盾。

第四，塑造社会主体的法律意识是守法关键。"一切法律生活和国家生活的基础，就是人内在的自我管理能力，是人精神的、意志的自律能力。这就是法律意识的第二公理。"[②] 而要实现法治，使越来越多的人不仅不触犯法律而且能积极维护法律，离不开社会主体整体法律意识水平的提高。如果社会主体不具备必要的法律知

---

① 参见王利明著：《司法改革研究》（修订本），法律出版社 2001 年版，第 8 页。

② ［俄］伊·亚·伊林著：《法律意识的实质》，徐晓晴译，清华大学出版社 2005 年版，第 178 页。

识，缺少法治观念，缺乏自律精神，那么依法治国也就无从谈起。为此，实施依法治国，就必须提高全社会主体的法律意识。这里的守法主体不仅包括广大的人们群众，而且还包括国家机关及其工作人员。特别是国家工作人员的守法意识，具有很大的示范效应。对于非法律职业工作者来说，掌握浩如烟海的法律条文既是不可能的，也是不必要的，这时公民法律意识的提高无疑对于法律的遵守具有重要意义。

4. 法律文化功能。如前所述，法律文化在多种意义上被使用，广义法律文化"有时它泛指一定国家、地区或民族的全部法律活动的产物和结晶，既包括法律意识，也包括法律制度、法律实践，是法的制订、法的实施、法律教育和法学研究等活动中所积累起来的经验、智慧和知识，是人们从事各种法律活动的行为模式、传统、习惯"。[1] 从广义法律文化的内涵来看，法律意识是广义法律文化的重要组成部分。狭义上的法律文化概念则把法律文化等同于法律意识，如美国法学家劳伦斯·费里德曼认为，法律文化这个词是表示存在于特定的社会中关于法律及其法在社会秩序中的位置的各种观念。[2] 由此可知，无论从广义还是狭义的角度来说，法律意识在法律文化中均占据主导地位，它是法律文化中的精神因素。法律制度、机构及设施仅仅是法律意识的物质外壳与载体，是法律意识的外在表现形式与物化。法律文化水平的高低取决于法律意识水平的高低，而不仅仅取决于法律制度本身是否健全或法律机构与法律设施是否先进与完备。"只有作为内核的思想成为一个社会较普遍的认知现象，作为外壳的制度才会变得丰满和充盈，而缺少了这个条件的支持，制度外壳就会出现断裂、缺陷，现实的制度运作就

---

① 孙国华、朱景文主编：《法理学》，中国人民大学出版社 1999 年版，第 199 页。

② [英] 罗杰·科特威尔著：《法律社会学导论》，潘大松等译，华夏出版社 1989 年版，第 27 页。

会发生种种偏离制度目标的现象。"①

　　法律意识不仅是法律文化的内核，而且在一个民族法律文化发展的过程中起着非常重要的作用。法律文化是经过长期的历史积累所形成的人类文化传统，而法律意识在法律文化形成的漫长历史演进过程中起着承上启下的作用。法律意识作为意识形态的一种特殊形式，有其自身的发展规律，与经济基础的发展步调有时并不一致，它有时落后或超越经济基础的发展阶段。但法律意识一经形成，其在自身系统内部的发展就具有连接性与贯通性。法律意识起着传承人们关于法的情感、思想、观点和知识的作用。"每一个社会、每一个历史时期的法律意识及其诸形式都同它以前的成果具有继承关系。每一个社会的法律意识都有两个来源：内容上，主要是反映现实的法律现象，同时也保留历史上形成的对过去的社会存在的某些意识和材料；形式上，主要是从过去继承下来的方式、方法和手段，同时又根据新的内容和条件对它们加以改造、补充和发展。"② 法律意识与政治意识、哲学意识、伦理意识等意识形式相互结合、互相影响、相互促进，形成了不同类型的法律文化。不同时期或民族的法律心理、法律价值观念、思想体系的差异，反映了不同历史时期的法律意识支配下所特有的法律文化传统。因而与法律意识相比，法律文化更强调人类或民族的共性，其有时超越具体社会形态，凸显出一个民族或国家在历史或现实中所形成的法律模式。

　　法律意识在法律教育中也起着非常重要的作用。"不了解自己国家的'法律'的人民，过的是一种法外的生活，或满足于一些自己制定的和不稳定的法的萌芽。看不见自身责任的人，无法履行

---

　　① 柯卫著：《当代中国法治的主体基础——公民法治意识研究》，法律出版社 2007 年版，第 73 页。
　　② 葛洪义主编：《法理学》，中国政法大学出版社 2002 年版，第 194 页。

这些责任，不知道它们的界限，也无力去对抗'长官'、高利贷者和强盗的敲诈勒索；不了解自身权限的人，会任意地超越这些权限或胆怯地退让于权力；不了解自身禁忌的人，会轻易地忘记一切节制和纪律，或注定要失去法律责任能力。对制定法的无知必然会导致强者的专横和弱者的胆怯。"① 所以，对公民进行普法教育是有必要的。然而，随着现代社会关系的进一步复杂化，对于非法律职业者来说，掌握一门具体的法律知识并非易事；就是对于职业法律工作者来说，也并非精通所有的部门法律知识。因此，普法教育的目的，不仅在于对公民进行法律知识的灌输，更为重要的是进行法律意识的教育，不断地启发和增强公民的主体性意识以及诉讼意识，树立现代法律价值观，直到法律成为人们的信仰，守法成为人们的一种生活习惯，运用法律解决纠纷与争端成为大多数人一种生活方式。也只有在这样的法律意识的支配下所形成的法律文化，才是现代法律文化。

---

① ［俄］伊·亚·伊林著：《法律意识的实质》，徐晓晴译，清华大学出版社 2005 年版，第 10 页。

第二章　中国社会转型期法律意识
变迁的历史渊源与现实根基

　　中国社会转型期法律意识发生了巨大的变化。法律意识作为上层建筑的组成部分，其与上层建筑的其他构成要素以及经济基础的变化有着密切的联系。在对我国社会转型期法律意识变迁实证考察前，有必要先对影响法律意识变迁的政治、经济和文化等诸因素进行考察与分析。首先，从较长远的因素来考察，儒家法律文化是中国社会的传统法律文化，至今仍与现代法律意识处于一种共生的状态之下，儒家法律思想与当代中国法律意识的变迁无疑有着密切的关系。其次，中国社会转型期法律意识变迁的直接基础是新中国成立后到改革开放前的法律体系及法律思想。新中国的成立彻底打碎了旧的法律体系，而其所建立的新的法律思想体系无疑对社会转型期法律意识的变迁具有直接影响。最后，中国社会转型期法律意识变迁的现实力量是源于改革开放的伟大实践。转型时期，中国社会政治、经济的巨大发展变化无疑对法律意识变迁起着决定性的作用。当然，影响法律意识变迁的其他因素还有很多，本章仅就影响中国社会转型期法律意识变迁的主要因素进行宏观考察，以便于准确地把握中国社会转型期法律意识变迁的历史与现实根基，洞察法律意识变迁的轨迹，把握法律意识变迁的方向，寻找法律意识变迁的规律。

第一节　儒家法律文化

　　春秋末年，王室衰微，诸侯争霸，传统的神权观念和宗法思想发生了动摇。不同阶级、阶层的统治者对社会的变革纷纷发表了不同的见解，思想界出现了"百家争鸣"的局面，儒家学派应运而生。儒家学派因其创始人孔丘曾经从事"儒"这一职业而得名。在古代，所谓的"儒"，主要指掌握一定文化知识，懂得周礼，以"相礼"为业的人士。① 儒家学派创立以后，大致经过了两个大的发展阶段：先秦儒家和秦汉以后作为封建正统思想代表的儒家。先秦儒家主要以孔丘、孟轲和荀况为代表。西汉中叶，汉武帝采纳董仲舒的建议，"罢黜百家，独尊儒术"，儒学成为中国封建社会的主流意识形态并被称为经学。此后两千多年间，经学与道家、法家、阴阳家、佛教等不断融合，先后演变出西汉今文经学、东汉古文经学、宋明理学三个主要流派。各流派观点也并非完全一致，其内容涉及伦理、政治、宗教、哲学等众多领域。因此，要阐明儒家文化的全貌绝非易事，也不是本节所能够达到的目的。本节旨在通过阐述儒家主流、传统的观点，分析其对当今法律意识变迁的影响。

一、儒家法律文化的主要内涵

　　儒家伦理的核心是"仁"。按照孔子以及后世儒家的解释，"仁"的内涵包括两条基本原理，即"仁者爱人"和"夫子之道，

---

　　① 参见张国华著：《中国法律思想史新编》，北京大学出版社 1991 年版，第 45 页。

忠恕而已"。 "仁"在法律思想方面具体体现为以下三个主要方面：①

1. 推崇礼治，为国以礼。"仁"不仅是"礼"的内在精神，而且也是实现礼治的目标。"仁"的实现离不开"礼"，所以推崇"礼"是儒家学派法律思想最重要的、共同的特点。他们将"礼"说成是国家的根本制度，即所谓的"国之命在礼"、"为国以礼"。"礼"成为法律的核心和渊源，其地位相当于现代的宪法。孔子主张"礼乐征伐自天子出"，要求由天子做主，制定礼乐，以示"礼"的权威。孟子主张法先王、明礼仪、行仁政，进一步强调对"礼"的权威性的维护。荀子则把"礼"的权威提高到了最高程度，认为"礼"是治理社会的最高准则，是制约人性的最高准则，是国家强盛的根本制度。在儒家学派的再三强调和极力维护下，"礼"成为中国传统社会治理国家的最高准则，成为调整传统社会中各种人际关系的最高准则，成为支配中国传统法律的核心内容。

"礼"的内容非常广泛，"君君、臣臣、父父、子子"的等级制度又是"礼"的内容的核心。荀子则把等级性视为"礼"的基本属性，把体现等级性的"明分使群"观点作为组织社会的基本理论，把尊卑、贵贱、贫富都各得其所的身份等级制度视为合理的制度。并要求一言一行都要遵循"礼"所规定的等级制度，严厉谴责社会上各种违反"礼"的等级性的言行。孔子主张，"克己复礼"，把孝悌之道、忠恕之道、仁爱之道作为"礼"的基本精神要求，认为孝悌、忠恕、仁爱是人生的崇高境界，是治国的理想目标。孟子力主推行仁政，希望建立一个人人都有同情之心、羞恶之心、恭敬之心和是非之心的社会，使仁、义、礼、智成为这种社会的精神支柱。荀子把礼看做"人道之极"，认为"礼"是体现人性

---

① 参见刘广安著：《中国法律思想简史》（第二版），高等教育出版社2007年版，第25～29页；杨鹤皋主编：《中国法律思想史》，北京大学出版社2005年版，第43～53页。

的最高准则，并把能否遵循礼、掌握礼视为是否懂得人生道理的标准。

儒家推崇礼治，相对轻视刑法的作用，主张少用刑罚，反对滥用死刑。孔子主张要用"礼"作为刑罚适用的指导原则，否则刑罚的适用就会轻重失当，"礼乐不兴，则刑罚不中"。他还认为，好的执政者治理国家，应该做到"为国以礼"。孟子则把"省刑罚"作为实现"仁政"的主要条件提出来。他希望统治者少用刑罚，即使不得已而用刑罚，也要尽可能减轻刑罚，特别是不能滥用死刑，甚至主张臣下可以背叛滥用死刑的国君。荀子虽然比较重视刑罚的作用，把"礼"和刑作为治理国家的纲领看待，"治之经，礼与刑"，但他也强调"礼"对刑的指导作用，所以他说："礼者，法之大分，类之纲纪也。"并认为："杀一无罪而得天下，仁者不为也。"

2. 重视德治，为政以德。儒家特别强调"德"在治国中的重要地位，与西周的"德"相比，儒家的"德"有两个明显的特点，一是突出了"德"的政治意义，主要包括宽惠使民和实行仁政，认为"德"是治理国家，取得民心、民力的主要方法。二是抬高了"德"的地位，认为"德"高于君主的权力，高于国家及法律，是区分仁君与暴君的标准，是执政、司法的指导方针。具体表现在以下几个方面：

首先，重视民众的价值。孔子要求统治者以仁爱的精神对待民众，并把民众的价值放在治理社会生活的主要位置来考虑。孟子提出了以民为本的主张，把民众看得比国家、君主都要重要，并要求统治者减轻赋税，发展经济，改善民众的生活。荀子也十分重视民众的价值，他要求统治者"以政裕民"，"轻田野之税，平关市之征，省商贾之数，罕兴力役，无夺农时"。荀子还引古人之说："君者，舟也；庶人者，水也。水则载舟，水则覆舟。"

其次，重视教化的作用，德刑并用，德主刑辅。孔子、孟子和荀子十分强调教化的作用。孔子认为，最好的统治者能够通过长期的道德教化、礼义教化来实现国家大治，主张"为政以德"，认为"不教而杀"是一种残暴凶恶的统治行为。孟子则希望通过"教以人伦"使人知道"父子有亲、君臣有义、夫妇有别、长幼有序、朋友有信"。孟子还主张"设为痒、序、学、校以教之"，就教化制度建设提出了许多具体意见。荀子重视教化作用，也指出了教化的局限性。他希望通过教化来改造人的"恶性"，反对"不教而诛"，但又主张在教化无效时，就要"起法正以治之，重刑罚以禁之"。

教化的内容主要是"道之以德，齐之以礼"。此外，还以"重义轻利"为内容。孔子以义、利区分君子和小人，"君子喻于义，小人喻于利"；孟子主张"舍生取义"；荀子认为"积礼仪而为君子"。

孔子也不否认刑罚的重要性，他在强调"道之以德，齐之以礼"的同时，也主张"道之以政，齐之以刑"。孟子也认为"徒善不足以为政，徒法不足以自行"。荀子则认为"治之经，礼与刑"。但德与刑相比，儒家更强调教化的作用，主张以德去刑。孔子从人性善的角度出发，认为君子和小人的区别是后天习染而成的，通过礼仪教化可以使小人弃恶从善。孟子也认为，通过教化使人保持和发扬"仁义礼智"四心，便"人人皆可以为尧舜"。荀子虽然主张人性恶，但他强调人性是可以改变的，"涂之人可以为禹"。为使人改恶为善，就必须通过礼仪教化来"化性起伪"，防止恶性发作。当然，在儒家看来，教化只是预防犯罪的手段，而不是目的。孔子希望通过"德治"，"胜残去杀"，达到"无讼"的境界。

3. 强调人治，为政在人。儒家实现"礼治"的社会目标，离不开人的作用，"礼治"和"德治"都要依靠人去实现，所以儒家特别强调"人治"的作用。

强调君主的作用。孔子主张"天下有道，则礼乐征伐自天子出；天下无道，则礼乐征伐自诸侯出"，认为天子决定礼乐征伐之事，则世道清明；诸侯决定礼乐征伐之事，则天下大乱。儒家认为，国家的治乱、礼法的立废都取决于统治者，特别是君主个人的品格。孔子说："上好礼，则民莫敢不敬；上好义，则民莫敢不服；上好信，则民莫敢不用情。"这里所说的"上"泛指在上位的人，最高的则是君主。孟子也强调君主在实行"仁政"方面的决定作用。他指出，国家治是"圣王"之功，国家乱是"暴君之过"，"天下之本在国，国之本在家，家之本在身"，"君仁，莫不仁；君义，莫不义；君正，莫不正。一正君而国定矣"。荀子则提出了"有治人，无治法"的论断，认为只有善于治国的人，没有离开人而能治好国家的法度。并认为没有圣主和君主，天下就会大乱。"无君子，则天地不理，礼仪无统，上无君师，下无父子，夫是之谓至乱。"

由于治国离不开人，所以儒家学派非常重视人才的培养和使用。孔子培养人才，不论贵族和平民都一视同仁，有"举贤才"和"近不失亲，远不失举"的主张。他的弟子也有"学而优则仕"的主张。孔子在举用人才方面的标准非常严格，正直、品行端正、学习优秀都是他举用人才的标准。孟子更加强调人才的使用，是儒家学派中贤人政治的主要倡导者。他认为，"徒善不足以为政，徒法不足以自行"，从天子、国君到各级官吏都应该由贤者担任。孟子认为只有贤者来主持政事，来执行法律，政事才会处理得好，法律才会发挥有益的作用。荀子也重视人才的培养和举用，但他更多的是从人与法的关系角度提出"尊贤使能"的主张。

儒家认为，"人治"的关键在于能严格地以礼法"正己"。孔子提出，治国执法必须从"修身"开始。只有"身正"，他的政令才能通行无阻；反之，"其身不正，虽令不从"。孟子也认为"身正而天下归之"，"君仁莫不仁，君义莫不义，君正莫不正"。荀子则从"王者之人"、"王者之制"、"王者之论"、"王者之法"四个方面提出了圣王应该具备的条件。

儒家法律思想的上述三个方面是互相联系的，其以"仁"为核心，以推崇礼治为内容，以重视德治、强调人治为手段，最终达到统治阶级的目的。

二、儒家法律文化对现代法律意识的影响

　　社会意识形态的发展与经济基础的发展往往具有不同步性，某种社会意识形态一旦形成，其发展往往具有滞后性。儒家法律文化作为我国几千年来的传统文化，对当今法律意识的影响依然存在，在某种程度上可以说，儒家法律意识仍然是当今中国法律意识的主流。虽然中国社会一百多年来全面移植了西方的各种法律制度，但实际上，儒家法律文化发展的连续性并未因此而中断，它虽然从制度层面消失了，但却以另一种潜在的方式继续支配着人们的行为，并在实际上决定着制度层面上的那些看得见的东西，"以法律而论，虽然法律制度、法律体系乃至法律形式均已是西方的模式，但法律的实际运作及其法律所赖以存在的社会文化环境却无一不体现并受制于中国的传统。法律并不仅仅体现于它自身的力量，它实际上为背后一种更为强大的力量所决定"。① 这种更强大的力量显然指儒家法律文化。儒家法律文化对现代法律意识的影响分为积极影响与消极影响两个方面。

　　1. 儒家法律文化对现代法律意识的积极影响。有学者认为，中国传统文化具有深厚的历史底蕴，剔除掉不符合现代法治精神的内容之后，仍会对我国法治建设起着积极的作用。例如，儒家的"天人合一"、"和为贵"等思想对我国调解制度的形成具有重要影响，调解制度符合我国的国情，对于化解矛盾、减少讼累、维护社会稳定具有积极的作用；儒家的"为政以德"、"贤人政治"对于公众道德觉悟和法治意识的提高，对于国家工作人员自律意识的增强有一定的意义，为从根本上铲除滋生违法犯罪的土壤提供了文化基础；儒家的民本主义思想，特别是其中的"爱民思想"、"重民

---

① 尹伊君著：《社会变迁的法律解释》，商务印书馆 2004 年版，第 16 页。

思想"和"恤民思想"经过升华后，符合以民为本、为人民服务等社会主义文化建设所追求的根本价值取向。① 也有学者认为，儒家文化可以为应对当代社会中出现的困境提供社会资源和应对机制。例如，儒家文化重亲情、重伦理、重人际关系，充满人文精神，可以为工业社会提供宝贵的补正；儒家的礼治思想可以为现代社会提供宝贵的教化资源；儒家的"和而不同"的思想，可以为缓和、化解当今世界的冲突、对抗提供宝贵的智慧资源。② 甚至还有学者认为，儒家的义利观在历史的变迁与时代的更替中，不断被赋予新的内涵，为中国思想文化史留下了宝贵的精神财富，对中国传统法律文化产生了重大的影响，就是在今天，儒家义利观对我国的法治建设仍具有积极意义。③

2. 儒家法律文化对现代法律意识的消极影响。

（1）宗法等级思想对公民平等意识与主体意识的影响。中国封建社会政治法律始终是与封建宗法关系及血缘关系交错在一起的。"国"是"家"的放大体，"家"是"国"的缩影，政治体制以家长制为核心，"家法"与"国法"共同维持着社会秩序，并调整着社会关系，而"国法"与"家法"的内容又集中体现于儒家所推崇的"礼"中。而"礼"又以"君君、臣臣、父父、子子"的等级制度为核心内容，使不平等的封建伦理关系合法化，并用刑罚来作为"礼"实现的后盾，"出礼则入刑"。久而久之，便形成了人们的"臣民"意识与人身依附心理。其以绝对"服从"、"忠诚"、"尽义务"等为特征。这种家族、皇权依附心理决定了传统

① 柯卫著：《当代中国法治的主体基础——公民法治意识研究》，法律出版社 2007 年版，第 218～221 页。

② 陈奇著：《儒学与中国社会》，哈尔滨工程大学出版社 2008 年版，第 291～297 页。

③ 邱曦、胡艳美：《儒家义利观与中国传统法律文化》，载《法制与社会》2009 年第 2 期（上）。

国民平等意识与主体意识的缺乏。①

（2）儒家的义利观对公民权利意识的影响。儒家思想向来推崇"重义轻利"，"君子喻于义，小人喻于利"等观念，将"义、利"作为区分"君子"与"小人"的标准。朱熹提出的"存天理，灭人欲"，纲常为上、义务为本，把儒家的义利价值观推向了极端，权利意识被扼杀在"天理"之下。儒家思想的"舍利取义"实际上就是要求社会重视对道德的提升，轻视对物质利益的追求，这种极端化思想发展到一定程度就产生了一个不利的影响，即阻碍了社会主体对法定权利的保护与追求，再加上商品经济的发展举步维艰，自由、权利、私有、平等等观念也就无法正常成长发育起来。时至今日，部分公民依然羞于言利，当其权利受到侵害以后，也不积极地用法律的武器来维护自身的合法利益。特别是在建立和完善社会主义市场经济体制的当代社会，这种思想在一定程度上限制了市场主体通过合法的救济行为来实现正当的经济利益。②

（3）儒家道德观对公民法律观的影响。道德和法律都是调整社会关系的基本规范。法律重在调整社会主体比较重要的外部行为，而道德则侧重调整社会主体的内心世界。儒家法律文化提倡"德主刑辅"和"礼治"思想是造成人们"重道德，轻法律"的重要原因之一。在封建社会中，儒家思想把"德"当做解决社会问题的一个主要工具，"刑"只是处理社会关系的辅助手段。儒家主张以"德"为手段来调和君臣关系、尊卑关系，反对用法律手段来处理。在儒家思想看来，父子相互隐瞒罪行才是符合儒家道德基本要求的，这实际上就把一个法律问题演变为了一个道德问题。我国封建社会的法律关系也十分丰富，除了类似于现代刑事法律关

---

①　徐长安、宋新夫：《传统法律心理对培养现代公民意识的二重作用》，载《社会科学》2002年第8期。

②　李长喜：《儒家思想与当代中国公民的法律意识》，载《社会科学家》1997年第6期。

系之外，还有大量的民事、行政等方面的法律关系，这些关系一般由"礼"来调整，而现在则由相应的法律部门来调整。当今社会中，人们也常常模糊两者的界限，法律关系时常被道德化，把应依法律处理的问题当做道德问题来处理。另一方面，由于受儒家泛道德观的影响，也存在着把道德问题法律化的现象。例如，大学生怀孕被开除校籍就是道德问题法律化的典型。无论是法律问题道德化，还是道德问题法律化，都与儒家法律文化模糊"礼"与"刑"的界限有关。应该说，儒家法律"礼"与"刑"的配合及"出礼入刑"实际是把道德问题法律化了，其是符合当时社会发展的实际需要的。但现代社会的重要特征之一是严格区分道德与法律的界限，无论是道德问题法律化，还是法律问题道德化，都不符合当今社会的发展需要。

（4）儒家"和为贵"的思想对诉讼法律意识的影响。诉讼是现代社会解决争端的最重要的手段，是社会的安全阀。儒家思想以"德教"为本，反对"不教而诛"，积极倡导"和为贵"，并且重视人伦关系的自然与和谐，夫妻成仇、父子反目、邻里为冤、朋友无信的场面是儒家思想所不能容忍的。历代封建统治者皆推崇"德主刑辅、息事宁人"的治国方略，"无刑"与"无讼"成了历代官吏追求的价值目标。再加上族规家法亦视"诉讼"为"家丑"，这就导致了许多诉讼案件在报到官府之前，就在家族宗法的多方劝解下化为了乌有。另外，封建社会的司法腐败也是促使平民百姓视诉讼为畏途的重要原因之一。"官府衙门八字开，有理无钱莫进来"，打官司打的是"金钱"与"地位"，普通大众只能在无奈中选择委曲求全，"大事化小，小事化了"，不了了之。长此以往就逐渐形成了"好人不上堂，上堂非好人"的错误思想，某人一旦拿起法律的武器对簿公堂，其人格将会被认为大为贬低，往往一辈子遭别人的白眼和非议。当今仍有部分民众诉讼法律意识淡

薄，甚至把法院仍视为抓坏人、对坏人判刑的地方，并以无讼为
自豪。①

　　总之，中国传统法律文化对现代法律意识的形成具有双重的影
响，由于儒家法律文化与现代法律文化在价值理念方面具有根本的
不同，因此儒家法律文化对现代法律意识形成的消极影响要大于积
极影响。正如梁治平教授所言，中国人"固然制定了不少的法律，
但人们实际上的价值观念与现行法律是有差距的。而且，情况往往
是，制度是现代的或接近于现代的，意识则是传统的或更近于传统
的"。② 儒家传统法律文化的根深蒂固，决定了当今构建现代法律
意识道路的漫长与艰辛，这一点从人们对近代社会变革的描述中便
可以很清楚地体现出来："当西方挑战来临的时候，我们这个民族
必须同时摆脱千百年来的业已根深蒂固的文化心理惰性和麻木愚钝
的精神状态。这是牢牢束缚着这个古老民族身上的双重精神羁绊，
它们此刻已不仅仅是被动的历史的沉淀物，它们简直是一种活生生
的强有力的幽灵和怪物，民族的求生意志将注定不得不与这些幽怪
进行殊死的斗争。这就决定了近代中国人走向世界的历程，比世界
上任何古老的民族必然也同时是一个充满痛苦的内心冲突的、异常
曲折艰辛的精神历程。"③

第二节　改革开放前新中国法制建设状况

　　法律意识作为一种社会意识形态，其变迁与社会存在往往具有

---

　　① 徐长安、宋新夫：《传统法律心理对培养现代公民意识的二重作用》，
载于《社会科学》2002 年第 8 期。

　　② 梁治平等著：《新波斯人信札——变化中的法观念》，贵州人民出版
社 1988 年版，第 101 页。

　　③ 萧功秦著：《儒家文化的困境》，四川人民出版社 1986 年版，第 48
页。

不同步性，有时落后于现实社会发展的需要，这往往与先前法律意识的发展状况具有千丝万缕的联系。中国社会转型期法律意识的发展水平在很大程度上受制于社会转型前的法制建设实践，即改革开放前新中国法制建设的理论与实践。改革开放前的新中国法制实践可以分为三个发展阶段：法制建设的初创阶段（1949～1956年）；法制建设的停滞阶段（1957～1966年）；法制建设全面遭受破坏的阶段（1967～1978年）。新中国的法制建设实践也随着这三个不同的阶段，在法制思想、立法工作、法律制度的运作、司法改革与法制教育等方面呈现出不同的特点。

一、法制建设初创阶段的成就

1949年，中华人民共和国的成立为新中国的法制建设奠定了坚实的政治基础。在法制建设的初创阶段，新中国在法律思想、对旧法及司法改造、法制创建和法律教育等方面都取得了突破性的进展。

1. 依法办事理念。新中国的成立为树立新的法制思想和法律理念创造了有利的条件。新中国的法律理念可以从党和国家主要领导人的法律思想中得到集中的反映。为加强与巩固新的人民政权，毛泽东在新中国成立之初十分重视政权的法律化问题，反映出其对建立法治国家的重视。1954年，他还亲自主持制订了新中国第一部社会主义性质的宪法。毛泽东不仅重视对法律性文件的颁布，而且还重视法制的遵守与执行，他曾经再三强调：一定要守法，不要破坏革命的法制；法律属于社会的上层建筑，中国的法律是劳动人民自己制订的，它是保护劳动人民利益、维护革命秩序，保护社会主义经济基础、保护生产力的，因此要求所有的人都遵守革命法制。毛泽东的法律观强调法律的阶级性与政治性，对新中国成立初期中国社会的具体情况而言是有其科学性与合理性的，为在较短的时期内实现社会的良好控制与社会主义革命的阶段性胜利起到了积极的保障作用。①

董必武也特别强调法制建设对巩固新政权的重要性。早在
1948 年 10 月，他在人民政权研究会上就曾经指出，"建立新的政
权，自然要创建法律、法令、规章、制度。我们把旧的打碎了，一
定要建立新的。否则就是无政府主义"。为了充分说明法制建设的
重要性，他还说，"我写过一句'恶法胜于无法'，意思是我们的
法虽然一时还不可能尽善尽美，但总比无法要好。我说'恶'法，
是指我们初创，一时还不完备的法"。② 董必武还特别强调法律的
人民性，他指出："我们国家法制是人民意志的表现，所以，违反
国家法制，就是违背人民的意志。"③

董必武曾经还针对现实生活中破坏法制的种种现象，提出了
"依法办事是法制中心环节"这一著名的论断。他指出，依法办事
具有两方面的含义：第一，必须做到有法可依，要尽快把国家尚不
完备的几种重要法律制订出来；第二，是要做到有法必依，凡属法
律已有明文规定的，必须严格地执行，按照法律的规定来办事，特
别一切司法机关，更应该严格遵守法律，不许有丝毫的违反，坚决
反对一切随便不按规定办事的违法行为。对于那些故意违反法律的
人，不管他过去功劳多大，不管他现在地位多高，必须一律追究其
法律责任。④

2. 对旧法废除及司法改造。新中国的成立为彻底废除国民党
的旧法统、建立新的法律体系提供了政治条件。要建立新中国的法
律体系，必须首先要废除国民党以《六法全书》为代表的旧法统。
特别是《六法全书》中的宪法与行政法部分，是国民党执政的合

---

① 张爱军：《毛泽东工具主义法律观及其成功实践》，载《毛泽东思想
研究》2008 年第 1 期。

② 《董必武政治法律文集》，法律出版社 1986 年版，第 41 页。

③ 《董必武政治法律文集》，法律出版社 1986 年版，第 486 页。

④ 《董必武政治法律文集》，法律出版社 1988 年版，第 487～488 页。

法性依据，中国共产党通过革命的手段夺取政权后，如果不废除国民政府的宪法，建立自己的宪法就没有正当性可言。早在 1949 年 2 月，中共中央就发布了《关于废除国民党〈六法全书〉与确定解放区司法原则的指示》。1949 年 9 月，中国人民政治协商会议通过了在新中国成立之初起临时宪法作用的《中国人民政治协商会议共同纲领》，其中第 17 条曾经明确规定，废除国民党反动派一切压迫人民的法令、法律和司法制度，制订保护人民的法令、法律，建立人民的司法制度。在废除旧法之后，新中国于 1952 年开始了司法改革运动。司法改革运动首先是按照法的阶级性、人民性的标准，对旧法的原则进行批判，并对旧的司法人员进行思想整顿。同时，对改造后仍然不能适应司法工作的旧司法人员进行清理。在此期间，全国共计清理、调出旧司法工作人员 6179 人，大约占司法改革运动前全体司法人员总数的三分之一。经过组织整顿与思想改造后，各级人民法院开始步入巩固司法改革成果的建设阶段。革命根据地时期形成的人民司法制度，如人民法庭、调解制度、公审制度、就地审判、巡回审判、马锡五审判方式等，在各地司法机关中得以扎根，"司法工作走群众路线"的传统得以继承和发扬，由此形成了新中国独具特色的司法制度与司法传统。[①]

3. 初具规模的立法。在废除旧法的同时，新的法制建设也开始了。中国人民政治协商会议在 1949 年 9 月，根据《共同纲领》的规定制订了《中华人民共和国中央人民政府组织法》。中央人民政府依据《共同纲领》制订了一系列法令、法律，如《政务院及所属各机关组织通则》（1949 年）、《大行政区人民政府委员会组织通则》（1949 年）、《省各界人民代表会议组织通则》（1949 年）、《市各界人民代表会议组织通则》（1949 年）、《政务院人民监察委员会试行组织条例》（1950 年）、《省人民政府组织通则》

---

① 董节英：《1952：新中国法学教育的整顿与重构》，载《中共中央党校学报》2007 年第 2 期。

（1950年）、《人民法庭组织通则》（1950年）、《市人民政府组织通则》（1950年）、《中华人民共和国人民法院暂行组织条例》（1951年）、《中央人民政府最高人民检察署暂行组织条例》（1951年）、《各地人民检察署组织通则》（1951年）、《中华人民共和国民族区域自治实施纲要》（1952年）等。其中，影响最大的是1950年制订并实施的《土地法》和1953年制订并实施的《选举法》。同时，中央人民政府还制订了一系列决议、决定和政策。通过这些法令、法律、决定、决议、政策等，建立了新中国成立初期的国家机构体系，基本满足了国家管理的基本需要。①

1954年，第一届全国人民代表大会制订和通过了新中国的第一部宪法，即1954年宪法。这部宪法为我国社会主义法律体系的构建提供了根本性的基础和依据。根据1954年宪法的规定，全国人大制订了《国务院组织法》（1954年）、《全国人大组织法》（1954年）、《人民法院组织法》（1954年）、《地方各级人大和地方各级人民委员会组织法》（1954年）、《人民检察院组织法》（1954年）等，全国人大常委会还依据宪法之规定，制订了一系列单行条例。新中国的立法已初具规模。

4. 法学教育调整。1952年，教育部开始对全国高校的法律院系进行调整，即所谓的"院系调整"。由于法律被视为专政的工具，所以原有的私立学校被取消。全国共设法学院系的综合大学11所，并新建了北京政法学院、西南政法学院、华东政法学院。1953年，教育部再次对政法院校进行了调整，新建中南政法学院。综合性大学中只有中国人民大学、东北人民大学（吉林大学前身）、武汉大学和西北大学4所设有法律系，并确定政法院校的主要任务是培训政法干部。1954年，教育部又确定恢复北京大学和复旦大学两校的法律系。至此，彼时我国的法学教育已初具规模，

---

① 胡锦光：《中国法治55周年：道路坎坷社会主义法律体系基本形成》，http://www.chinalawedu.com/news/2004_9/30/0935015063.htm。

法学教师已达 802 人，在校学生已经达到 8245 人，已培养了 371 名法学研究生，有的学校还出版了学报。①

二、法制建设失误时期的法制理念

新中国成立后到改革开放前的法制建设最初取得了一定的成绩，但随着反右斗争的扩大化、"大跃进"以及"文化大革命"等一连串政治运动的开展，新中国法制建设遭受了重创并出现了停滞甚至倒退。法制建设的失误与法制理念的倒退密不可分，甚至可以说法制建设的失误与法制理念互为表里。法制理念的倒退必然导致法制建设的失误，法制建设的失误则是法制理念的外化。法制理念的倒退主要表现为法律工具主义盛行、法律虚无主义泛滥、人治思想严重以及职业法律意识淡薄等几个方面，而它们之间又有着内在的逻辑关系。

1. 法律工具主义盛行。法律工具主义是指把法律看做一定主体实现某种社会目标的工具和手段，是维护阶级利益、国家政策以及发展经济和维护道德的附属物，而法律本身不具有任何目的和价值的法律观。新中国成立初期的法律观是建立在马列主义法律观的基础之上的，它把建立社会主义国家以及最终实现共产主义作为国家的奋斗目标，强调法律的工具性，认为法律是统治阶级进行"专政"的工具，强调法律为政治的服务性。董必武在第一届全国司法会议上发表的题为《要重视司法工作》的讲话中指出："社会一经脱离了战争的影响，那么，司法工作和公安工作，就成为人民国家手中对付反革命、维持社会秩序最重要的工具。"② 新中国成立初期法制建设的成就正是在工具主义指导思想下进行的。虽然新中国成立初期法制建设初具规模，但法制建设的工具主义指导思想

---

① 李龙、邝少明：《中国法学教育百年回眸》，载《现代法学》1999 年第 6 期。

② 《董必武法学文集》，法律出版社 2001 年版，第 38 页。

一开始就为后来的法律虚无主义埋下了伏笔，因为法律工具主义不是把法律当做一种权威来奉行的，而是当做实现政治目的、阶级利益或经济目的的手段，一旦手段和目的之间出现了矛盾，那么手段可以被抛弃而目的却不能被偏废。我国第一部宪法的命运或许就是工具主义法律观很好的印证。1953 年初，毛泽东在考虑召开全国人民代表大会和制订宪法时，就有一些政治工具主义的倾向。他在讲到做这项工作的意义时，先是援引陈叔通委员的话，说做了这个工作可以使人民民主更加发扬，接着又认为这对促进经济建设有积极作用，然后引用傅作义的话，说这对抗美援朝也有好处。"所以，为了发扬民主，为了加强经济建设，为了加强反对帝国主义的斗争，就要办选举，搞宪法。"① 这里把宪政建设跟当时的政治、经济、军事需要直接挂起钩来，是有一些工具主义思想痕迹的。刘少奇也在《关于中华人民共和国宪法草案的报告》中说："一方面，我们必须更加发扬人民的民主，扩大我们国家民主制度的规模；另一方面，我们必须建立高度统一的国家领导制度。为了这样的目的，我们也有完全的必要制定一个比共同纲领更为完备的像现在向各位代表提出的这样的宪法。"② 在宪法草案正式通过以后，毛泽东在一次会议上更为直接地指出，五四宪法是过渡时期的宪法，大概可以管 15 年。15 年的时间也正是当时所估计的过渡时期总路线完成所需要的时间，因此宪政建设与当时的政治密切相连。工具主义法律观在法制建设的各个方面都较为明显地体现出来，如新中国成立初期对旧法的完全否定，对司法机关的"刀把子"的称谓、法律依附于党的政策等，都是法律工具主义的体现。

2. 法律虚无主义泛滥。法律工具主义与法律虚无主义具有密切的关系，一味地实行法律工具主义就极有可能导致法律虚无主义。1957 年下半年，我国开展了一场全国范围内的反右派运动，

---

① 《毛泽东文集》（第 6 卷），人民出版社 1996 年版，第 258～259 页。
② 《刘少奇选集》（下卷），人民出版社 1985 年版，第 144～145 页。

由于对阶级斗争与右派进攻形势的错误估计，错误地改变了党的八大关于我国主要矛盾的判断，导致反右派斗争严重扩大化。在"左"倾思想指导下，无产阶级和资产阶级的矛盾、社会主义与资本主义的矛盾被虚拟为我国当时社会的主要矛盾。基于这种认识，法律虚无主义也就不可避免地发生了。1958 年 8 月，毛泽东在北戴河政治局扩大会议上谈到上层建筑时指出："法律这个东西没有不行，但我们有我们的一套……民法、刑法那样多条文谁记得住？宪法是我参加制定的，我也记不得……我们每个决议都是法，开会也是法……我们的各种规章制度，大多数，90% 是司局搞的，我们基本上不靠那些，主要靠决议、开会，一年搞四次，不靠民法、刑法来维持，人民代表大会、国务院开会有他们那一套，我们还是靠我们那一套。"[①] 结果，中央政法小组在向毛泽东、刘少奇作报告时称：民法、刑法、诉讼法根据我国实际情况来看，已经没有必要制订了。法律虚无主义给法制建设带来了灾难性的后果。从人民代表大会制度的运作来看，1957 年到 1966 年，全国人大及其常委会会议不能够按期召开，国家重大事项很少提交到全国人大及其常委会审议，立法工作趋于停顿，除了 1967 年制订的践踏广大人民群众人权的"公安六条"，以及只在政治领域发挥作用的 1975 年宪法以外，立法工作毫无进展。直到改革开放前，我国的刑法、民法、行政法、诉讼法等基本法律还处于空白状态，法制建设被削弱。1966 年到 1976 年的"文化大革命"，使人民代表大会制度受到严重破坏。在此期间，全国人大及其常委会虽然在名义上被保留着，但实际上已经处于瘫痪状态，完全丧失了最高国家权力机关的作用。[②] 1957 年，全国人大常委会机关工作人员曾经达到 365 人，

---

① 转引自全国人大常委会办公厅研究室编：《人民代表制度建设四十年》，中国民主法制出版社 1991 年版，第 102 页。

② 蔡定剑著：《中国人民代表大会制度》，法律出版社 2003 年版，第 61～66 页。

到 1959 年经过多次精减撤并之后只剩下 100 多人；到"文化大革命"时期，全国人大常委会一度实行"军管"，工作人员仅剩下 10 多人，其余的全被下放或遣散。① 1968 年，地方各级人民代表大会和人民委员会被砸烂，由集党、政、军、法四权于一身的革命委员会所取代。1975 年，虽然召开了第四届全国人大会议，但人民代表大会制度并没有恢复。1975 年宪法以阶级斗争为纲，强调党的一元化领导和权力集中，完全从法律上取消了人大的监督职能。司法机关也遭遇了同样的命运。1957 年 8 月，检察院在中共中央的决定下被撤销，地方检察机关也被直接或变相地撤销，公、检、法机关在"文化大革命"期间相继被砸烂而实行军管。1975 年宪法取消了有关司法活动的原则，对公、检、法的制约也无从谈起。

3. 人治思想严重。人治是与法治相对立的概念。法治离不开法律，但法律一经颁布实施就会成为至上的权威，在未经法定程序废止之前，任何组织或个人都不得违背。同时，法治还要求法律的内涵具有正当性，应为即"良法"；人治则把法律视为达到某种目的的手段，一旦手段和目的发生了冲突，必然抛弃法律而采取其他的手段。人治思想包含着法律工具主义思想，甚至也含有法律虚无主义的因素，但人治思想的内容要比法律工具主义和法律虚无主义丰富得多。1975 年后，随着法律工具主义的盛行以及向法律虚无主义的转化，人治思想也越发严重并走向了极端化。人治思想除了体现为法律工具主义和虚无主义之外，还表现在如下几个方面：

首先，对法律至上权威进行否定，如果不否定法律的至上性就没有人的至上性。1958 年 8 月，毛泽东在北戴河政治局扩大会议上说："不能靠法律治多数人。多数人要靠养成习惯。军队靠军法治人治不了，实际上 1400 人的大会治了人。民法、刑法那样多条

---

① 蔡定剑著：《历史与变革——新中国法制建设的历程》，中国政法大学出版社 1999 年版，第 96 页。

谁记得了？宪法是我参加制定的，我也记不得。"① 刘少奇在会上也说："到底是法治还是人治？看来实际靠人，法律只能作办事的参考。"② 在庐山会议期间，《人民日报》社长吴冷西提出中国应该加紧法制建设，毛泽东则表达出对法制建设的不够重视。③

其次，大搞个人崇拜。"文化大革命"期间，人们对领袖的崇拜达到了近乎狂热的地步，个人崇拜的最突出表现就是领袖的话语具有至高无上的地位。领袖的话语可以代替国家的法律而成为约束全体社会成员的行动指南，从而起到国家根本法或普通法的作用。例如，国家主席刘少奇未经人大的法定罢免程序，仅凭毛泽东的《炮打司令部——我的一张大字报》而被实际废黜。领袖的话语也理所当然地代替了党的纪律条例而成为了规范全体党员的准绳。"文化大革命"期间，毛泽东号召向各级党政机关中的"走资派"造反和夺权，这实际上违反了党章中"下级服从上级，全党服从中央"的规定，领袖的话语在那一特定时期内超越了党章的地位。不仅如此，领袖的话语也是约束人们日常行为习惯的准则。有一时期，人们甚至在吃饭和睡觉之前都要向毛主席像"请安"；农村集体劳动出工之时要喊"毛主席万寿无疆"；外出时须背一段毛主席语录才能被放行。④

再次，"德治主义"盛行。德治的本质属于人治的范畴，"文化大革命"期间摒弃法制必然导致"德治主义"。"文化大革命"的"德治主义"与传统的德治主义有所不同，"'文化大革命'一

① ［美］斯图尔特·施拉姆著：《毛泽东的思想》，中央文献出版社1990年版，第181页。

② 参见俞敏声主编：《中国法制化的历史进程》，安徽人民出版社1997年版，第197页。

③ 李世涛主编：《知识分子立场：激进与保守的激荡》，时代文艺出版社2000年版，第239页。

④ 陈景良主编：《当代中国法律思想史》，河南大学出版社1999年版，第186~188页。

开始就被称为是触及人们'灵魂'的大革命，以培养有高尚情操、崇高理想、高度觉悟的社会主义新人为目标。"所谓的"文化革命"就是破除"旧"的文化，建立"新"文化。而"新"的文化就是"毛泽东思想"，即毛泽东的晚年思想，所以整个"文化大革命"期间就要大办毛主席著作的学习班，从中央到地方，从干部到群众，从党内到党外，从军队到工厂和农村，男男女女、老老少少，各行各业，都要进学习班，以完成改造人们的思想、改造社会的历史任务。"文化大革命"期间的"德治主义"在处理人民内部矛盾时认为"精神万能"，在形式上陷入了教条主义，在内容上追求假、大、空。另一方面，它只对一定范围的人实行德治，而对被打倒者实行专政。①

4. 职业法律意识淡薄。职业法律意识是指法律职业者的法律意识，亦即包括律师、法官、检察官、法律教育工作者、法学家以及其他接受过专门化、系统化法律训练的人所构成的法律职业共同体的法律意识。职业法律意识要求从事法律职业的工作者必须具有相应的法律知识与经验，并在实践中不断地更新自己的法律知识与法律理念，从而符合日益发展的社会现实需要。严禁没有相应法律知识与经验的人从事职业法律工作。这一时期职业法律意识淡薄主要表现在如下几个方面：

首先，将司法机关定位为"刀把子"。受阶级专政工具论的影响，新中国成立初期司法被认为是国家制度和国家机器的重要部分，是实现阶级意志和进行阶级统治的工具，司法的终极价值是维护阶级统治和镇压敌对阶级的反抗。因此，司法被称为无产阶级与资产阶级进行阶级斗争的"刀把子"。从新中国成立到20世纪90年代中期，作为司法是阶级专政工具表征的"刀把子"一词，经常出现在司法文件及党和国家领导人的讲话中。例如，1958年4

---

① 陈景良主编：《当代中国法律思想史》，河南大学出版社1999年版，第183~186页。

月，董必武指出："司法工作的主要锋芒是对着反革命，这不是说把什么案件都看成是反革命案件，但只要有敌人，我们同敌人的斗争就是尖锐的。司法干部什么时候都不要忘记这一点。死刑要不要？我们是从来不说废除，但要少用。死刑好比是刀子，我们武器库里保存着这把刀子，必要时才拿出来用它。"①"刀把子"一词彰显了司法的镇压功能而弱化了司法的职业性。

其次，强调司法人员的政治素质。受法律工具主义的影响，新中国成立初期在对旧法进行彻底否定的同时，也对旧司法人员进行了改造，对改造不合格、仍然不能适应司法工作的旧司法工作人员进行清理。全国共计清理、调出旧司法工作人员6179人，约占运动前全体司法人员总数的三分之一。与此同时，未受过法律教育的军人、工人、农民、行政官员源源不断地涌入法律职业领域中来，法律教育与法律职业相脱节，只注重司法工作人员的政治表现成为当时的主流。② 只要政治过硬，司法者是否接受过法律教育则并不重要。1952年6月24日，董必武在干部的来源问题上指出："今天我们应该开辟新的司法干部来源，大体有以下几个方面：（一）骨干干部，应选派一部分较老的同志到法院担任领导骨干；（二）青年积极分子；（三）五反运动中的工人店员积极分子；（四）土改工作队和农民中的积极分子；（五）转业建设的革命军人（包括一部分适于做司法工作的轻残废军人）；（六）各种人民法庭的干部，工会、农会、妇联、青年团等人民团体还可帮助选拔一批适宜于做司法工作的干部和群众运动中涌现出并经过一些锻炼的群众积极分子。只要我们面向群众、依靠群众，那么我们不仅不会感觉到司法干部来源少，相反倒会使我们获得丰富的干部源泉，并更加纯化我们的司法

---

① 《董必武法学文集》，法律出版社2001年版，第414页。

② 董节英：《1952：新中国法学教育的整顿与重构》，载《中共中央党校学报》2007年第2期。

机关。"①

　　再次，对旧司法原则的彻底否定。1952 年，全国开始了司法改革运动以及对高校大规模的院系调整。司法改革运动首先是按照法的阶级性、人民性的标准，对旧法的原则进行批判。对旧的司法人员进行思想整顿批判的焦点主要集中在以下四个方面：第一，对法律面前人人平等观点的批判。认为该原则违反了人民民主专政的原则，是用敌我不分的谬论来为敌人服务的。第二，对司法独立思想的批判。认为由县长或市长等行政首长兼任法院院长、由法院院长掌管案件的审判结论、由军事法庭惩办反革命分子等都是极其必要的；而强调司法机关垂直工作体系、维护司法独立等都是必须予以反对和批判的。第三，对坚持司法工作程序的批判。认为讲究司法工作程序就会严重脱离群众，造成司法机关衙门化，成为压制人民的官老爷；把坚持司法工作程序认为是用旧的机械程序和烦琐的手续来拖延办案。第四，对司法工作应有自己的工作路线和方法的批判。认为主张司法工作路线就是和群众路线相对立，因此是脱离群众运动、脱离中心工作，是孤立办案。② 甚至在 1975 年制订的宪法中取消了"公民在法律面前人人平等"、"被告人有权获得辩护"、"人民法院独立行使审判，只服从法律"等社会主义法制原则，肯定了检察机关被撤销的事实，对刑事案件要发动群众讨论和批判。实行"军管"后，政法机关原有的秩序被彻底地打破，公、检、法的政治作用被摆在第一位，专政的职能被无限扩大，法定的程序以及公、检、法机关的相互监督、相互制约也不复存在，中国的司法建设出现了严重的倒退。③

---

　　① 《董必武法学文集》，法律出版社 2001 年版，第 123 页。
　　② 周骁男：《对建国初批判"旧法观点"的历史反思》，载《东北师大学报（哲学社会科学版）》2002 年第 5 期。
　　③ 张晋藩主编：《中国司法制度史》，人民法院出版社 2004 年版，第 622～631 页。

最后，轻视法律职业教育，甚至否定法学教育。1958 年以后，新中国的法学教育开始滑坡，直到"文化大革命"时完全被取消。在课程设置上，基本上不讲法学课，而用政策课取而代之。法学院系的数量逐年下降，到 20 世纪 70 年代初，全国名义上只剩下北京大学法律系、吉林大学法律系和当时的湖北大学法律专科，但后者实际上已停止招生。1971 ~ 1976 年，全国共招收法学学生 329 人，不到全国在校生总数的 0.1%。[①]

总之，新中国成立后到改革开放前的法制建设最初取得了一定的成绩，但随着反右斗争的扩大化、"大跃进"以及"文化大革命"等一连串政治运动的开展，新中国的法制建设遭受了重创。尽管期间法学界还进行过部门法的研讨，如 1962 年至 1964 年对刑法中的因果关系、刑事诉讼证据问题等进行了探讨，甚至有关立法部门还起草了刑法与民法草案，"但总的来说，法学的研究被阶级斗争、革命化道路、突出政治、学习毛主席著作的运动所取代。朴素的阶级感情、政治化的歌颂口号、教条僵化的说教、浪漫的革命理想、高度的政治批判热情取代了法学自身应有的内容。新中国法学的发展从 1957 年到 1977 年整整被耽误了 20 年，社会主义建设也因此蒙受了极大的损失"。[②] 直到拨乱反正以及党的十一届三中全会的召开，新中国法学才渐渐地走上正确的轨道。新中国法律工具主义的推行、虚无主义盛行、法学教育与法律职业的分离等至今仍对现代法律意识产生着深远的影响。对此，有学者认为："十年'文革'，对国家和社会所造成的损失是十分巨大的，尤其在法制建设方面……时至今日，'文革'中那种曲法枉法，不按法定程序办案，表面上的'法治'掩盖着实质上的'人治'等破坏社会主

---

① 李龙、邝少明：《中国法学教育百年回眸》，载《现代法学》1999 年第 6 期。

② 陈景良主编：《当代中国法律思想史》，河南大学出版社 1999 年版，第 173 ~ 174 页。

义法制建设的行为还时有发生，阻碍了有中国特色的社会主义法制建设的进程。"①

第三节　中国社会转型期法律意识变迁的现实经济基础

一、市场经济与法治

1. 市场经济的发展轨迹。马克思曾经指出："无论是政治的立法或市民的立法，都只是表明和记载经济关系的要求而已。"② 在经济基础与上层建筑的关系中，经济基础对上层建筑的作用是决定性的，经济基础的变革必然来上层建筑的变革。法律及法律意识作为上层建筑的重要组成部分必然受到经济基础的决定与制约。当然，上层建筑对经济基础的发展也具有反作用，当上层建筑适应经济基础的发展要求时，就会促进经济基础的发展；反之，就会阻碍经济基础的发展。

改革开放以来，我国社会主义市场经济体制的建立经历了一个逐步深化的过程。从中共十一届三中全会开始，党的经济建设指导方针开始了重大转轨，提出了经济管理体制改革的任务；中共十二大贯彻了以计划经济为主、市场调节为辅的经济体制改革原则；中共十二届三中全会提出了实行在公有制基础上有计划的商品经济；中共十三大强调了社会主义有计划的商品经济应该实行计划与市场内在统一的体制；中共十四大在邓小平南行讲话的基础上，进一步明确了建立社会主义市场经济体制是我国经济体制改革的目标；中

---

① 张晋藩主编：《中国司法制度史》，人民法院出版社 2004 年版，第631 页。
② 《马克思恩格斯全集》（第 4 卷），人民出版社 1958 年版，第 121 ~ 122 页。

共十四届三中全会比较系统、完整地设计和论证了建立中国特色社会主义市场经济体制的基本架构；中共十六届三中全会提出了进一步落实以人为本的科学发展观，作出了完善社会主义市场经济体制的决定。与此相适应，我国宪法以修正案的形式确认了国家经济体制变革的成果，使我国的基本经济制度及其实现形式得到了宪法的有力保障。1988 年宪法修正案第 1 条明确规定："国家允许私营经济在法律规定的范围内存在和发展。私营经济是社会主义公有制经济的补充。国家保护私营经济的合法权利和利益，对私营经济实行引导、监督和管理。"1993 年宪法修正案第 7 条则把"国家在社会主义公有制基础上实行计划经济"修改为："国家实行社会主义市场经济。"1999 年宪法修正案第 14 条对我国的基本经济制度作了科学的表述："国家在社会主义初级阶段，坚持公有制为主体、多种所有制经济共同发展的基本经济制度。"该修正案还从我国的基本国情出发，重新定位了非公有制经济与公有制经济的关系，1999 年宪法修正案第 16 条规定："在法律规定范围内的个体经济、私营经济等非公有制经济，是社会主义市场经济的重要组成部分。"并且规定："国家保护个体经济、私营经济的合法的权利和利益。国家对个体经济、私营经济实行引导、监督和管理。"2004 年宪法修正案第 21 条又进一步规定："国家保护个体经济、私营经济等非公有制经济的合法的权利和利益。国家鼓励、支持和引导非公有制经济的发展，并对非公有制经济依法实行监督和管理。"至此，市场经济体制在我国宪法中得到了充分肯定。

2. 市场经济对法治的诉求。市场经济是以市场为导向，对社会资源配置发挥主导作用的经济制度。分散的经济决策主体根据市场价格自主决定商品的生产和交换，价值规律在商品生产和商品交换中发挥着决定性的作用。社会主义市场经济体制的建立为法治的发展与法律意识的变迁提供了经济基础。市场经济与法治存在天然的联系，法治是市场经济的必然逻辑。市场经济与法治的天然联系是由市场经济内在的本质规定性所决定的。

首先，市场主体的自主性决定了市场经济对法治的诉求。市场经济是与计划经济相对而言的，市场经济是以承认和尊重市场主体的意志自由为前提的自主性经济。在市场经济中，企业享有自主经营权以及对商品占有、使用、收益、处分等的全部权利。而在计划经济体制下，国家垄断了绝大部分社会资源并以行政手段直接对社会资源进行配置，从事资源的直接管理与经营。国家对资源的垄断与直接操纵，使得国家权力渗透到社会的每个角落，国家之外的其他社会主体及主体性权利没有任何独立性可言，企业以及劳动者个人成为国家政治制度框架中的一个组成部分。为了保障市场经济主体的独立地位，这就要求用法律确认并保障各类市场主体的市场主体资格及其意志自由。如果没有法治的保障，市场主体的自由权以及其他权利就会受到国家行政权力的任意干预，市场经济就无法正常运作下去，最终失去市场经济自主性的特质，回归到计划经济体制或以市场经济之名行计划经济之实。

其次，市场经济的效率性决定了市场经济对法治的诉求。仅从经济学分析角度看，法治在市场经济的发展中起着提高经济效率的重要作用。法治对提高经济效率的作用表现在如下方面：一是约束政府的行为，防止政府对经济活动的任意干预，为政府监督、管理与调控市场的运行提供了制度约束。如果没有法律的约束，政府的行政权力会被滥用，从而妨碍或阻止市场经济的健康发展，大大减弱了市场在资源配置方面的效率。二是法律为经济人提供了行为规则。自然经济体制下的经济交易多数是在熟人之间进行的"现货交易"，而现代市场经济的交易多在陌生的主体之间进行，并且交易的规模也不断扩大。法律为市场经济提供了共同的、明示的交易规则，减少了交易的风险，免去了当事人在交易前重新制订交易规则的烦琐，从而提高了市场经济的运行效率。三是法律还为市场经济提供了快速解决纠纷的机制。市场在运行的过程中总会出现这样或那样的问题，如政府对市场的非法干预、经济主体之间的产权纠纷、市场交易过程中的纠纷、个别经济主体非法进行不正当竞争与经济欺诈等。法律不仅为解决市场经济中出现的问题提供了解决纠纷的实体依据与程序依据，而且还为解决市场经济中的纠纷提供了中立机构，从而使得纠纷得以快速解决，达到提高市场经济效率的目的。总之，法治不仅在制度上确定了政府与经济人之间相对独立的关系，约束着政府与经济人双方的行为，从而为现代经济可持续的发展提供制度基础，而且还通过纠纷解决机制保障了政府权力的有限性和企业的独立性，从而为形成良好的经济环境和经济的可持续发展提供了保障。

再次，市场经济的契约性决定了市场经济对法治的诉求。在市场经济体制下，一方面市场主体从权力依附或人身依附的关系中解放出来，成为相对独立自主的个人，另一方面还必须通过以物的交换为媒介，把社会主体在全社会范围内结合起来。主体以自然人或法人的身份进入社会交换领域，通过让渡和取得商品所有权而使得债权形式得到充分发展，满足主体之间的利益需求。在价值规律的作用下，市场主体用于制造商品的耗费通过出售商品而得到了回报，活的劳动和物化劳动的消耗也通过市场交换实现了等价补偿。在市场经济体制中，由于企业是作为独立的商品生产者和经营者进行活动的，有其独立的地位和经济利益，要实现市场主体之间的商品交换就必须通过市场，按照等价交换的原则来进行。而市场主体达成交换协议的主要形式就是契约的形式，离开了契约形式商品交换就无法正常进行。市场经济关系的契约形式是由市场经济本身内在的规定性所决定的。经济关系的契约化是市场经济最主要的法律特征。通过契约的形式来实现商品的流通和资源的优化配置是市场经济不同于计划经济的重要的区别之一。在计划经济体制中，虽然也存在着商品交换关系，但绝大多数的商品交换是按照行政指令发生在国有经济主体之间的。契约成为了现代商品经济发展必不可少的手段，其集中体现了从身份到契约的这一社会发展的巨大进步。契约不仅是经济关系当事人双方交换商品的形式，而且也是制约与规制经济主体交易行为的手段，"在任何交易或交换中，个人参加者有一种作伪、欺诈、骗取和违约的自私自利的动机。法律、习惯、传统、道德教训——这些都是设计出来和/或演化形成以限制或控制这些短期私利的做法。只有这些制度限制成功地运用，从市场过程中形成的自发秩序才能使个别想象的个人价值最大化"。①

最后，市场经济体制下的社会公平问题必须用法治来保障。邓小平同志曾经指出：社会主义的本质是解放生产力，发展生产力，消灭剥削，消除两极分化，最终达到共同富裕。解放生产力，发展生产力不是社会主义的专利，社会主义的本质必须从整体上来理解，否则就与资本主义社会没有本质的区别。因为，仅仅从解放生产力的角度来说，资本主义比社会主义做的要好得多。对于社会主义来说，解放生产力是手段，共同富裕才是目的。改革开放以来，我国逐步走上了发展市场经济的轨道，生产力得到了巨大的解放。市场经济本身是追求平等、效率与自由的经济。然而，市场经济的平等注重的是机会的平等，而不是实体的平等，市场经济体制下的竞争平等也主要是竞争机会的平等。但由于市场经济中各个经济主体的实力不同，市场竞争能力也大不相同。良性市场经济运行所追求的机会竞争的平等，其结果恰恰必然导致竞争结果的不平等，进而导致贫富差距进一步拉大，社会矛盾加剧，不稳的因素增多，因此，看似正义的市场经济却最终导致了更大的不公正。这就引发了一个社会公平的问题。现代市场经济既要追求效率和效益，又必须兼顾社会公平和公正。如果处理不好二者的关系，就会造成社会不稳定的因素增多，进而妨碍经济进一步发展。为了解决这一矛盾，国家必须担负起双重的社会任务：第一，保证市场这只"看不见的手"按其本身的规律正常运作；第二，还要运用国家这只"有形的手"来进行社会资源的二次分配。国家必须通过广泛的社会立法，通过对社会财富的二次调节来保证社会的相对公平与正义。

---

① ［美］詹姆斯·M. 布坎南著：《自由、市场与国家》，吴良建等译，北京经济学院出版社 1988 年版，第 89 页。

而对于分配关系的干预必须有法律的规范和保障。法治一方面可以保障市场的自由竞争和效率，另一方面又有利于保障和协调社会的再分配，平衡各种利益冲突，达到社会正常运行所必需的公平与公正。

总之，市场经济内在的本质规定性决定了市场经济与法治密不可分。市场经济从一定意义上讲就是法治经济，社会主义市场经济体制的建立不仅仅是我国经济领域的一场革命，而且也是法制领域的一场深刻变革，而法制领域的变革首先应当是法律意识的变革。

二、市场经济孕育的法律意识

法律意识的变革与市场经济的发展彼此互动，社会主义市场经济的发展不仅为法治社会的建立与完善提供了坚实的经济基础，而且也为法律意识变迁提供了内在的原动力。市场经济体制下的法律意识与计划经济体制下的法律意识具有本质的不同，市场经济的大力发展必然带来与原计划经济体制相适应的法律意识的巨大变迁。

1. 市场经济与平等意识。马克思说过，"商品是天生的平等派"，① 市场经济是商品经济，在商品交换的过程中实行等价交换，商品价值量的大小由社会必要劳动时间来决定，而不是由政府的指令或商品交换主体的地位来决定。这就要求各市场经济主体的地位一律平等，任何主体都不能通过非经济的手段占有其他主体的利益。而这种平等的观念正是自然经济和计划经济体制下所不具备的。中国几千年的封建法律是特权法、身份法和等级法，人们习惯于崇尚权力、地位与身份。计划经济体制下国家包揽了经济领域的一切事务，经济主体是国家权力的附庸，没有自己独立的地位，其产品的价格既不反映供求关系，也不反映产品的价值。特别是性质不同的经济主体之间的地位具有不平等性，非公有制主体的地位受到歧视与打击，不同主体之间要实现从身份到契约转变是极其困难

---

① 马克思著：《资本论》（第 1 卷），人民出版社 1975 年版，第 103 页。

的。与自然经济和计划经济不同的是，市场经济中的经济主体是通过契约发生关系的，这就要求双方当事人在法律地位上的平等。因此，必须通过法律确认所有经济主体的平等地位，至少在形式上平等地享有法律赋予的权利和规定的义务。如果经济主体的平等地位得不到法律的保障，市场经济就无法进行下去。这就必然会促使人们的法律观念发生转变，有利于人们平等观念的形成。这种平等观念不仅仅形成于经济主体之间，而且还要求立法者在立法观念上也要具备平等的观念，执法主体在执法的过程中也要依据平等的观念来执法，不允许任何超越法律的特权存在，也不允许国家机关强行干涉各经济主体参与市场竞争的平等权，反对各种形式的地方保护主义和部门保护主义。

2. 市场经济与权利意识。市场经济是法治经济，是权利经济；计划经济是人治经济，是权力经济。两种对立的经济体制的主要区别之一在于国家对待权利的观念不同。权力经济排斥自由、平等、公平、公开等原则，是无规则的非程序性经济。封建社会的"官商"、半殖民地半封建社会的"买办"以及现代社会的"官倒"都是典型权力经济的代表。权力经济的共同特征在于依靠手中的特权来操纵、控制经济。计划经济体制下的权力经济容易造成政府过渡地干预经济，无限制地介入经济活动之中，靠行政长官的意志来驱动经济的发展，经济的运作方式主要以管理与服从、命令与指令为基本的特征，轻视市场主体的权利，注重市场主体的义务。而市场经济是法治经济，是以权利为本位的经济。权利本位、契约自由是市场经济发展的基本条件，也是市场经济对法律需求的基础。权利经济要求通过各种制度和程序来保证市场主体的广泛权利。① 由于我国长期受"重义轻利"思想的影响，加之计划经济时代的法律多从义务的角度来规范人们的行为，社会主体的权利意识比较淡

---

① 钱弘道著：《治道的选择：从德治到法治的必然逻辑》，清华大学出版社 2006 年版，第 105～107 页。

漠，重义务轻权利的观念仍然比较严重。市场经济的发展给权利意识的觉醒带来了内在动力。市场经济不仅在立法上确认了各经济主体的各种权利，如所有权、经营权、契约自由等权利，同时还为市场主体保护自己的合法权利提供了必要的法律途径与法律手段，使各经济主体不仅能够抵御其他经济主体对其合法权利的侵害，而且还可以运用法律的手段排除国家权力的非法干预。

3. 市场经济与自由意识。"在一个正义的法律制度所必须予以充分考虑的人的需要中，自由占有一个显要的位置。要求自由的欲望乃是人类根深蒂固的一种欲望。"① 市场经济在本质上也是一种自由经济，在法律规定的范围内市场主体享有较大限度的自由是市场经济得以健康发展的前提条件之一。在市场经济生活中，经济主体如果没有自由和自主性，就不可能对自己的经济活动实现自我支配和自我调节，因而也谈不上经济主体的主动性、能动性和创造性。而经济主体的主动性、能动性和创造性是促进市场经济蓬勃发展的强大动力。所以，法律应当确认经济主体在市场中所享有的广泛的自由权利，赋予经济主体在具体的经济活动中拥有广泛的自主权，使经济主体能够根据市场需要自由地表达自己的意愿，实施自己的经济行为，独立地处分自己的财产，从而成为真正的市场主体。在我国长期实行的计划经济体制下，政府包揽了一切经济行为，市场主体缺乏应有的决策权与经营自主权。市场经济需要自由，市场经济的大力发展必然带来自由意识的进一步提高。从国家的角度来说，要在立法上确立市场主体意识自治原则，使各经济主体在市场中享有广泛的自主权。从政府的管理方式来说，政府必须改直接管理为间接管理，变微观控制为宏观调控，为企业实现自主性提供法律依据和保障。从企业本身来说，也要摆脱依附观念，在

---

① ［美］E. 博登海默：《法理学：法律哲学与法律方法》，邓正来译，中国政法大学出版社 1999 年版，第 278 页。

法律允许的范围内大胆决策，排除干扰，争取自主权。①

4. 市场经济与法治意识。"所谓法治，是在商品经济中产生，以自由、平等、公正、权利等观念为基础，以宪政和民主政治制度所体现的权利制约权力为核心内容，并以人权保护为目的的一种关于治理国家的思想、原则和制度，也是一种理想的国家治理状态。"② 法治的含义在不同的时代也不尽相同，但民主、人权、平等、自由、公平、正义等理念都是法治的应有之意。法治与人治的最根本区别还在于法律是否具有最高的权威性和至上性，即当法律和权力发生冲突时，是法律屈服于权力还是权力屈服于法律。法治意味着法律的普遍遵守，任何政党、组织及个人都没有超越法律的特权，都应当以接受法的最高统治为义务。在国家的诸多权力中，政府的权力无疑是最为强大的权力，只有政府在法律规定的范围内依法行政才表明该政府是法治政府。市场经济的权利、平等、自由等法律意识的树立都有赖于法治政府的支持，人们对于权利、平等、自由等的珍爱最终发展到要求法治政府的确立。法治政府建设与市场经济发展一般而言是同步而行、相伴相随的。一方面，法治政府建设有利于促进市场经济的健康发展；另一方面，市场经济的大力发展又反过来对法治政府的建设产生了极大的推动作用，限制了政府权力的滥用，要求政府的活动必须依法进行，最终促使法治政府的形成。根据经济基础决定上层建筑的原理，市场经济的发展是矛盾的主要方面，在推动我国法治政府建设的进程中起着决定性作用。随着市场经济的进一步发展，制约与促使我国法治政府形成的力量由国内发展到国外，特别是我国于2001年12月11日正式加入世界贸易组织，这给我国法治政府的建设带来了难得的机遇和

---

① 赵小平：《市场经济与法律意识》，载《社会科学研究》1995年第3期。

② 柯卫著：《当代中国法治的主体基础——公民法治意识研究》，法律出版社2007年版，第31页。

巨大的挑战。加入世界贸易组织对于我国建立法治政府的影响是多方面的，其带来的不仅是制度性的变革，而且也是政府法治理念的变革。世界贸易组织的一系列原则，如法律平等、规则统一、公开透明、充分救济、主权限制等都体现着法治的精神。加入世界贸易组织必然要求我国政府在权力法定、职责法定、程序法定、责任法定、救济法定等方面的法治化水平进一步提高。不仅如此，加入世界贸易组织还对我国的司法审查制度带来了巨大的变革。政府权力靠自我约束一般是不会有效的，必须靠其他有效的权力制约机制的控制。司法权的天然使命在于控制行政权，如果没有司法权对行政权的有效控制，政府的行为就不会被控制在法律规定的范围内。市场主体对政府的制约也主要是通过司法途径来进行的。世界贸易组织规范的主要是成员国政府的行政行为，而司法审查主要是针对政府行政行为进行的监督。对比我国行政诉讼制度与我国"入世"议定书中的承诺以及世界贸易组织的相关规则，普遍得到认同的一点是，我国的司法审查制度是基本适应世界贸易组织的要求的。[1]但同时还必须承认，我国的司法审查制度与世界贸易组织规定的要求还有一定的差距，需要进一步的改革与完善。只有在权力机关的认真监控下、在司法审查的严格控制下、在市场主体的积极监督下、在政府自身的自我约束下，法治政府才能够形成。政府的外在监督行为受内在监督法律意识所支配，是法治意识的外在表现。人治政府向法治政府转变的过程，同时也是法律意识由传统法律意识向现代法律意识变迁的过程。

---

[1]　江必新：《机遇与挑战——论加入 WTO 与我国的行政审判工作》，载《人民法院报》2000 年 11 月 16 日。

第四节　中国社会转型期法律意识变迁的现实政治基础

一、中国社会转型期政治发展状况

"所谓法律意识的政治基础是指法律意识得以产生和发挥功能的社会政治制度和政治体制基础。"[①] 中国社会转型期法律意识的变迁除了受儒家传统法律文化以及改革开放前法制建设实践的影响以外，民主政治的巨大发展对社会法律意识的变迁无疑更具有直接的重大影响。中国社会转型既是经济领域的转型，也是政治领域和文化领域的转型，而政治领域的转型与经济领域、文化领域的转型相比更具有主导作用，政治领域的转型必然导致上层建筑的其他领域的转型。改革开放以来，中国在一党领导多党合作制度、党内民主制度、改革和完善人民代表大会制度、政府行政管理制度、政治协商制度、民族区域和基层社区自治制度、法治建设等方面都取得了巨大的进步。[②]

1. 人民代表大会制度与基层民主制度。人民代表大会制度是我国的根本政治制度。人民代表大会制度最初建立于 1954 年，但从 1957 年反右斗争开始后其功能便难以得到正常地发挥，直到"文化大革命"期间遭到全面破坏。1976 年粉碎"四人帮"以后，全国人民代表大会常务委员会的工作才得以恢复。1978 年 2 月，五届全国人大一次会议召开后，地方各级人民代表大会的工作也开始恢复。改革开放以来，各级人民代表大会进行了许多重大的改革与完善，逐步改变了以往"橡皮图章"的形象，并在我国的民主

---

① 刘旺洪著：《法律意识论》，法律出版社 2001 年版，第 133 页。
② 参见俞可平：《中国政治发展 30 年》，载《党政干部文摘》2009 年第 1 期。

政治生活中发挥着越来越重要的作用。改革开放期间,不仅人民代表大会自身的制度进一步得到了进一步的完善,通过了关于人民代表大会组织结构、人大代表选举、各级人大议事规则等基本法律并制订了一系列的工作制度,而且各级人大代表的素质也明显提高,专职代表开始出现,人民代表与选民的关系更加密切,各级人大的监督作用明显增强。特别是 2006 年 8 月通过的《中华人民共和国各级人民代表大会常务委员会监督法》,使得人大常委会的监督权行使做到了有法可依。人民代表大会最突出的成就体现在其立法作用不断的加强。2011 年 3 月 10 日,时任全国人大常委会委员长吴邦国在十一届全国人大四次会议上宣布,中国特色社会主义法律体系已经形成。截至 2010 年底,我国已制订了有效法律 236 件、行政法规 690 多件、地方性法规 8600 多件,其内容涵盖了以宪法为统帅,以宪法相关法、民法商法、刑法等多个法律部门的法律。法律渊源包括法律、行政法规、地方性法规等多个层次的法律规范。①

　　人民代表大会制度是间接的民主制度,在完善间接民主的同时,直接民主的建设也取得了巨大的成就。改革开放以后,农村实行了家庭联产承包责任制,政社分开,村民自治组织应运而生,村民通过其自治的组织形式——村民委员会实行自我管理、自我教育、自我服务,决定本行政村的重大事项;十一届三中全会后,城市恢复了居民自治制度,城市居民通过居民委员会管理本居民区的公共事务;在企事业单位和其他基层组织中,职工通过民主选举组成职工代表大会等形式,对本企事业单位的经济活动和社会事务进行民主参与、民主管理、民主决策与民主监督;另外,改革开放后还逐步恢复了有中国特色的信访制度,人民群众可以通过信访活动维护自己的民主权利。信访制度不仅有利于人民群众参与国家与社会事务的管理,行使其民主权利,进行广泛的社会监督,而且还有

---

① http://www.chinanews.com/gn/2011/03-10/2895965.shtml。

利于人民群众发表意见，表达情感。

2. 党内民主与政治协商。党内民主是党的生命，是增强党的创新能力的重要保证。十一届三中全会以来，中国共产党在发扬党内民主方面进行了积极的探索，党内民主建设取得了巨大的成就。首先，中国共产党逐步意识到了党内民主的重要性，党的十六大明确提出了"党内民主是党的生命"的论断，并认为党内民主对人民民主具有重要的示范和带动作用。① 这不仅第一次在党内把党内民主提升到了党的"生命"的高度，而且深刻揭示了党内民主和人民民主之间的内在关系。十七届四中全会则继续重申了党内民主是党的生命这一主题。其次，积极进行党内民主的制度建设，先后颁行了《关于党内政治生活的若干准则》、《关于进一步健全县以上领导干部生活会制度的通知》、《关于建立老干部退休制度的决定》、《实行党和国家机关领导干部交流制度的决定》、《中共中央关于加强党的建设几个重大问题的决定》、《中国共产党党员权利保障条例（试行）》、《中国共产党地方委员会工作条例（试行）》、《中共中央关于加强和改进党的作风建设的决定》、《党政领导干部选拔任用工作条例》、《中国共产党纪律处分条例》、《中国共产党党内监督条例（试行）》、《党的地方委员会全体会议对下一级党委、政府领导班子正职拟任人选和推荐人选表决办法》等一大批行之有效的党内民主法规。再次，党内民主制度已经开始了有效的运作。党员干部的差额选举、党内选举的民主性、干部任免的票决制、县级以下党代表的直接选举等重大改革开始相继试行。党的代表大会的作用也在不断增强，党务公开和党内监督取得了一定的实质性进展，党内重大决策公示制度以及情况通报制度等开始发挥有效的重要作用。② 十七大报告总结了十六大以来发展党内民主的实

---

① 《江泽民文选》（第3卷），人民出版社2006年版，第570页。

② 俞可平：《中国政治发展30年》，载《党政干部文摘》2009年第1期。

践经验，从推进党务公开、完善党的代表大会制度、完善党的决策体制、建立健全常委会向党委会报告制度、改革和完善党内选举制度等五个方面对今后党内民主建设作出了重要部署，为在新的历史条件下加强党内民主建设进一步指明了前进的方向。[①]

我国的政治协商制度是指"在中国共产党的领导下，各政党、各人民团体、少数民族和社会各界的代表，以中国人民政治协商会议为组织形式，经常就国家的大政方针进行民主协商的一种制度"。[②] 政治协商制度是中国非常重要的基本政治制度之一，是有中国特色社会主义政治制度的不可或缺的组成部分。中国政治协商制度是 1949 年随着中国人民政治协商会议的召开而创立的，其在当时代行了全国人民代表大会的职权。但在后来的"文化大革命"期间中止了正常活动。直到 1978 年政协第五届全国委员会第一次会议的召开以及政协新章程的通过，政治协商制度才得到了正式的恢复。1982 年宪法第一次以根本法的形式肯定了人民政协的性质、地位和作用，将政治协商制度确立为我国的基本政治制度之一；1982 年政协第五届全国委员会第五次会议通过的人民政协第三部章程规定了新时期人民政协的性质、作用、任务和组织原则，使政治协商得以法制化和规范化。此后，政协章程经过 1994 年和 2000 年的修改，内容更加完善，各级政协的政治协商、民主监督、参政议政的职能大大增强。

3. 政府改革与法治建设。1978 年以来，为适应深化经济体制改革的需要，我国开始对政府管理体制进行改革，以政府机构改革、政府职能转变和宏观调控完善为中心，逐步推行了包括政企分开、政府机构的精简和调整、行政审批、民主决策机制的构建、结

---

① 乔翔：《党内民主建设：改革开放三十年的回顾与总结》，载《中共青岛市委党校学报》2008 年第 5 期。

② 浦兴祖主编：《中华人民共和国政治制度》，上海人民出版社 2005 年版，第 606 页。

构战略调整、国有经济布局和法治政府建设等一系列行政改革。该项改革构成了中国改革开放以来政治体制改革最重要的内容之一，并取得了巨大的成绩。在政府机构改革方面，通过机构的调整与精简使得政府机构设置更加趋于合理。"简政放权"以后政府的职能发生了重大变化，政府从以政治统治为重心逐步转向了以经济和社会管理为重心。目前，政企分开已经取得了成效，企业不再是政府的附庸，政府对经济的管理主要以市场调节和宏观调控为主要手段。政府正在逐步完成由"放权型政府"和"全能型政府"向"服务型政府"的巨大转变。在强化政府的公共服务职能、建立和完善服务政府的同时，政府决策更加民主化、科学化和程序化。重大决策的咨询制度、公开制度、听证制度、公示制度和评估制度等正在各级政府中逐渐得到推广。行政强制、行政许可、行政赔偿、行政立法、行政处罚、行政救济等行政行为基本有法可依，法治政府的建设取得了巨大进展。政府在提高行政效率方面也取得了一定的进步，特别是政府机构的精简、民主参与管理的不断加强，高科技的日益广泛使用等，使得政府的行政效率大大提高。法治政府、责任政府、服务政府、效率政府、透明政府、廉洁政府正在逐步形成。

在法治建设方面，1979 年五届全国人大二次会议通过了《中华人民共和国刑法》、《中华人民共和国刑事诉讼法》等 7 部法律，为新时期立法创造了良好的开端。随后，1982 年制订了新宪法，五届、六届和七届人大及其常委会先后制订了 138 部法律，对 10 部法律进行了修改，包括一系列有关国家机构的法律、民法通则和一系列单行民事法律、刑法、三大诉讼法（刑事诉讼法、民事诉讼法、行政诉讼法）以及一批经济方面的、保障公民权利的、涉外方面的、行政管理方面的重要法律。① 1992 年，随着"社会主义市场经济"被确定为经济体制改革的目标，立法工作进入了一个

---

① 顾昂然：《新中国的法制路》，载《人民日报》2004 年 9 月 8 日。

新的发展阶段，大量的经济立法、行政立法相继出台，截至 2008 年 3 月 8 日，时任全国人大常委会委员长吴邦国在十一届全国人大一次会议第二次全体会议上指出：中国现行有效的法律共 229 件，其涵盖宪法及宪法相关法、行政法、民商法、社会法、经济法、刑法、诉讼及非诉讼程序法等 7 个法律部门；有效的行政法规将近 600 件，地方性法规超过 7000 件，以宪法为核心，以法律为主干，包括地方性法规、行政法规等规范性文件在内的，由 7 个法律部门、三个法律层次规范构所构成的中国特色法律体系已经基本形成，国家政治、经济、文化、社会生活的各个方面基本做到了有法可依。① 按照九届和十届全国人大提出的立法规划，到 2010 年将形成中国特色社会主义法律体系。

律师职业和法学教育复兴。市场经济必然是法治经济，其推动了律师职业的进一步发展和壮大，目前我国有超过 13 万的律师，律师职业基本形成。改革开放以来，法学教育也取得了巨大的成就，除了法学本科教育招生人数随着最近 10 年高校扩招有了迅速的增加以外，法学院校（系）的数量和规模也有了很大的变化。从数量上看，截至 2005 年底的最新统计数字表明，我国现有法学本科专业的高等院校已达 559 所，法学专业在校的本科生和研究生达 30 万人，其中本科生为 20 多万人，法律硕士专业学位研究生 2 万多人，法学硕士研究生 6 万多人，法学博士研究生 6000 多人。② 另外，随着法制普及工作的全面实施，全民的法律素质有了明显的提高，30 多年来我国的法治建设可以说是已经取得了的巨大成就。

---

① 参见靳慧：《我国现行有效法律 229 件　中国特色法律体系基本形成》，http://news. eastday. com/c/lh08/u1a3452719. html。
② 陈虹伟：《我国法学院校数量再创新高，如何评估质量专家细说标准》，载《法制日报》2006 年 1 月 19 日。

二、政治发展对法律意识变迁的意义

1. 政治发展是现代法律意识生成的基础。政治与法律的关系决定了政治发展是现代法律意识的生成基础。政治与法律的产生和发展都离不开现实的经济基础，都是生产力发展到一定历史阶段的产物，正如马克思所说，"法的关系正像国家的形式一样，既不能从它们本身来理解，也不能从所谓人类精神的一般发展来理解，相反，它们根源于物质的生活关系"。[①] 但就政治与法律的相互关系而言，政治却处于主导地位，政治是法律的先导，对法律的存在与发展具有质的规定性，政治关系的变化必然会引起法律关系的变化，政治的发展水平对于法律的发展水平具有直接的影响，政治意识的高低直接影响着法律意识的高低。总之，"法律与政治都是政治社会的现象。自有国家这样的政治组织以来，法和政治就因国家而紧紧相随。相对于国家而言，法律和政治都以国家作为基础。就法律与政治之间的关系而言，政治就是法律的基础"。[②] 政治对法律的决定性作用具体表现在如下几个方面：

首先，政治组织为法律运行提供物质载体。人类的政治行为是有组织的行为，无论专制政体还是民主政体都是如此，只不过专制政体与民主政体的组织形式具有很大的不同而已。相比之下，民主政体的政治组织体系要比专制政体的政治组织体系复杂得多，因为民主政体意味着权力的分立与制衡，这无疑会使国家权力组织更加复杂化。政治组织不仅是政治权力的运行载体，而且也是法律运行的载体，可以说，法律是政治社会组织的产物，没有政治组织法律就失去了制订主体和执行主体。在政治权力的运行过程中，政治组织担负着协调、沟通、整合和集中政治利益的功能，然后再把政治利益通过政治组织转化为法律，进而通过政治组织将法律贯彻实

① 《马克思恩格斯全集》（第 13 卷），人民出版社 1962 年版，第 8 页。
② 卓泽渊著：《法政治学》，法律出版社 2005 年版，第 31 页。

施，从而实现政治主体的政治目的。现代社会为了防止政治权力的腐化与恣意还设立了广泛的政治监督体制，而要保证这些体制的有效运行，离不开法律的保障与实施。法定的监督主体一般都赋予某一组织而不是个人，个人的监督行为也往往通过法定的监督主体才能够很好地发挥作用。由此可见，政治组织为法律的运行提供了组织基础，离开了政治组织的依托，法律不仅无法产生，也无法运行。

其次，政治权力为法律运行提供强力保障。任何法律的运行都以权力支撑为后盾，然而法律运行所需要的力量动因却不是来源于法律本身，而是直接来源于政治权力的运作。在社会生活中，人们基于特定的利益要求结成一定的政治关系，不同的社会群体或阶层为了维护其共同利益凝结成一种政治力量，这种政治力量是利益调整、分配的基础。当社会群体之间或社会成员内部产生利益纠纷时，政治权力就成为处理矛盾的有力手段。然而，维持政治利益分配与实现的政治权力的运行一般具有规范性的特征，它一般是通过法律的外在形式表现出来的，即政治权力的运行一般不是赤裸裸地进行的，它借助了法律的外衣，尽量使得政治权力的运行具有规范性和可操作性。因此，法律规范性效力是由政治权力转化而来的，并以政治强制力为后盾。通过法的制订与实施使得政治利益关系转化为具体的法律关系。法律规范的实施通常表现为两种情况，一是不需要国家强制力的干预，法律关系主体自觉地行使权利和履行义务；二是法律关系在实现的过程中如果遇到障碍，须借助国家的强制力。第一种情况国家强制力看似在法的实施过程中没有起到任何作用，但其实不然，因为政治权力在一定程度上维持着人们对于法律的服从心理，如果违反法律，国家权力的强制力就会降临。这时，国家强制力的作用是潜在地发挥作用的。

再次，政治利益决定法律的内容。法律是通过权利与义务的设定来调整人们的行为的，但法律设定权利义务并不是随意的，而是有其深刻的政治利益背景的。一个阶级在取得国家统治权之后，总要通过法律把本阶级的意志与利益上升为国家的法律，用法律来规定各阶级在国家中的地位以及利益分配原则，以确保统治阶级内部对权力、利益的有序分配。统治阶级的利益是法律内容的核心，统治阶级正是借助法律来实现其利益的。法律内容虽然不全是政治利益，但在本质上总是与政治利益有密不可分的联系，在整体上反映着政治利益。即使是看似与统治阶级利益远离的交通法规，也体现了统治阶级对待人权的态度与意识。另外，政治利益一般是由客观的政治经济条件所决定的，随着政治经济条件的变化，统治阶级又不得不根据不同的变化形式对法律的内容作出相应的调整，不断地对新的利益关系进行立法，对不符合政治利益的法律进行修改或废止，从而更好地满足自己的利益需求。

最后，政治文明程度决定了法治的发达程度。所谓政治文明，是指人类在改造社会的过程中所取得的积极的政治成果，是人类政治生活的高级形态，它表现为一定社会形态中人们所享有的民主、自由、平等、人权等价值的实现程度。与野蛮政治相比，政治文明是规范的政治、伦理的政治与程序的政治。政治文明的这些特点决定了政治文明对法治的诉求，因为法治的内在品格满足了政治文明的需求。现代法治是民主、平等、自由、人权、理性、秩序、效益和合法性等价值的完美结合，是规范全体社会成员和国家权力主体的一种治国方略，其与政治文明的价值追求具有高度的契合性。不仅如此，现代法治还为政治文明提供了基本的原则，并由具体的法律加以规定。法治的程序性价值还为政治活动的有序进行提供了行为途径。政治文明的发展水平决定了政治对法治价值的取舍，决定了法治的发达程度。当然，法治也为政治文明的发展提供着有效的制度保障。

2. 政治发展促进公法法律意识的提升。改革开放以来，中国共产党人继续坚持马克思主义与中国具体实践相结合，进一步发展了马克思列宁主义、毛泽东思想，并形成了以邓小平理论、"三个代表"重要思想以及科学发展观等重大战略思想为主要内容的中国特色社会主义理论体系。在中国特色社会主义理论体系的指导下，依法治国、政治文明、以人为本、保障人权等现代社会理念在宪法和法律中得到了逐步的确认。如上所述，政治发展是现代法律意识生成的基础，政治理念的变革必然带来法律意识的变革。如果说市场经济带来的主要是私法领域法律意识的变革，那么政治发展所带来的更多的是公法领域法律意识的变革，特别是民主意识、法治意识、权力制约意识等的增强。

人民代表大会制度的完善为人们当家做主提供了政治制度保障，极大地调动了广大人民群众参与国家事务管理的积极性，对培养人们的公民意识、民主意识起到极大的促进作用。基层民主制度的建设直接调动了社会最广大群众参与基层事务管理的积极性、主动性与创造性，其为民主意识的培养提供了实践场所与基地，并积累了丰富的实践经验。基层民主意识的觉醒必然会带来更高层次的民主意识的发展与进步，对于民主法治建设具有不可估量的重要作用。多党合作、政治协商、党内民主制度的不断完善，促进了党内民主意识的不断进步与协商民主的不断发展。党内民主意识的提升又反过来促进了人民民主意识的提升。

建立法治国家目标的提出、政府管理体制的改革与完善，对法治意识的形成具有极大的促进作用。人民民主意识是法治意识的基础，人民民主不允许有超越法律的任何特权的存在，这也正是法治的应有之意。因此，从某种意义上来说，人民民主原则必然要求法治，法治是人民民主原则的进一步延伸。法治不仅意味着法律是管理社会的工具，更意味着对国家权力的约束。政府管理体制改革的过程同时也是政府法治建设不断完善的过程。行政处罚法、行政许可法、立法法、公务员法、行政复议法、国家赔偿法、行政诉讼法等的颁布与实施，不仅保障了政府管理体制改革的成果，而且也促使政府法治意识的进一步增强，对于法治国家建设具有重大意义。由于政府与市民社会的交往最为频繁，政府法律意识的增强对于市民法律意识的增强具有一定的引领作用。反之，随着市民法律意识的不断增强，其反过来也促使政府守法意识的不断增强，从而形成良性的互动状态。

法治要求法律的至上权威与良法之治，要保证法律的至上权威，必须对国家权力实行有效的制约，法治国家建设为权力制约意识的进一步增强创造了良好的条件。长期以来，由于受各种历史与现实原因的影响，在我国没有形成发达的权力制约意识，我国的国家权力结构设置通常以对权力行使者的信任为前提，缺乏有效的权力制约机制，从而出现了权力监督的盲点。事实证明，根据人民主权原则，任何国家权力的行使者都是人民的代理人，都有可能作出与人民意志相违背的行为。权力制约意识的增强必然会对我们重新审视我国的国家权力结构提供新的视角与思维，从而使国家权力结构更加符合人民主权原则的内在逻辑。

另外，中国特色社会主义法律体系的形成，无疑会促进社会整体法律意识的提高。法律本身既是法律意识的外在表现，又为法律意识的进一步提高提供现实的法律认知基础。健全的法律体系一方面为人们维护其合法权利提供依据和保障，另一方面又直接规制着法律意识的发展方向，使得现代法律意识得以逐步形成。

第三章 中国社会转型期法律意识变迁

随着中国社会转型期政治、经济和文化的大力发展，社会各个主体的法律意识也发生了巨大的变迁。从执政党到国家机关及其工作人员、从城市居民到农村居民、从文盲到大学生等，社会各主体的法律意识都发生了巨大的变化。由于执政党在我国社会政治生活中拥有特殊的地位，执政党法律意识的变迁在社会法律意识变迁的过程中起着举足轻重的作用，其代表着法律意识的发展现状，预示着法律意识变迁的发展趋势，引领着社会法律意识的发展潮流。执政党法律意识水平的高低直接决定或影响着其他社会主体法律意识发展水平的高低，其他社会主体法律意识的发展水平也制约、推动着执政党法律意识的发展水平。各个社会主体的法律意识相互促进与融合，共同演绎着中国社会转型期法律意识变迁的交响曲。

第一节 执政党法律意识变迁
——从人民民主法制观到社会主义法治观

一、人民民主法制观与社会主义法治观的异同

社会转型期执政党法律意识的变迁最为根本的变化，是从人民民主的法制观转变为社会主义的法治观。在这一巨大转型的背景下，中国共产党一系列的法治意识也逐步树立起来。

人民民主的法制观是一个时代性的概念，而不是一个社会形态意义上的概念，其反映的是从新中国成立到 1956 年底这段历史时期的法制现实。"人民民主法制"这一提法主要见于当时党和国家领导人的报告、讲话以及党的有关文件中，并为当时的法学界所普遍使用。因此，人民民主的法制观是与革命的法制观和社会主义的法治观相对而言的一个历史性的概念，其代表了当代中国法律思想发展的一个特定的历史阶段。就其实质而言，"人民民主法制"的指导思想及其反映的阶级意志与社会主义法治并无实质性的区别。① 但"人民民主的法制观"与"社会主义法治观"毕竟是两种不同的法律观，两者之间的区别不仅在于它们所代表的时代不同，而且在对法的看法、理念等方面都存在着较大的不同。由人民民主的法制观转变为社会主义法治观，其最大的不同之处集中体现在对"法制"与"法治"的理解不同。

新中国成立初期，"法制"与"法治"二词都曾经在报刊上使用过，但直到后来中国共产党第十五次全国代表大会召开前，一般只使用"法制"而不使用"法治"。"这一现象看来或者是受前苏联法学家影响所致，或者是受一种'左'的错误思想的影响，误认为'法治'是西方国家专用的概念。"② "法制"与"法治"虽然仅仅只是一字之差，但其含义却相去甚远，具体来说二者的区别如下：其一，法制是法律制度的简称，是相对于政治、经济、文化等制度而言的，法治则是相对于人治而言的。其二，法制的内涵是指有一套法律规则以及法的制订与实施等各种制度，法治则是与人治相对立的一种治国理论与原则、制度；法制不一定涉及前述治国理论，但治国理论定是法治的应有之义；一个国家的法律再多，如果不实行若干法治原则，那就不能说是实行法治。其三，从实践上

① 陈景良主编：《当代中国法律思想史》，河南大学出版社 1999 年版，第 53 页。
② 沈宗灵主编：《法理学》，北京大学出版社 2001 年版，第 149 页。

看，历史上任何国家都有法律制度，但不一定是实行法治。① 另外，根据国际法学家委员会 1955 年在希腊雅典、1959 年在印度新德里的两次专门讨论"法治"的会议宣言，可以得出如下的结论：法治的核心内涵首先是国家或政府要遵守法律，其一切权力要依法获得，其权力的行使要严格依法行使；其次，政府应该尊重个人在法治下的权利并为其实现提供有效手段。② 因此，人民民主的法制观在内涵、理念等方面都不同于社会主义的法治观，由人民民主法制观向社会主义法治观的转化经历了一个长期的过程。

二、从人民民主法制观到社会主义法制观

1949 年中华人民共和国的成立标志着革命法制观的基本结束，人民民主法制建设的开始。在中国共产党的领导下，国民党的"伪宪法"、"伪法统"被废除，开始了人民民主法制建设的伟大事业。从新中国成立到 1956 年底，人民民主法制建设已经取得了初步的成绩，以"五四宪法"为核心的一系列法律制度初步建立起来，逐步形成了包括或涉及宪法、行政法规、刑事法规、婚姻家庭法、经济法规、劳动法、社会福利法、教科文法、军事法和民族法等法律部门在内的法律体系。尽管这一法律体系还有待于进一步完善，如统一的民法典、刑法典、诉讼法典并没有及时出台，而是以法令和法规性文件的形式公布实行，但是这一法律体系调整的社会关系范围相当广泛，基本涵盖了所有的社会生活领域，为新中国全面发展提供了法律保障。③ 中国共产党第八次全国代表大会进一步

---

① 郭道晖、李步云、郝铁川主编：《中国当代法学争鸣实录》，湖南人民出版社 1998 年版，第 572 页。

② International Commission of Jurists,"The Rule of Law in a Free Society (1959)", pp. 2 – 3.

③ 陈景良主编：《当代中国法律思想史》，河南大学出版社 1999 年版，第 61 页。

发展和完善了人民民主的法制思想，指出："我们必须进一步加强人民民主的法制，巩固社会主义建设的秩序。国家必须根据需要，逐步地系统地制定完备的法律。"① 然而，随着 1957 年反右、1958 年"大跃进"以及"文化大革命"的开始，人民民主法制建设出现了倒退。

在"人民民主法制"与"社会主义法治"之间还存在着"社会主义法制"的称谓。从 1978 年党的十一届三中全会后，到 1996 年党的十五大报告前，第二代中央领导集体及法学界在论及社会主义民主政治时开始通用"社会主义法制"这一概念。

1976 年"文化大革命"结束后，被破坏的社会主义法制最初处于徘徊不前的状态。1977 年 8 月的中国共产党第十一次全国代表大会也并没有重视法制建设问题，而是继续强调"不但要民主，尤其要集中"。② 真正开始重视法制建设问题是在 1978 年 12 月 13 日，邓小平在中共中央工作会议闭幕会上作了题为《解放思想，实事求是，团结一致向前看》的讲话，在讲话中邓小平指出："为了保障人民民主，必须加强法制。必须使民主制度化、法律化，使这种制度和法律不因领导人的改变而改变，不因领导人的看法和注意力的改变而改变。"③ 邓小平的讲话精神被党的十一届三中全会所肯定，十一届三中全会指出："宪法规定的公民权利，必须坚决保障，任何人不得侵犯。为了保障人民民主，必须加强社会主义法制，使民主制度化、法律化，使这种制度和法律具有稳定性、连续性和极大的权威性，做到有法可依，有法必依，执法必严，违法必

① 《中国共产党第八次全国代表大会关于政治报告的决议》

② 《中国共产党第十一次全国代表大会新闻公报》，载《人民日报》1977 年 8 月 21 日。

③ 《邓小平文选》（第 2 卷），人民出版社 1994 年版，第 146 页。

究。"① 此后，"社会主义法制"一词便开始成为第二代中央领导集体及法学界的通用概念。

虽然"人民民主法制"与"社会主义法制"的指导思想及其反映的阶级意志并无实质性的区别，但"社会主义法制"与"人民民主法制"的内涵相比已经发生了一定的变化，确切地说，"社会主义法制"已经初步蕴含了"社会主义法治"的基本理念。党的十一届三中全会指出："从现在起，应当把立法工作摆到全国人民代表大会及其常务委员会的重要议程上来。检察机关和司法机关要保持应有的独立性；要忠实于法律和制度，忠实于人民利益，忠实于事实真相；要保证人民在自己的法律面前人人平等，不允许任何人有超越法律之上的特权。"② 十一届三中全会以后，中国共产党认真总结"文化大革命"的教训，并在 1982 年中国共产党党章中第一次确认了"党必须在宪法和法律范围内活动"的法制原则，随后这一原则又得到了宪法的肯定，我国现行宪法规定，"各政党都必须以宪法为根本的活动准则"，各政党"都必须遵守宪法和法律"，"任何组织和个人都不得有超越宪法和法律的特权"。

党章和现行宪法的这一新规定，标志着中国共产党的法制观念已由人民民主的法制观升华为社会主义制约的法制观。制约的法制观是党和国家在总结新中国成立以来法制建设经验教训的基础上而形成的法制观，其法律至上的精神无疑蕴含着"法治"的理念，是依法治国理念的前奏曲。制约的法制观与人民民主的法制观相比较虽然没有本质的差别，它们都是社会主义的法制观，都是为了维护和保障人民权利的法制观，但是这两种法制观作为中国共产党法制建设的指导思想，在现实法制实践中却有不同的表现。人民民主

----

① 《中国共产党第十一届中央委员会第三次会议公报》，载《人民日报》1978 年 12 月 24 日。

② 《中国共产党第十一届中央委员会第三次会议公报》，载《人民日报》1978 年 12 月 24 日。

法制观的重点在于用法律确定人民当家做主的国家制度，强调法律
应当保障人民的权利，而保障这些权利实现的途径则是靠干部守
法。制约的法制观重点强调法律及人们的法律行为应当尊重法律赋
予公民的各项权利的实现。在民主法制观中可以把法制理解为制
度，而在制约的法制观中则把法制理解为制约，即对任何主体的行
为和决策的制约。① 由于在制约的法制观念下，包括各政党和国家
机关都在法律约束的范围之内，因此，制约的法制观实质上已经具
有了否定"人治"的精神，包含了"法治"的基本内涵。

三、从社会主义法制观到社会主义法治观

由社会主义法制国家向社会主义法治国家的过度是一个渐进的
过程，社会主义法制理念的确立是建立社会主义法治国家的必要理
论准备，社会主义法治国家的建设实践是社会主义法制国家理论发
展的必然结果。由于社会主义法制蕴藏着与社会主义法治基本相同
的理念，所以建立法治国家的理论论证实际上已经伴随着社会转型
而逐步展开了。社会主义法治观的建立源于三方面的动因：其一是
社会主义市场经济的大力发展；其二是学者，特别是社会及法学界
关于法治国家的理论论证；其三是执政党的政治智慧。

市场经济的大力发展是法治社会理念建立的经济基础，社会主
义法治理念建立的根源首先应该从经济基础方面去寻找，正如恩格
斯所说："每一个时代的社会经济结构形成现实基础，每一个历史
时期由法律设施和政治设施以及宗教的、哲学的和其他的观点所构
成的全部上层建筑，归根到底都是应由这个基础来说明的。"② 市
场经济的发展为法治社会的建立提供了物质动因，市场经济内在的
本质规定性决定了市场经济与法治密不可分。首先，不仅市场主体

---

① 陈金钊：《试论社会主义法制精神》，载《学习与探索》1990 年第 4 期。
② 《马克思恩格斯选集》（第 3 卷），人民出版社 1972 年版，第 66 页。

的自主性、市场经济的效率性及契约性决定了市场经济对法治的诉求，而且市场经济体制下的社会公平问题也需要用法治来保障。其次，市场经济的理念与法治精神具有高度的契合性。市场经济有利于社会主体树立民主观、平等观、权利观、自由观。法治的含义虽然在不同的时代不尽相同，但民主、平等、自由、公平、正义等理念都是法治的应有之意。基于此，法治社会的建立是市场经济发展的必然趋势。

改革开放不仅是社会政治、经济领域的变革，也是思想领域的一次大解放。法学界一些学者借 1979 年和 1980 年参加撰写中央文件和《人民日报》评论的机会，首先提出了"依法治国"和"法治"的概念。1979 年 9 月，《中共中央关于坚决保证刑法、刑事诉讼法切实实施的指示》（即"64 号文件"）首次提到了"社会主义法治"的概念，并取消了同级党委审批法院和检察院案件的制度。[1] 但是，由于"法治"的提法与官方的"法制"提法不同，加之一些反对意见，这一提法并未被官方采纳。另外，从 20 世纪 70 年代末 80 年代初开始，法学界开展了关于"法治"与"人治"的大讨论。1978 年，首都法学界在北京市高级人民法院召开了为期两天的学术研讨会，揭开了我国法学界拨乱反正的序幕。法学界、法律界抓住当时拨乱反正的机遇，展开了法治与人治的大讨论，并抓紧时机推动宪法、刑法、民法、刑事诉讼法等基本法律的制订工作。1979 年，《法学研究》第 5 期开辟了"关于法治和人治"的专栏；1981 年，法学研究所召开了"人治与法治"学术研讨会。理论界围绕人治与法治召开了多次研讨会，发表了许多文

---

① 李步云：《从"法制"到"法治"二十年改一字》，载《法理探索》，湖南人民出版社 2003 年版，第 137 页。

章，探讨了人治的弊端和法治的优点，推动了人治向法治观念的革新。①

与此同时，法学界还开始了对法的本质的重新认识。早在1956年，《华东政法学报》第3期就发表过杨兆龙先生的《法的阶级性和继承性》一文，指出"并非一切法都有阶级性"，进而引发了关于法的本质的讨论，后来反右派斗争的开始中止了这场讨论。1980年，关于法的本质的争论又重新开始了。同年，《法学研究》第1期发表了周凤举的《法单纯是阶级斗争的工具吗?》一文，重新引起了关于法的本质的大讨论。该文指出，法不仅具有阶级性的一面，而且具有社会性的一面。接着，全国各学刊纷纷发表类似的论文，中国法学会、北京法学会、上海社科院法学研究所等研究机构相继召开了学术会议，围绕着法的本质性问题进行了广泛的讨论。尽管这场讨论并没有使法学界对法的本质问题达成统一，但其是在全国解放思想的大环境中进行的，对法学界突破理论禁区，继续探讨法律的深层次问题具有重要意义。

伴随着市场经济的进一步发展，法学界对市场经济也给予了关注。法学界充分论证了建立社会主义市场经济体制同时也是一场深刻的法制变革。1995年1月20日，以"社会主义市场经济法律制度建设问题"为题的中南海第二次法制讲座举行，中国社会科学院法学所课题组明确提出"社会主义市场经济是法治经济"的命题，探讨了建立社会主义市场经济法律制度应当解决的若干理论问题。② 之后，法学界对市场经济本质是法治经济的命题进行了广泛

---

① 王家福、蒋熙辉：《依法治国基本方略的回顾与展望》，载中国社会科学院法学研究所编：《中国法治30年：1978～2008》，社会科学文献出版社2008年版，第101页。

② 王家福、蒋熙辉：《依法治国基本方略的回顾与展望》，载中国社会科学院法学研究所编：《中国法治30年：1978～2008》，社会科学文献出版社2008年版，第101页。

的论证。

　　理论界从对"人治与法治"、"法的本质"等讨论开始，到对"市场经济是法治经济"进行论证，最终从治国方略的高度提出了依法治国，建设社会主义法治国家。在"依法治国，建设社会主义法治国家"呼之欲出的情况下，中国共产党第三代领导集体顺应历史的发展潮流，积极探索建设社会主义的发展道路。从1994年12月起，中共中央连续举办了数次法制讲座。1996年2月8日，江泽民同志亲自圈定《关于依法治国，建设社会主义法制国家的理论和实践问题》作为该年度中共中央第一期法制讲座的题目，中国社会科学院法学研究所课题组集中法学理论界的智慧，以法学界已有的关于依法治国讨论的成果为基础，对依法治国进行了全面的理论论证。正是在这次讲座之后，江泽民同志作了《依法治国，保障国家长治久安》的重要讲话，他提出："依法治国，是邓小平同志建设有中国特色社会主义理论的重要组成部分，是我们党和政府管理国家和社会事务的重要方针。"1997年9月十五大召开，依法治国方略被写入全会报告。起初报告初稿还是用"法制"二字，法学理论界经过多方论证，提出应当采用"法治"而非"法制"的建议。中央英明果断，采纳了学界建议，把"法制"改为"法治"，终于在党的十五大报告中正式提出："依法治国，是党领导人民治理国家的基本方略。是发展社会主义市场经济的客观需要，是社会文明进步的重要标志，是国家长治久安的重要保障。"1999年3月，九届全国人大二次会议通过宪法修正案，把"依法治国，建设社会主义法治国家"写入宪法。宪法修正案第13条写道："中华人民共和国实行依法治国。建设社会主义法治国家。"① 至此，"法制"与"法治"的区别得到了权威认证，建设

　　① 王家福、蒋熙辉：《依法治国基本方略的回顾与展望》，载中国社会科学院法学研究所编：《中国法治30年：1978～2008》，社会科学文献出版社2008年版，第102～103页。

法治国家成为当今时代的主题。

第二节　立法机关法律意识变迁

一、立法观念：从"工具主义"到"权利主义"

　　工具主义法律观把法律看做统治阶级专政的工具，是维护社会秩序、加强行政管理和强化对社会控制的工具，而没有把法律作为监督、规范和控制行政权的手段，作为保护公民权利的规范。改革开放初期，我国仍然处于计划经济体制之下，立法的主要目的是恢复和重建社会秩序，立法的主要任务是适应经济建设的需求，立法的重点在于经济方面的立法，立法过程中主要奉行的是工具主义的法律观。其强调政府对经济和社会的管理，赋予政府部门广泛的管理职能和处罚权而忽视了对公民权利的保护。

　　随着经济体制改革的不断深入，我国逐步确立了社会主义市场经济的发展道路，1992 年中共十四大提出了建立社会主义市场经济体制的改革目标。市场经济的本质是法治经济，为了适应市场经济的发展需要，政府治理经济的方式开始实现转型，立法理念也开始了转变，法律不再被看做仅仅是政府实现行政管理目标的工具，同时也是对政府权力进行规范和制约的手段。特别是我国于 2001 年加入世界贸易组织，这对中国法治政府建设的理念提出了更高的要求，进一步促进了立法理念的转变。

　　2002 年中共十六次全国代表大会上，新一届中央领导集体提出了"以人为本"、"科学发展观"、建立和谐社会等执政理念，强调社会公平和正义；2004 年又将"国家尊重和保障人权"、建立社会保障体系写入宪法。中央高层领导在治国理念上的变化，进一步促进了立法观念的改变。"以人为本"和社会公平正义成为立法指导思想，法律不仅是控制和制约政府权力的手段，更是保护社会权利的重要手段，立法理念最终由"工具主义"立法观转变为"权利主义"立法观。在这一新的立法理念的指导下，有关公民经济社会权利保障的立法不断加强，成为立法的主要内容。无论是修改宪法中对公民私有财产保护的规定，还是物权法的制订；无论是废止农业税条例，还是加强社会领域的立法，都是这一理念的体现。立法观念从"工具主义"到"权利主义"的转变在刑事法律中得到了更为集中的体现。1996 年修改的《中华人民共和国刑事诉讼法》正式采用了"犯罪嫌疑人"的概念：任何公民在被法院宣判为有罪之前，都要作无罪推定，不再被称为"罪犯"。1997 年我国新颁布的刑法也在总则中设立了罪刑法定原则，取消了类推制度，使得我国刑法达到了更高的法治境界，这对于保护被告人或犯罪嫌疑人的合法权益具有重大意义。另外，1997 年刑法在分则中把"反革命罪"修改为"危害国家安全罪"，进一步弱化了刑法的阶级镇压功能，体现了刑法工具主义的弱化。

二、权力行使意识：从"橡皮图章"到真正的权力机关

人民代表大会（以下简称人大）最主要的功能是行使立法权与监督权，但在改革开放之初，人大的立法功能与监督功能并没有得到很好地发挥，宪法赋予的权力一度被虚置，人大被人们形象地称为"橡皮图章"。如今，人大行使立法权与监督权的意识不断加强，逐步由"橡皮图章"向真正的权力机关迈进。

首先，人大行使立法权的意识不断加强。20 世纪 80 年代初，权力机关刚刚恢复，全国人大及其常委会并没有很好地在立法中发挥应有的作用。立法的实权掌握在国务院及其所属各部门的手中。法律议案常常是国务院及其所属各部门主动起草并直接提议全国人大常委会审议和通过的。随着市场经济发展的不断深入以及立法步伐的加快，全国人大及其常委会的立法地位迅速提高，人大的立法主体地位也逐步得到增强，并在立法中发挥着主导作用。现阶段人大不仅掌握着总体的立法规划，而且重要的、综合性的法律议案也由全国人大常委会工作机构自行起草，人大各专门委员会和常委会

工作机构在立法中发挥着越来越大的作用，特别是委员长会议在立法中的协调作用不断增强。国务院及其各部委虽仍然有很大的立法起草权和建议权，但其立法草案在提交全国人大常委会后，必须经过全国人大常委会的认真审议，法律的最后审议决定权属于全国人大。另外，全国人大及其常委会在立法中的主体地位还体现在其与党的关系的正常化方面。除了立法规划以及重要法律草案的立法原则要向党中央报告外，党中央不再干涉具体的立法事务和参与具体的立法过程。

其次，人大行使监督权的意识也在不断加强。人大监督功能不断加强的表现之一是"个案监督"的加强。个案监督"主要是指人民代表大会对法院审理案件的监督，同时也指人大对检察院和公安机关办理案件的监督"。[①] 人大个案监督是在 20 世纪 80 年代后期发展起来的一项监督工作。人大最早介入对法院具体案件的监督，是 1984 年全国人大常委会对辽宁省台安县"三律师案"的监督和 1996 年全国人大常委会办公厅信访局在常委会领导的支持下，对辽宁省朝阳市市长刘相荣一案的干预。[②] 为了便于实施个案监督，全国人大在 1988 年开始设立内务司法委员会，随后地方人大也相继设立了类似的机构，地方人大对司法个案监督工作也随之展开。一些地方人大相继制订了地方性法规以规范对重大违法案件的监督。1999 年，为了统一规范个案监督，全国人大内务司法委员会向全国人大常委会提交了《关于对审判、检察机关重大违法案件实施监督的决定》的议案，该议案虽经两次常委会审议，但因来自学界和司法部门的强烈反对而中止了。在监督实践日益成熟的基础上，2006 年 8 月 27 日，十届全国人民代表大会常务委员会第

---

① 陈斯喜：《探寻个案监督与司法公正的契合》，载蔡定剑主编：《监督与司法公正——研究与案例报告》，法律出版社 2005 年版，第 72 页。
② 蔡定剑主编：《监督与司法公正——研究与案例报告》，法律出版社 2005 年版，第 38 页。

二十三次会议通过了《中华人民共和国各级人民代表大会常务委员会监督法》（以下简称《监督法》），规定了各级人大常委会对人民法院及人民检察院广泛的监督权，具体包括听取人民法院和人民检察院专项工作报告、执法检查、规范性文件备案审查、询问和质询、特定问题调查、撤职案的审查和决定等。随着《监督法》的进一步实施，人大对司法机关的监督也进一步加强。

　　按照我国《监督法》及相关法律规定，人大对人民法院和人民检察院的监督方式也基本适用于人大对各级行政机关的监督。人大对各级行政机关的监督加强的表现之一是人大对政府工作报告的否决权。在国外，监督与审查政府工作是世界大多数国家宪法赋予议会的广泛的监督权力之一，而听取和审查政府的工作报告则被认为是议会监督政府的最重要的方式。如果政府的工作报告未获得议会的多数通过，则必然引发议员对政府的质询、政府官员的引咎辞职、议会对相关官员的罢免等相应的政治责任。我国宪法和人大组织法及监督法也明确规定了听取和审议政府工作报告是人大监督政府工作的手段之一。但多年来，人大对政府工作报告的审议基本上没有太多实质性的审查。但随着人大代表行使权力的意识不断提高，人大对政府工作报告的审议也由过去的"形式审查"逐步转变为"实质审查"，一些地方还出现了否决政府工作报告的实例。例如，《监督法》通过的当年，在 2006 年 10 月 24 日，郑州市人大否决了郑州市人民政府的工作报告。具体情况是：在当年郑州市十二届人大三次会议上，郑州市人大代表刘慕华联合 11 位代表，提出了《关于解决城乡弱势群体看病难、看病贵问题》的议案稿，该报告受到人大主席团的高度重视，并列为正式议案。在郑州市十二届人大常委会二十四次会议上，郑州市市政府有关负责人作了《〈关于解决城乡弱势群体看病难、看病贵问题〉代表议案办理情况的汇报》，结果常委们大多认为"报告太虚"，最终没能获得通过。① 虽然否决政府工作报告一般还没有引发后续的一系列政治责任问题，但其本身标志着人大"橡皮图章"时代的终结，人大权力机关的地位正在形成。

三、立法程序：从"一次性审议通过"到立法过程民主化

20 世纪 80 年代初，全国人大开始恢复重建，国务院及其所属各部门掌握着大部分法律的立法草案起草权与提审权，并且其提出的法律议案往往在还没有被委员们理解的情况下就被人大及其常委会在当次会议上表决通过。例如，1979 年五届全国人大二次会议一次就审议通过了七个法律草案。又如，1987 年的《全国人大常委会议事规则》规定，立法草案实行"两审制"的审议程序。为保证立法审议的质量，1998 年九届全国人大常委会将法律草案审议程序改为"三审制"，使得常委会成员有充分的时间对草案进行调查研究，使社会有关方面的意见能够得到充分反映。虽然规定了法律草案审议的"三审制"，但有些法律草案经过三次审议后也并不一定就交付表决通过。重要的、有争议的法律草案甚至通过四审、五审，个别法律草案，如物权法，先后经过八次审议才表决通过。由于全国人大常委会每两个月开一次会，这就意味着一个法律草案从第一次向常委会提出到表决通过，一般要经过半年多的时间。法律草案"三审制"的确立，从程序上保证了社会有关主体的各种意见得到充分的表达，反映了人大立法程序的民主化程度不断提高。

立法程序民主化的另一个表现，是立法程序的公开性与更多公众参与程度的提高。在 20 世纪 80 年代初期，全国人大审议的法律草案一般是不公开的，公众当然也无从看到法律草案，更谈不上公

---

① 江国华著：《宪法的形而下之学——生活中的宪法》，武汉大学出版社 2007 年版，第 261 页。

众表达意见和参与立法。1998 年之前，除了宪法外只有 5 部法律曾经向社会公开征求过意见。后来这一状况由于《立法法》的颁布而大有改观。《立法法》要求，凡是列入全国人大常务委员会会议议程的所有法律草案，都应当听取社会各方面的意见。听取意见可以采取论证会、座谈会、听证会等多种形式。到了 2008 年初，全国人大及其常务委员会共有 16 部法律已经公开征求过社会公众的意见。公开听取意见的形式也趋于多样化，如《婚姻法》在常委会审议时选择了向社会公开实况转播的方式；全国人大常委会还就修改《个人所得税法》、《文物保护法》等召开过立法论证会和听证会。与此同时，地方立法民主化的进程也有了较大的发展，全国特定级别的地方人大在制订地方性法规时大都举行了立法听证会，全国绝大部分的省级人大常委会都举行过有关立法方面的听证会，还有许多城市的立法采取了公开讨论草案并征求社会公众意见的方法。甚至有一些地方人大在制订立法规划时也采取了公开征求社会公众意见的方式。十一届全国人大常务委员会二次会议曾经决定，以后全国人大常委会审议法律草案一般都应当予以公开，以便于向社会广泛征求意见。法律草案向社会公开征求意见由以前的"特例"成为如今的"常态"，由此可以看出，我国立法民主化工作已经取得了巨大的进步。①

第三节　行政机关法律意识变迁

一、行政理念：从"行政法制"到"行政法治"

与执政党法律意识由人民民主法制意识向社会主义法制意识最终到社会主义法治意识的转变相适应，中国社会转型期行政机关的

---

① 蔡定剑、王晨光主编：《中国走向法治 30 年（1978～2008）》，社会科学文献出版社 2008 年版，第 48～49 页。

法律意识也经历了由"行政法制"向"行政法治"的转变过程。行政权是国家权力中最为活跃、涉及社会范围最广、对社会影响力最大的权力，行政法最为本质的功能在于控制行政权，依法行政理念的逐步确立正是控制行政权的必然结果。中国依法行政理念经历了由低级到高级、由形式行政法制到实质行政法治的发展过程。这个过程与整个国家现代化建设过程基本是同步的，具有鲜明的阶段性和时代性特征。

从改革开放之初到 1989 年《行政诉讼法》颁行之前，为依法行政理念的初步发展阶段。针对当时官僚主义现象严重和行政效率低下的问题，国务院根据中共中央的建议开始精简机构，改变了机构臃肿、人浮于事、效率低下的状况。同时，运用行政立法明确规定国务院和地方各级人民政府及其各部门以及各个行政机构内部各组织和工作人员的职权与职责，从行政组织法方面为依法行政奠定了基础。1984 年，社会主义经济是有计划商品经济理念的形成和城市经济体制改革的开展，对行政机关依法行政提出了更高的要求。1987 年，党的十三大报告明确提出了行政管理法制化的思想，并要求行政行为有法可依。同年召开的第一次全国政府法制工作会议正式提出了"政府法制"的概念。1988 年的中央政府工作报告指出，我国以宪法为基础的社会主义法律体系初步形成，国家的政治生活、经济活动和政府工作正逐步纳入法制轨道，无法可依的局面已经有了很大的改观。①

从 1989 年《行政诉讼法》的颁布到 1999 年国务院发布《关于全面推行依法行政的决定》之前，为依法行政理念的确立阶段。这一时期，社会主义市场经济体制逐步确立，其要求行政理念由管制行政理念向服务行政理念转变，对政府的行政行为提出了更高的要求。1989 年颁布的《行政诉讼法》是新中国第一部"民告官"

---

① 何勤华主编：《法治境界的探求》，上海人民出版社 2008 年版，第 81~82 页。

的法律，是推动行政机关依法行政的重要法律，其赋予了行政相对人对行政机关的监督权，使得民众有机会和行政机关平等地站在法庭上。1990年国务院发布的《行政复议条例》规范了行政复议行为，进一步为行政相对人监督行政机关提供了广阔的渠道。1994年的《国家赔偿法》对行政机关依法行政提出了更高的要求。在事后监督法律不断完善的同时，对行政机关行政行为事中、事前规范的法律也在不断完善，如1996年制订的《行政处罚法》，就对行政处罚的设定、实施及处罚程序都作了详细的规定；2000年的《立法法》，则从源头上保证了"良法之治"。随着依法治国，建设社会主义法治国家被写入宪法，政府的"法制观"也转变为"法治观"，依法行政理念也由"行政法制"走向了"行政法治"，"法制政府"也转变为"法治政府"。2004年3月，温家宝在十届全国人大二次会议上所作的政府工作报告中，第一次明确提出了建设"法治政府"的目标。之后，依法行政理念进入了全面的实施阶段。2004年3月22日，国务院在《关于全面推进依法行政的决定》的基础上，发布了《全面推进依法行政实施纲要》，对依法行政进行了全面部署。2008年，国务院发布了《关于加强市县政府依法行政的决定》，标志着依法行政从中央到地方的全面展开。

二、官民地位：从"民告官"到"官告民"

所谓的"民告官"案件，实际上就是行政诉讼的另外一种通俗的表达方式。行政诉讼是指公民、法人或其他组织在认为其合法权益被行政主体侵害的情况下，依法请求人民法院保护其合法权益的诉讼行为。1982年，五届全国人大常委会二十二次会议通过的《民事诉讼法（试行）》首次规定了人民法院可以按照民事诉讼程序审理法律规定的行政案件。1989年，七届全国人大二次会议通过了《行政诉讼法》，并于1990年10月1日起施行。至此，"民告官"制度在我国开始正式实施。《行政诉讼法》的实施对于树立平等的官民关系提出了巨大挑战。在行政领域，官民地位的不平等主要来源于如下两方面的阻力：

第一，行政法律关系的性质导致的不平等理念。与民事法律关系相比，行政法律关系具有特殊性。在行政法律关系中，一方是处于管理地位的国家行政机关，另一方是处于被管理地位的公民、法人或其他组织。为了追求行政效率，行政机关在行政法律关系中享有一系列的特权。行政行为具有公定力，相对人不经法定程序一般不能直接对抗行政权，因此行政机关及其工作人员在行政法律关系中处于优越的地位，这一地位极容易导致行政机关高高在上，把自己置于行政相对人之上。而行政相对人面对强大的国家组织，如果没有行政诉讼这一有力的途径，便永远不能和国家行政机关来抗衡。正因为如此，行政法曾经一度被认为是一种不平等的法，不平等观念在传统行政法中占有重要地位。

第二，传统官民地位对平等理念的阻力。我国是有着几千年封建专制的传统国家，封建法律意识深深地根植于人们的头脑之中。对于"民"来说，由于长期受官贵民贱、官尊民卑、等级名分、刑不上大夫、法不责上、官无悔判等封建残余思想的影响，逐渐形成了"屈死不告官"的思维定势，"民不告官"成了老百姓信奉的千古不变的律条，"民告官"被认为是以下犯上、大逆不道的行为。在法律实践中，我国虽然有着悠久的诉讼制度史，但其主要以刑事诉讼为主，民事诉讼次之，行政诉讼基本没有任何地位。历代的法律虽然没有明确禁止"民告官"，但法律却没有为"民告官"提供任何制度保障，再加上封建传统思想的影响，这就使得民告官难以实施。中华人民共和国成立初期，宪法虽然也规定民可告官，但由于种种原因，直到20世纪80年代也没有建立起真正规范化的"民告官"制度。对于"官"来说，由于受同样的传统思维的影响，一些官员认为告官的老百姓是"刁民"。由于受不平等观念的严重影响，一些行政机关普遍存在着不愿当被告、怕当被告的思想。有些行政官员认为当被告是不光彩的，是替公家受过，民告官会让政府没有威信。还有的行政官员不愿意在法庭上与原告平起平坐，认为自己的位置应该比原告高。更有甚者，出现了不提交答辩状、不出庭应诉、不接受传票、不履行败诉判决的情况。"官不理告"、"官不让告"、"告官不见官"的怪现象屡见不鲜。①

　　我国宪法虽然规定了法律面前人人平等的原则，但如果没有制度的保障，这项权利也只能是写在纸上的权利而已。《行政诉讼法》正是以法律制度的形式对平等权设立了制度保障，它把平等精神转化为具体的、可操作性的法律制度，以法律的强制手段促使官民关系平等化。行政诉讼制度强调个人与政府的平等，赋予个人和行政机关在法庭上平等对抗的权利，冲击着行政相对人厌讼、怕讼的心理，同时也冲击着行政官员官民不平等的传统观念。当然，行政诉讼对传统文化的冲击远不止是平等观念的转变，更重要的是其将对法治政府理念的形成具有全方位的促进作用。正是在强大的制度压力下，行政官员的平等法律意识有了很大的提高，这一进步可以从近来出现的"官告民"的案例中略见一斑。例如，2003年5月8日，深圳市中级人民法院正式开庭审理了一宗市政府状告企业的民事案件。深圳市市政府起诉深圳市国泰联合广场投资有限公司，请求法院判令对方交还联合广场 A 座 33A 整层 1828.11 平方米的房产，深圳市市长作为市政府的法定代表人成为该案的原告。② 根据现代行政法原理，政府的行为可以划分为行政行为和民事行为两大类，这是两类不同的法律关系。在民事法律关系中，政府不享有行政优先权。但在计划经济时代，政府统管一切社会事务，无所不能，根本没有必要借用司法的力量来解决纠纷。政府能够通过诉讼的手段来解决民事纠纷在我国具有进步意义，它不仅体现了行政权对司法权的尊重，更体现了政府已经拥有了官民关系平

　　① 沈传亮主编：《规制与良序：中国法治政府建设30年》，郑州大学出版社2008年版，第18~19页。

　　② 沈传亮主编：《规制与良序：中国法治政府建设30年》，郑州大学出版社2008年版，第22页。

等化的现代法治理念。

三、执法方式：从重实体、轻程序到实体与程序并重

中国的传统文化缺乏对法律程序的价值与功能的必要认识，一直存在着"重实体、轻程序"的偏见。时至今日，我国尚无统一的行政程序法典，也没有类似美国的"正当法律程序"条款，个人程序性权利在宪法中难以找到明确、直接的依据。事实上，在行政法律规范体系中，实体规范与程序规范的关系，实质上是内容与形式的关系，各自发挥着相互不可替代的功能。行政法律关系双方当事人的权利与义务，在实体规范与程序规范的分配上遵循着下列法则：在行政实体法律规范对双方当事人权利义务的分配中，行政主体的实体权利多，而相对实体义务少；行政相对人则实体义务多而相对实体权利少。在行政程序法律规范中对双方当事人权利义务的分配却恰恰相反，行政主体承担的程序性义务多，而享有的程序性权利少；行政相对人则享有尽可能多的程序权利，而较少承担程序性义务。行政法律规范就是在这样的法则支配下，精致地权衡、公允地分配着双方当事人之间的权利、义务，在实体权利义务与程序权利义务的统一中最终兑现了法的平等。① 对程序的漠视终将导致实体权利义务关系的紊乱。缺乏必要的程序保障机制，必然导致行政相对人实体权利的实现受到极大的限制。

随着法治政府建设的进一步发展，对行政程序的价值与功能的认识也逐步加深，对程序的法制建设也取得了一定的成绩，在具体行政行为和抽象行政行为方面都已经做到了有法可依，统一行政程序法的制订条件也基本成熟。目前，由于我国还没有制订统一的行政程序法，所以有关行政程序的规定散见于法律、法规以及行政规章之中。在具体行政行为的程序立法方面，1996年的《行政处罚

---

① 朱维究：《对我国行政法法典化的思考——兼论行政法实体规范与程序规范的统一》，载《中国行政管理》2001年第4期。

法》首次对行政处罚的简易程序和一般程序进行了规定，而且还设定了听证制度，第一次明确规定了违反基本程序规则的行政行为不能成立。《行政许可法》在行政程序的公开性和透明度上有了较大的突破，首次规定了公众有查阅行政机关监督检查记录的权利，首次通过法律规定了电子政务以及行政文件的公示制度，首次规定了行政机关主动实施的、面向公众的听证制度。2004 年 4 月国务院发布的《全面推进依法行政实施纲要》，将"程序正当"确定为依法行政、建设法治政府的基本要求之一。为了打造阳光政府，国务院于 2007 年 4 月颁布了《信息公开条例》，对政府信息公开的范围和程序进行了规定。《行政监察法》、《公务员法》对内部行政行为的程序作了相应的规定；《信访条例》完善了行政信访的程序，对信访案件初次办理制度、复查制度和复核制度的三级审查程序进行了规范。有些地方在国家统一的行政程序法出台之前制订了适用于本地方的行政程序规章，如 2008 年 4 月 9 日湖南省政府发布了《行政程序规定》，对湖南省行政行为的程序进行了统一规范。还有一些地方对某些特殊的行政行为作了规范，如浙江省政府发布的《浙江省固体废物污染环境防治条例》，对危险物品的处理程序作出了比较详细的规定。在抽象行政行为的程序立法方面，2000 年全国人大颁布的《立法法》确立了行政法规和行政规章的立法程序；2001 年国务院制订了《行政法规制定程序条例》以及《规章制定程序条例》，确立了行政立法的主要程序，包括立项、起草、征求意见、审查、讨论决定、签署公布、备案等。

行政程序法是在行政程序法律意识的指导下制订的，其本身就是我国行政程序法律意识进一步发展的产物，行政程序法一经制订反过来又成为约束行政机关的利器，其促使行政机关及其工作人员的程序法律意识不断提高，使我国长期形成的"重实体、轻程序"的偏见初步得到了改变。特别是在行政机关由于其行政程序的瑕疵而被法院判决败诉的情况下，这种改变尤为显著。

第四节　司法机关法律意识变迁

一、价值理念：从专政工具到民权保障

"在司法结构的各个构成要素中，价值不仅承担着为其他要素提供意义的功能；而且它的社会化程度还影响甚至决定着制度、机构、角色的实际存在和运行状态。"① 因此，司法的价值理念决定着司法的审判方式、职业定位以及对正义的追求程度等一系列关乎司法功能是否实现以及如何实现的问题。

司法专政工具论认为，司法是国家制度和国家机构的重要部分，是国家对社会进行统治的工具，而国家又是阶级压迫的工具，因此司法就是进行阶级统治和实现阶级意志的工具，是无产阶级对资产阶级进行阶级斗争的"刀把子"，司法的终极价值是维护阶级统治和镇压敌对阶级的反抗。

从新中国成立到 20 世纪 90 年代中期，司法专政工具论以及形象地表征阶级专政性质的"刀把子"一词，经常出现在司法文件及党和国家领导人的讲话中。1950 年 7 月，董必武在第一届全国司法工作会议的讲话中曾经指出："当我们在跟反革命作武装斗争的时候，当然武装是第一位，在革命胜利的初期，武装也还有很大的重要性。可是社会一经脱离了战争的影响，那么，司法工作和公安工作，就成为人民国家手中对付反革命，维持社会秩序最重要的工具。"② 1979 年 10 月，彭真在《实现四化一定要有一个生动活泼、安定团结的政治局面》的讲话中也曾指出："公、检、法机关是无产阶级专政的武器，是党和人民的刀把子，根本任务是打击敌

---

① 程竹汝著：《司法改革与政治发展》，中国社会科学出版社 2001 年版，第 152 页。

② 《董必武法学文集》，法律出版社 2001 年版，第 38 页。

人，保护人民。"①

司法工具主义功能观具有如下特点：② 首先，在法律规定的内容上具有片面性。司法维护的重心是国家权力和权威，而不是普通公民权利的有效实现。其强调的是法律的遵守和法律义务性的一面，重视刑法的贯彻而忽视行政法与民商法的建设与贯彻实施。其次，司法的地位具有依附性。工具主义的司法功能观一直把司法权看做一种辅助性权力，处处服从于其他权力或意志的支配，司法丧失了自主性力量与独立的品质，因此也丧失了对其他国家权力进行制约的能力，甚至还成为了其他权力的玩物。再次，司法的功能具有片面性和单一性。司法工具主义轻视司法功能的全面发展，专注司法的镇压与制裁功能。其认为出于阶级斗争的需要，可以否定司法程序的必要性，可以非法取证、刑讯逼供、有罪推定，在"形势需要"时，还可抛弃司法过程，直接实行"群众专政"。这就使得司法的制裁与镇压功能不断被强化，而法律的教育功能、调节功能、抑制功能、保护功能、组织功能等得不到很好的发挥。最后，司法的功能具有消极性。司法工具主义注重司法的消极功能，即对受到损害的关系和秩序进行事后的补救，而忽视司法的积极作用。司法在促进政治经济与社会发展、引导社会进步、协调社会矛盾等方面的功能未能获得全面的开发，法律对国家公共政策的形成也显得无能为力。

司法专政工具论的形成既有历史的原因也有现实的原因，既有政治的原因也有经济的原因。从历史上来看，在中国古代，"法即刑"的观点延续了两千多年，整个封建社会法律体系重刑轻民，刑事法律一直占据支配性地位，司法则是执行国家刑事法律的代名

---

① 彭真著：《论新时期的社会主义民主与法制建设》，中央文献出版社1989年版，第34页。

② 蒋人文、黄竹胜：《司法工具主义功能观剖析》，载《广西大学学报（哲学社会科学版）》2002年第6期。

词。司法的主要功能在于维护封建专制的统治，防止"犯上作乱"。司法工具主义的定位直接催生了司法工具主义的形成。

从现实的政治原因来看，工具主义法律观的形成与新中国政权的取得方式和中国共产党人对法律的理解有着密切的联系。新中国的建立是通过长期的武装斗争取得的。在革命斗争的过程中，中国共产党人对国民党政府和旧的司法制度的反动性有着深刻的认识。在他们看来，国民党政府的法律不过是其镇压革命的暴力工具，因此砸烂旧政权必然要摧毁一切维护反动利益的旧司法制度。这种观点与从苏联传入的、并在国内经过改造的法律工具主义理论不谋而合。在这样的法律认识的支配下，整个社会逐渐形成了一种司法工具论的心理。另外，新中国成立之初，司法作为新政权的有机组成部分，承担着用法律来维护新政权的使命，因此司法的首要任务就被确定为镇压国内外一切破坏社会主义建设和反革命分子的刑事犯罪分子，这使得司法工具主义倾向进一步加深。

从经济原因来说，经济因素从两个方面推动并促成了司法工具主义功能观的形成。一方面，在新中国成立后很长一段时期内，我国实行的计划经济体制是以行政权为核心的，行政命令成为组织经济活动的最主要的手段，于是司法介入的必要性和可行性就被大大地削弱了，司法在经济生活领域就几乎失去了发挥作用的社会基础和政治条件。另一方面，在计划经济体制下，社会生活达到了高度的统一，从一般的家庭生活到单位的社会生活基本都受到了组织的严格控制，个体的利益被国家利益和集体利益所吸收，因而发生矛盾纠纷的可能性也就很小，需要司法介入的可能性也就随之变小，这就使得司法在调整社会生活方面的功能变得日益萎缩。①

随着改革开放的不断深入以及市场经济的日益发展和民主政治的不断进步，中国的司法价值理念正在发生着很大的变化。变化的

---

① 蒋人文、黄竹胜：《司法工具主义功能观剖析》，载《广西大学学报（哲学社会科学版）》2002年第6期。

总体趋势是，由专政工具向民权保障的方向发展。这种变化从 20 世纪 80 年代就已经初见端倪，[①] 具体变化表现为如下三个方面：[②] 首先，在官方所公布的文件中逐步把司法与人权保障联系起来。例如，1991 年国务院在对外公布的《中国的人权状况白皮书》中使用了"司法中的人权保障"的措辞，首次将司法与人权联系起来。而后在《1996 年中国人权事业的进展》中使用了"人权的司法保障"。其次，司法正义成为官方、学界、社会各界一致认同的社会价值。中共十五大报告提出了要推进司法改革，从制度上保证司法机关公正、独立地行使检察权和审判权的改革纲要。十七大报告也明确提出：社会主义法治国家应该以维护社会公平、正义为价值目标。在构建社会主义和谐社会的过程中，人民法院的主要职责就是化解社会矛盾纠纷，维护社会繁荣稳定，促进社会和谐，保障经济发展，实现公平正义。再次，为了实现和体现司法的正义，一些司法符号也悄然发生了相应的变化。例如，法官的制服取消了以肩章和大檐帽为特征的军官式服装款式，代之以法官袍和西服佩戴胸徽的制服款式。中国法官制服的变化在一定意义上反映了司法理念的变革与更新。

二、审判方式：从职权主义趋向当事人主义

所谓审判方式，是指因法官和当事人在诉讼活动中所处的地位

[①] 例如，1983 年初，原华东政法学院院长徐盼秋教授在一次座谈会上说道：人们往往把政法部门说成是"刀把子"，这在过去是正确的，现在阶级关系发生了根本变化，今天政法部门虽然还有"刀把子"的作用，但政法部门还有保护人民民主权利等方面的任务。因此，简单地用"刀把子"来概括政法部门的整体功能是不够的，也是不科学的。参见刘风景：《"刀把子"的隐喻学阐释——分析人民法院性质与职能的新进路》，载《清华法学》2008 年第 1 期。

[②] 程竹汝著：《司法改革与政治发展》，中国社会科学出版社 2001 年版，第 162~163 页。

和发挥的作用不同而形成的审判案件的方法和形式。① 目前，两大法系分别采取两种不同的审判方式，即大陆法系的职权主义审判方式和英美法系的当事人主义审判方式。职权主义的审判方式是指法官在诉讼与审判过程中起主导作用的审判方式，而与之相对应的当事人主义审判方式则是指当事人在诉讼与审判的过程中起主导作用的审判方式。具体来说，职权主义与当事人主义审判方式区别如下：

首先，诉讼活动的推进主体不同。在职权主义模式中，法官是诉讼活动推进的主要主体，在诉讼中起主导作用。法官负责事实的查明与证据的调查，且不受当事人提供的材料的限制。法官负责讯问证人，一方当事人对另一方当事人的讯问也必须得到法官的允许。而在当事人主义模式中，诉讼程序的启动靠当事人来推动，法官不能主动依职权启动和推进诉讼程序。法官裁判所依据的证据也只能依赖当事人，法院或法官在诉讼中持"中立"态度，处于超然的第三者地位。

其次，对正义追求的态度不同。司法对正义的追求总体而言可以包括实体正义与程序正义两方面，职权主义对正义的追求侧重于实体正义，而当事人主义对正义的追求侧重于程序正义。

再次，庭审方式不同。职权主义为了达到对实体正义的追求，往往采用究问、讯问或审问式的方式，而当事人主义则注重程序的对抗性，主要采用对抗式审判方式。

最后，当事人的意识自治程度不同。在职权主义审判方式中，一旦案件进入诉讼阶段，当事人对自己实体权利的主张或放弃会受到法官较大程度的干预，而在当事人主义审判方式中，当事人享有较大的意识自治权利，法官对当事人主张或放弃权利一般不予干预。职权主义与当事人主义审判方式各有利弊，在当今世界，两种

---

① 景汉朝著：《中国司法改革策论》，中国检察出版社 2002 年版，第103 页。

审判方式并非泾渭分明，且出现了由分野走向融合的趋势。

新中国成立之后，我国采取了职权主义的审判方式，这与我国的传统法律文化背景与经济体制具有重大联系。我国的传统诉讼方式以刑事诉讼为主，民事诉讼也采取刑事诉讼的审判方式。而彼时的刑事诉讼程序以司法者究问和刑讯逼供的方式为主要特点，司法者在诉讼中处于主导地位，因而至清末变法修律时，我国接受了大陆法系的职权主义诉讼模式。新中国成立以后，又因借鉴苏联的立法经验而采纳了职权主义。在经济体制上，我国在社会主义改造完成以后，建立了高度集中的计划经济管理体制，司法也完全按照行政的模式管理和运作，从而在原有大陆法系职权主义的基础上形成了一种超职权主义的诉讼模式。其主要特点表现在：强化国家对民事关系的干预、法官包揽了证据调查和收集工作、当事人在诉讼中完全处于消极的受审判的地位、公开审判流于形式或者干脆不公开审理、在审理过程中主要采用法官的询问式等。①

20 世纪 90 年代以来，我国的司法改革在不断地进行之中，审判方式也在职权主义审判方式的基础上逐步吸纳了当事人主义的合理内涵。改革的直接原因来自于社会转型期司法腐败与司法不公的日趋严重，更深层次的原因来自于司法难以满足中国改革开放以来社会对司法使命的需求。从国内现状来看，社会转型以来，市场经济的快速发展要求司法维护与之相应的经济秩序，社会变革所引发的社会矛盾和冲突都直接或间接地等待司法来解决；随着公民权利意识的不断增强，社会也对司法寄予更多的期待。从国际环境来看，中国加入世界贸易组织并加入了以《经济、社会和文化权利国际公约》为代表的多个国际人权公约，从而对司法工作提出了许多新要求。而中国司法机构在国家权力体系以及在社会的权威体

---

① 王利明著：《司法改革研究》，法律出版社 2001 年版，第 324~325 页。

系中所处的地位和司法固有的缺陷难以承载这样的使命。①

我国对当事人主义审判模式的吸收，主要表现在以下几个方面：

首先，在审前程序的审查方面，由实体性审查转变为程序性审查。为了提高诉讼的效率性和正义性，世界各国都在探索如何通过诉讼前置程序，在当事人主义与职权主义审理模式之间寻求一个最佳契合点。我国法院在过去形成了过多介入审前活动的习惯做法，使法官先入为主，导致了庭审形式化的弊端。为了体现当事人的主导地位，人民法院实行了改革，变庭审前的实体审查为形式审查。这样既能防止当事人拖延诉讼而导致诉讼成本过高，又能保证程序正义目的的实现。

其次，在举证责任方面，由当事人与法院共同举证转变为主要由当事人举证。1993 年修改《民事诉讼法》时对于证据制度的规定已经趋向于职权主义。该法第 64 条第 1 款规定："当事人对自己提出的主张，有责任提供证据。"从而强化了当事人的举证责任。同时，其在另一方面又弱化了法院主动调查与收集证据的职权。根据该法第 64 条第 2 款的规定，法院只有在当事人及其诉讼代理人因客观原因不能自行收集证据或人民法院认为审理案件需要某证据时，才能依职权对相关证据进行收集。我国现行的《行政诉讼法》第 32 条也规定："被告对作出的具体行政行为负有举证责任，应当提供作出该具体行政行为的证据和所依据的规范性文件。"

再次，在庭审程序上，由询问式向对抗式转化。在我国原有的审判模式中，法官主导案件审理的全过程，以调查案件事实为己任，并主动对证据进行调查，当事人在法庭上处于被动的地位。在改革后的庭审过程中，举证、质证成为了审理活动的中心环节，一

---

① 熊秋红：《中国司法改革 30 年》，载中国社会科学院法学研究所编：《中国法治 30 年：1978～2008》，社会科学文献出版社 2008 年版，第 200～201 页。

切靠证据说话。法院根据"谁主张谁举证"的原则，要求一切证据举在法庭上，一切道理讲在法庭上，调动了当事人诉讼参与的积极性，减弱了法官在诉讼活动中的主导地位，尽量做到法官保持"中立"。例如，在刑事诉讼庭审过程中，公诉人在宣读起诉书后，直接进入公诉人与被告人的诉讼对抗，法官只在控辩双方进行讯问、询问后进行补充性发问，一改过去由控方和法官共同审理被告的现象。

最后，在当事人的意志上，更加注重当事人的意思自治。在民事诉讼中，根据新的《民事诉讼法》的规定，只要当事人的处分行为不直接明显违反法律的规定，就应该确认其效力。在二审程序的范围上更加尊重上诉请求人的意志，变全面审查为对有关事实及适用法律进行审查。调解更加强调自愿原则，对调解不成的，法院应及时作出判决。在财产保全、先予执行和执行等程序的发生上，更加强调了当事人申请的作用。在行政诉讼中，行政诉讼不适用调解的原则在司法实践中也日益受到挑战。

三、公正追求：从实体公正到程序公正

追求司法公正是司法永恒的主体。正确地理解司法公正是法官公正审判案件的前提之一。司法公正包括实体公正与程序公正两个方面。实体公正，是指法院的判决在认定事实和适用法律两方面都是正确的；程序公正，是指法院司法程序必须公开、民主、正义，对当事人诉讼权利进行平等保护并充分体现诉讼效率的原则，整个诉讼过程依照诉讼法规定的程序进行。实体公正与程序公正是密切联系在一起的，司法公正是实体公正与程序公正的有机统一。公正的程序是实体公正的保障，同时程序公正也有其独立的价值，绝对的实体公正是不存在的。

我国传统法律以维护封建帝王的统治为目的，漠视当事人的诉讼权利，法律工具主义盛行、重实体轻程序成为其主要特征。新中国成立后废除了国民党的《六法全书》，但由于种种原因长期没有

建立完备的诉讼法。直到改革开放之后，我国的《刑事诉讼法》、《民事诉讼法》以及《行政诉讼法》才逐步建立并日益完备起来。但是法官的程序法律意识并不是一下子就会建立起来的。在现实的审判实践中，忽视程序的价值、对实体公正进行无止境追求的现象还时常发生。例如，公、检、法的联合办案，法院判决既判力的缺失、审判监督程序的无休止提起、结案期限的超越、当事人诉讼权利的被漠视等，都是轻视程序法、偏爱实体法的具体表现。由于对程序法的轻视，导致了许多冤假错案的发生。①

随着改革开放的不断深入以及政治文明的不断提高，程序法在我国受到了日益广泛的重视。从改革开放之初的诉讼法缺失，到1991 年《民事诉讼法》对 1982 年《民事诉讼法（试行）》的代替；从《行政诉讼法》从属于《民事诉讼法》，到独立的《行政诉讼法》的颁布，无不体现了我国对程序法的重视。随着对程序法的日益重视，法院对公正的追求也从追求实体公正向实体与程序并重的方向发展。这一点可以通过我国现行的《刑事诉讼法》很好地体现出来。②

----

① 例如，佘祥林案件：1994 年 4 月 11 日，湖北省京山县雁门口镇吕冲村堰塘发现一具无名女尸。县公安局经过法医鉴定，认定死者为张在玉，其丈夫佘祥林有故意杀人嫌疑。同年 10 月，佘祥林被原荆州地区中级人民法院一审判处死刑。佘祥林不服提起上诉后，湖北省高院认为此案疑点重重，发回重审。1998 年 6 月 15 日，经市、县两级政法委协调，京山县人民法院以故意杀人罪判处佘祥林有期徒刑 15 年。1998 年 9 月 22 日，荆门市中级法院作出维持原判的终审判决，并于 1998 年 10 月 10 日交付执行。2005 年 3 月 28 日，"被杀"的张在玉突然返回家乡，此时佘祥林已服刑 11 年。无辜蒙冤坐了 11 年大狱的佘祥林，终以"死妻复活"再现证明了自己的清白，所负故意杀人罪出现重大逆转，依法变更强制措施，于 2005 年 4 月 1 日被京山县人民法院押回重审。2005 年 4 月 13 日，法院经过重新审判，判决佘祥林无罪。

② 薛贵滨：《关于我国刑事诉讼程序正义的探讨》，载《漳州师范学院学报（哲学社会科学版）》2000 年第 3 期。

首先，《刑事诉讼法》确立了无罪推定原则。无罪推定，是指刑事诉讼中的被告人在未经人民法院判决宣告以前，应当一律被推定为无罪的人。我国《刑事诉讼法》第 12 条规定："未经人民法院依法判决，对任何人都不得确定有罪。"为贯彻无罪推定原则，修改后的《刑事诉讼法》作了如下的规定：第一，在检察机关决定向人民法院提起公诉以前，对原《刑事诉讼法》中被告人的称谓统一称为"犯罪嫌疑人"；第二，人民法院的定罪量刑必须以事实为根据，检察机关一方对被告人是否有罪负有举证责任，被告人不负有证明自己无罪的义务，不能因为被告人不能举出证据证明其无罪，就推定被告人有罪；第三，如果证据不足，不能证明或认定被告人有罪的，人民法院就必须作出证据不足、指控的犯罪不能成立的无罪判决。我国《刑事诉讼法》实行的无罪推定原则对确保无罪的人不受刑事追究，避免出现冤假错案具有非常重要的现实意义。无罪推定原则同时也使得现代刑事诉讼所规定的控审分离制度有了实际意义，其从程序上保证并体现了刑事诉讼的正当性。

其次，《刑事诉讼法》赋予了被告人辩护权。新《刑事诉讼法》就被告人的辩护权方面对原《刑事诉讼法》作了进一步的修改。新《刑事诉讼法》第 96 条规定犯罪嫌疑人可以聘请律师，而且把聘请辩护律师参与刑事诉讼的时间大大提前了，由原《刑事诉讼法》规定的开庭审判前七日提前到了侦查阶段。与此同时，新《刑事诉讼法》第 33 条还规定在公诉案件中，犯罪嫌疑人自案件移送审查起诉之日起就可以有权委托辩护人，而自诉案件的被告人随时有权委托辩护人。为了加强保障刑事被告人的权利，新《刑事诉讼法》还第一次在立法上设立了刑事法律援助制度。另外，被告人还享有《刑事诉讼法》所赋予的防御性权利保障，如有权拒绝回答侦查人员提出的与本案无关的问题、有权使用本民族语言文字进行诉讼、有权向法庭作最后陈述等。这些具体规定对确保当事人的主体地位和人格尊严具有重要意义，其突出了程序的正确性、正当性及合法性。

再次，《刑事诉讼法》加强了对被害人的权利保障。被害人在原《刑事诉讼法》中处于诉讼参与人的地位，新《刑事诉讼法》把被害人提升到了诉讼当事人的地位。犯罪涉及犯罪人、被害人与社会等多方的利益，如果刑事诉讼忽视了被害人的利益，势必会造成被害人及其他社会成员对刑事司法制度的不信任，贬损司法机关的威信，也不利于打击犯罪、查明案情，保护被害人的合法权利。新《刑事诉讼法》除了赋予被害人同被告人、犯罪嫌疑人相同的诉讼权利外，还赋予了被害人以下的权利：公诉案件的被害人及其法定代理人或者近亲属有权利从案件移送审查起诉之日起委托诉讼代理人；对于公安机关、检察机关作出的不予立案决定，被害人可向作出决定的司法机关申请复议。对人民检察院作出免予起诉、不起诉的决定，被害人如果不服可在法定期限内向作出决定的司法机关申诉；被害人如果对地方各级法院的未生效判决、裁定不服，则有权请求人民检察院提起抗诉。我国新《刑事诉讼法》加强对被害人的诉讼程序保障，不仅提高了被害人在刑事诉讼中的地位，而且还有利于被害人充分参与诉讼程序，提高控辩双方的职能，也有利于在追求实质正义的同时凸显程序正义的特有价值。

最后，《刑事诉讼法》提高了公开审判的力度。新《刑事诉讼法》第11条明确规定："人民法院审判案件，除本法另有规定的以外，一律公开进行。"公开审判允许公众旁听和新闻媒体报道，将法院的审判行为置于社会公众的有力监督之下，提高了刑事诉讼的民主参与程度，同时也增强了司法的公开透明度，体现了程序的公正。与此相适应，新《刑事诉讼法》对审判方式进行了重大改革。首先，就庭审前的审查程序进行了改革，要求庭审前的审查应当以实质性审查为辅，程序性审查为主。这种主次易位的改革，目的就是充分发挥审判的作用，避免法官先入为主的不合理程序，保证案件依法正确处理。其次，新《刑事诉讼法》赋予了合议庭独立审判的权力。只有在遇到难以作出决定的重大、疑难、复杂的案件时，才可以由合议庭提请本院院长决定提交审判委员会决定讨论。再次，新《刑事诉讼法》还吸收了英美普通法系当事人主义的合理内涵，增强了控辩双方的抗辩性，大大提升了刑事诉讼的民主性和透明度。此外，新《刑事诉讼法》还规定禁止非法羁押犯罪嫌疑人；禁止刑讯逼供；提高了辩护律师在法庭中的地位；增加了适用简易程序的适用条件；明确了一审、二审期限以及羁押的期限限制等。新《刑事诉讼法》所增加的这些具体诉讼程序规定，不仅具有保障实体公正的价值，而且其本身也体现了程序正义的内在价值，以保证那些可能受裁判结果影响的人受到公正的对待，维护他们的合法权益，使其人格尊严得到国家的尊重。

第五节　社会法律意识变迁

对法律意识变迁的考查从法律意识概念的维度看，必须具备三个条件：一是要有一定分析的理论抽象性；二是要有供调查需要的可操作性；三是要有涵盖意识内容的全面性。[①] 根据以上要求，对社会法律意识的变迁需要从法律认知、法律遵守、法律运用、法律关注以及法律评价等具体的维度来进行考查。

一、法律认知：由片面到全面

"法律认知是指认识主体对法律和法律现象的了解、知晓、熟悉和掌握的主观状态。"[②] 法律认知是法律意识形成的基础与前提，没有对法律的基本认知就很难对法律问题和非法律问题进行正确的区分，也很难形成对法律的情感与信任，更不可能形成对法律的信仰。某一特定主体法律认知状况直接决定了其法律意识水平的高

[①]　孙育玮：《论市民法律意识》，载《上海市政法管理干部学院学报》2002 年第 1 期。

[②]　孙育玮等著：《都市法治文化与市民法律素质研究》，法律出版社2007 年版，第 143～144 页。

低，进而决定了主体对法律的运用与自觉遵守的状况。

从 1949 年新中国成立到改革开放之前，新中国法制建设进展缓慢，在制定法方面，除了有宪法以及一些单行法规之外，国家甚至没有统一的民法典、刑法典。宪法的作用类似于政治宣言，与现实生活没有太多联系。国家的重大行为几乎都是在党的方针政策的直接指导下进行的，政策之类的"红头文件"除了具体的指挥实施者之外，一般不为外界所了解。在传统法律文化占主导地位的中国社会，法律对社会主体来说基本属于陌生的领域，法即是刑的观念普遍盛行。法律认知主要以国家的制定法为主要内容和认识对象，既然法律被政策所代替，国家的制定法几乎处于空白状态，那么社会主体对法律的认识就失去了认识客体。因此，可以说社会转型前社会主体的法律知识几乎处于空白状态。

十一届三中全会以来，我国的法制建设逐步走上了正常的发展轨道。经过 30 多年的法制建设，我国已经逐步形成了以宪法为中心，以行政法、民商法、经济法、社会法、刑法、诉讼法等部门法为辅助的门类齐全的法律体系。法律体系的日益完备为社会主体获取法律知识提供了认识对象。当然，众多的法律规范要转化为社会主体的法律知识，还必须具备其他一些必备的条件，如社会主体掌握法律知识的能力；法律对主体是否有用；国家对法律知识普及的重视程度等。社会转型期中国政治、经济、文化的大力发展为社会主体掌握法律知识提供了良好的外部环境；法律部门的完备为掌握法律知识提供了认识客体；政治、经济的发展为法律知识的需求提供了内在动力；信息时代的发展为掌握法律知识提供了便利条件和接受法律知识的广阔途径；国家推行的大规模普法教育为掌握法律知识提供了外在动力。这一切都促成了社会主体的法律认知由改革开放前的片面认知向全面认知发展。当然，由于社会政治、经济发展的不平衡性、可用社会规范的多寡不同、各部门法与现实生活联系的程度不同、普法教育的重视程度不同、性别年龄不同等原因，社会主体法律知识的多少也具有很大的差异性，法律知识的结构也具有不同程度的片面性。但就总体而言，社会主体的法律认知趋向于全面发展。

据 2001 年 11 月至 12 月上海市民法律意识的调查结果显示，大部分市民（73％）认为他们对法律知识的了解程度是"知道一些"，大约有 4.8％的市民认为自己"知道很多"法律知识，7.8％的市民认为自己"知道很少"或"几乎不知道"法律知识。上海市民了解法律知识的主要途径，包括书报杂志、电视广播、普法教育、学习等多种形式，其中大约有 50％的市民了解法律知识主要是通过广播电视。在调查问卷没有任何提示的情况下，被调查者能够说出许多法律的名称，如宪法、刑法、婚姻法、劳动法、诉讼法、民法、交通法、合同法、经济法、青少年保护条例、行政法、消费者权益保护法等。①

大学生的法律认知状况也有了很大的提高。从调查的总体情况来看，大学生的法律知识日益丰富，但大学生的法律认知状况并不像人们所想象的那样令人满意。2008 年江西省南昌市各高校的大学生的调查结果表明，大学生虽然对法律基础知识有一定了解，但掌握得还不够全面和牢固。大约有 70％的大学生能答对宪法、刑法、刑事诉讼、民事诉讼等方面的常识性问题，但对法理学、知识产权法、国际法、民法、仲裁法、行政法等方面的法律规定则比较生疏。② 由此可见，大学生法律知识结构还需要进一步均衡发展。

另外，大学生法律知识的掌握程度还与学科、地域等因素有关。有调查显示，文科大学生的法律知识掌握情况普遍高于理工科；东部地区大学生的法律意知识掌握状况要好于西部地区；学过法律基础课的大学生的法律意识要高于没有学过法律基础课的大学

---

① 孙育玮等著：《都市法治文化与市民法律素质研究》，法律出版社 2007 年版，第 205～206 页。

② 谢山河、黄章华：《关于当代大学生法律意识的调查分析》，载《教育学术月刊》2008 年第 7 期。

生。近年来，由于大学生不知法而犯法的案件也时有发生，如
2005年，海南省某高校二年级学生陈文云在无法筹措学费的情况
下，绑架了临近小学一名三年级的学生，并向其父母索要5万元赎
金。在案件侦破后，陈文云被缉捕归案。然而，当公安机关抓捕到
陈文云后，他的第一句话竟然是："你们抓我，这让我很没面子。"
而当公安机关预审陈文云时，他的答复竟是："你们快问，下午还
要去上课。"① 显然，该大学生对刑法中的重罪——绑架罪，几乎
一无所知。另据2005年致公党对北京市某人民法院审理的100多
个大学生犯罪案例进行调查分析的结果显示：在被调查的百例案件
中，大多数犯罪大学生不仅不了解自己应当履行的义务，尊重别人
的法定权利，而且有些大学生甚至还不知道一旦侵犯了他人的合法
权利，还要承担相应的法律责任的基本法律常识。②

　　农民也已经基本具备了掌握法律认知的能力。某种法律一旦成
为需要，就会很快被农民所掌握。我们不能想当然地认为农民的法
律认知水平是很低的，下面一则案例就很好地证明了这一点。

　　2000年，重庆市高新区人和镇被划定为北部新区的开发用地。
根据1999年所颁布的《重庆市征地补偿安置办法》，即重庆市人
民政府第55号令，其中第24条、第25条的有关规定：被拆迁范
围内的农民，一对夫妻只能分到一套住房；但如果是离了婚的单立
户，就可以多得到一套住房，并且是以优惠价格购买；但如果配偶
有重庆9区12县的城镇户口而且无住房的，就可以申请多分配一
间房。也就是说，如果被拆迁安置的农民离婚后再找个城里的人结
婚，所分配的房子可以从一室一厅增加到两室一厅。有了政府的补
偿安置规章依据，再加上新的《婚姻法》简化了离婚和结婚的手

---

① 张立兴、鲁昕：《大学生法律素质的调查与思考》，载《思想政治教育研究》2005年第2期。

② 聂杜娟：《大学生法律意识现状及培养路径探析》，载《黑龙江高教研究》2009年第4期。

续，于是人和镇的许多农民选择了离婚，并且离婚后又找符合"条件"的城里人再婚，从而想多分一套房子。据统计，2005年人和镇总共有1795对夫妻登记了离婚，同期又有732对夫妇登记了再婚。再婚、离婚的人涵盖了各个年龄阶段的夫妻，包括20多岁的年轻人和90多岁的老人。人们互相祝贺离婚，使婚姻登记场所呈现出了"喜庆气氛"。之后，由于重庆市高新区管委会报经上级主管部门批准，取消了再婚增购房屋安置优惠价，把再婚增购房的价格调整为由市场支配，导致了很多假借离婚及再婚期盼多分房的农民的希望化为泡影；而且还有一些本想离婚又再婚的夫妻"假戏真做"，拒绝与原来的配偶"复婚"，进而导致了一些本不该发生的悲剧，如有的被抛弃的原配偶杀人后又自杀。[①]

在该案例中，部分农民熟练地钻了法律的空子，采取假离婚的手段来获取更大的利益。尽管后来由于政策的变化使农民的目的没有达到，但其充分说明了农民对涉及自己利益的国家法律、法规的熟知程度。

二、法律遵守：由被动到主动

法律的遵守是法律意识的重要组成部分，是研究法律意识的实践基础，是法律认知的逻辑发展，同时也是社会主体法律意识是否成熟的标志之一。由于社会主义法律在本质上是广大人民根本利益的反映，与人民利益具有高度的一致性，因此，随着人们法律认知水平的不断提高，对权利义务关系的正确理解、对法律本质认识的不断加强、对法律的遵守也逐步由被动转向主动。

据调查，上海市民认为遵守法律的主要原因是履行作为公民的义务和保护自己的合法权利。被调查对象认为最值得大家遵守的法

---

① 曹筠武：《集体离婚》，载《南方周末》2006年5月25日。转引自魏小强：《当代农民法律意识现状语境分析》，载《江苏警官学院学报》2006年第5期。

律首先是符合人民意志的法律（占 79.1%），其次是对自己有好处的法律（占 10.5%），再次是与国际社会接轨的法律（占 9.7%）。对于遵守国家法律一般会吃点亏的观点，大多数人（占 78.5%）完全不赞成或不太赞成，少数人（占 13.2%）则比较赞成或非常赞成。对于遵守国家法律是墨守成规或者是没有开拓精神的观点，大多数人（占 84.8%）完全不赞成或不太赞成，少数人（占 8%）则比较赞成或非常赞成。对于不适应新形势的不良法律在其修改之前是否还应当被遵守的问题，大多数人（占 75.6%）认为应当遵守，因为这有利于树立法律的权威，有利于进一步推动法治的进步；少数人（占 5.1%）则认为不应当遵守，因为这会阻碍改革的进程，束缚人们的手脚；还有的人（占 16.9%）认为要看具体情况而定。当亲友犯罪时，有的人（占 88%）认为最好的做法是劝其归案自首，有的人（占 4.4%）认为最好的做法应该是假装不知道。①

2007 年湖北省黄石市社区市民法律意识现状调查结果显示：在问及"当法律和自身的利益发生冲突时"选择遵守法律的占 60%，选择自身利益的占 25%，选择其他的占 15%。在守法的原因方面，自愿去接受法律和维护法律的占 55%，不遵守法律可能会受到处罚的占 45%。②

通过以上调查结果可以看出，经过多年法治建设的努力，城市居民的法治观念和法律意识有了很大的提高，自觉遵守法律的良好社会风气正在形成。

整体而言，大学生遵守法律的自觉性较高。大学生是从中学生中脱颖而出的佼佼者，其一般是勤奋好学、自律能力强、正义感

---

① 孙育玮等：《"上海市民法律意识调查"课题统计报告》，载《政府法制研究》2002 年第 8 期。

② 刘慧频、黄本莲：《法律意识与和谐社区建设——黄石市社区市民法律意识现状调查及分析》，载《经济师》2008 年第 6 期。

强、道德素质较高的优秀分子。由于法律是道德的底线，因此，即使对法律知识理解的不全面、不深入，也未必会触犯法律。较强的自律能力和较高的道德水平，再加上大学优良的教育环境，决定了大学生就整体而言是守法最好的群体。来源于教育部哲学与社会科学重大攻关项目课题"中国公民人文素质现状调查与对策分析"的调查结果显示，在对全国 31 个省（区、市）所抽取的 78 所高等院校的 2162 名大学生进行的调查中，从守法行为看，大部分大学生"总是遵守法律"的，自认为"很少遵守法律"的大学生约占 2.9%。大学生的法律知识水平、维护法律和遵守法律的行为也明显高于被调查的其他 10 大类群体的平均水平。①

　　但大学也并非是一块绝对守法的净土。改革开放以来，在市场经济浪潮的不断冲击下，拜金主义、享乐主义、实用主义的人生观也同样冲击着大学校园。社会上以权谋私、权钱交易、政治腐败、司法腐败等不良现象也对大学生正确价值观的树立产生了不良的影响。特别是大学生正处在世界观、人生观、意志品格的形成时期，缺乏对社会系统的、完整的认识能力，他们在开阔视野的同时，也存在着对各种信息不能正确甄别的问题，有些大学生往往在主流与非主流、真善美与假恶丑等问题上不能作出正确判断。还有些大学生习惯用自己已有的道德观念去评价法律公正与否。再加上进入大学后，学习环境、人际关系、生活节奏等都有了很大的变化，在来自学习、经济、就业等各方面的压力下，部分大学生变得心理脆弱、情绪不稳定，甚至对国家法律和学校制度产生了强烈的抵触心理。另外，随着独生子女的增多，大学生中的利己主义有所抬头，自由、放任、功利等思想凸显，逐渐产生了蔑视现行法律和校纪校规的心理，久而久之，导致极少数大学生最终走上了违法犯罪的道路。

　　①　郑真江：《中国大学生法律素质调查研究》，载《四川经济管理学院学报》2007 年第 4 期。

　　根据中国犯罪学研究会会长、北京大学法学院教授康树华所进行的一项研究调查结果显示，在 1965 年，青少年的刑事犯罪在整个社会刑事犯罪中约占 33%，其中大学生的刑事犯罪约占 1%；"文化大革命"期间，青少年犯罪开始逐步增多，在整个社会刑事犯罪中约占 60%，其中大学生刑事犯罪约占 2.5%；而近几年，青少年刑事犯罪占社会刑事犯罪的 70% 至 80%，其中大学生刑事犯罪约占 17%；20 世纪 80 年代以来，随着高等学校的扩招和大学生人数的增加，大学生的刑事犯罪率和犯罪人数也有了明显的上升。① 根据上海检察机关的统计，从 2000 年至 2002 年，公安机关侦查、检察机关批准逮捕的大学生犯罪嫌疑人达到了 48 人，而从 1997 年到 1999 一共是 14 人，而且大学生犯罪朝着多样化、智能化的方向发展，恶性程度在一定程度上也有所增加。② 据 2007 年 5 月 17 日《北京日报》的报导，2005 至 2006 年仅两年，北京市就有 114 名在校大学生被批捕。

　　另外，大学生的恶性刑事案件不断出现。例如，2004 年 2 月，云南大学学生马加爵就曾经凶残地杀害了 4 名与其朝夕相处的同学；2005 年 6 月，北京大学学生安然也曾砍杀其同学；2008 年 10 月，中国政法大学教授程春明被该校政管学院大四学生在上课前砍杀，随后不治身亡。大学生违法乱纪行为更是屡见不鲜，偷盗事件时有发生，盗窃物品从手机、餐卡、电话卡、mp3 到笔记本电脑、同寝室同学的存折等。大学生智能违法的，如国家英语四、六级考试雇用枪手以及英语四、六级考试利用高科技手段作弊。更有甚者，有的学生还雇用他人写毕业论文。据调查，本科毕业论文为一千元左右，硕士毕业论文为一万元左右，博士毕业论文为八万至十

---

　　① 康树华：《大学生犯罪　盗窃案占七成》，载《北京晨报》2001 年 11 月 6 日。

　　② 张燕：《"校园犯罪"亟须引起重视　上海大学生犯罪猛增》，载东方网 2003 年 6 月 9 日。

万元不等。

三、法律运用：由私了到诉讼

法律运用意识是比法律遵守意识更高一级的法律意识状态。如果说法律遵守意识主要体现的是法律意识主体被动的法律行为的话，那么法律运用意识则体现了法律意识主体主动运用法律的意识，它要求的主体法律意识自觉性程度更高。许多人可以很容易做到法律的遵守，但却不一定能够做到法律的运用，因为运用法律不仅需要足够的法律知识，而且还需要坚强的法律意志。所以，主体运用法律的状态可以更好地体现主体法律意识所达到的境界。

中华人民共和国脱胎于半殖民地半封建社会，在漫长的封建社会里没有权利意识产生的经济基础。而在上层建筑领域，与经济基础相适应的封建帝王专制统治以及儒家文化和宗法制度则强调义务本位，对权利意识的产生具有巨大的阻碍作用。为维护封建帝王的统治，法律以刑为主、民刑不分、行政与司法不分，被认为是权力的工具、治民的武器，民众躲避法律唯恐不及，更不用说运用法律来维护或争取自己的权利了。

新中国成立后，法制建设刚刚起步就遭受了重大挫折，特别是在"文化大革命"期间，社会主义法制遭到了全面的破坏，政治生活取代了法律秩序。"在法律丧失制约权力、保护权利的状况下，法律无法保障个人的私利，因为国家不允许有私有制，私人的经济利益遭到否定，而且个人的人格本身也是抽象的集体事业的组成分子，无法获得独立地位，从而个人的法律和权利意识无从发生。"① 久而久之，社会主体形成了"厌讼"心理。在这种心理意识的支配下，社会主体遇到法律问题往往采取调解或"私了"的方式来解决。

---

① 何勤华主编：《法治境界的探求》，上海人民出版社 2008 年版，第220 页。

　　经过改革开放 30 多年的发展，社会主体开始积极追求自己的权利，诉讼意识大大提高。民事诉讼、刑事诉讼、行政诉讼成为人们日常谈论的话题。尽管社会主体出于效率与公正的考量，以及对司法的信任程度等原因还存在遇事"私了"的现象，但诉讼法律意识的增强是有目共睹的。下面的案例或许能够诠释农民诉讼意识的增强。

　　1987 年，浙江省温州市苍南县灵溪镇农民包郑照因在河滩建造了 3 间三层楼房而与当地县政府发生争执，苍南县调动了 70 余位武警及县区镇干部 300 多人对包家附近进行了封锁，采用爆破手段对包郑照的房屋实施了强行拆除。1988 年，包郑照"斗胆"状告县长黄德余，成为新中国第一起"民告官"案。此案经温州市人民法院一审、浙江省高级人民法院二审，包郑照最终败诉。虽然败诉，但该案意义却是十分巨大的，"包郑照案"后，国外有杂志撰文称："农民可以告县长，中国法治进程又前进了一步。"包郑照告官后的十余年里，仅温州市一个地区就发生了各类"民告官"案件 5000 多起，其中绝大多数问题出在经济体制改革过程中行政部门加重农民税收负担和不合理征用土地方面。①

　　另据北京零点市场调查与分析公司（受北京市司法局委托）开展的第三次市民法律素质情况调查的结果显示，北京市大部分市民倾向于通过合法的途径来保护自身的合法权益。找有关部门解决或者到法院起诉是北京市民保护自身合法权益的最主要途径，选择比例都高达 60% 以上。在解决与行政主体及其执法人员冲突的问题上，大约 80% 的北京市民同样也选择了采用法律途径；采用过激手段解决问题或认倒霉的只占 7.3%。另外，市民参与各种立法、行使民主权利的热情也普遍高涨，约 75% 的市民选择了愿意

---

　　① 沈传亮主编：《规制与良序：中国法治政府建设 30 年》，郑州大学出版社 2008 年版，第 6 ~ 7 页。

参加立法听证会，并认为立法听证会是公民参与立法的很好
途径。①

大学生基本已经摒弃了中国长期"厌讼"的传统观念，诉讼
逐步成为大学生维权的手段。但重调解、重私了、轻诉讼的现象还
在一定范围内存在。据 2006 年初对河南省某高校 1200 名大学生的
问卷调查结果显示，在被问到"如果你遇到民事纠纷，首先考虑
找哪些人或部门帮你解决"时，有 46.9% 的被调查者回答"通过
司法部门"，有 7.2% 的被调查者回答"通过同宗同族人"；在被问
到"当你的合法权益受伤害时，你通常采取哪些做法"时，选择
"诉诸法律手段"的占 52.3%，选择"向家人、朋友诉说"的占
10.7%，选择"找团组织帮助解决"的占 15.7%，选择"找党政
有关领导"的占 8%。②

四、法律关注：由消极到积极

法律关注，是指人们基于现实需要对现实社会生活中最为关心
的法律问题所给予的注意及其对现实法律问题的看法和想法，它反
映了人们对现实法律问题的主流心理态度和思想趋向，对于立法者
和执法者来说都具有重要的参考价值。随着民主政治的日益进步以
及市场经济的不断发展，法律与人们的日常生活关系日益密切，社
会主体对法律的关注程度普遍有所提高，关注的问题也越来越广
泛，涉及民主政治、市场经济、立法状况、执法行为、自身合法权
益保护等许多方面。在对法律关注的态度方面，由消极关注转向积
极关注。

据 2006 年对北京市民法律素质状况的调查结果显示，北京市

---

① 北京市司法局法宣处：《北京市市民法律素质状况调查评析》，载
《中国司法》2006 年第 9 期。

② 李义军：《当代大学生法律素质状况分析》，载《长春理工大学学报
（综合版）》2006 年第 1 期。

民对法律的关注程度正在逐步提高，市民学习法律的积极性和主动性也有了明显的增强。约占90%的北京市民表达了学习法律知识的愿望，因为法律与学习、工作、生活等的关系日益密切，对新闻媒体宣传法律知识感兴趣的市民将近达到95%。[1] 更有甚者，为了引起社会对公益诉讼的关注，郑州市两位市民刘明和郭力，积极行使民主立法权。两位市民结合自己的诉讼经验，耗费近4年时间找资料、访专家，起草了长达1.6万多字的《公益诉讼法（草案）》，以期望引起对我国公益诉讼的立法关注。[2]

大学生对法律的关注程度也比较高，据2006年初对1200名大学生的问卷调查结果显示，绝大多数大学生对法律知识感兴趣，对开设的法律基础课也比较喜欢。对非法律专业学生的调查结果表明，有91.4%的大学生对学习法律知识很感兴趣，有93%的高年级大学生喜欢学习法律基础课。有些大学生还通过各种途径来学习、了解法律，有51%的大学生经常收看、收听法制节目，还有些大学生在空闲时间与朋友、同学讨论当前出现的法律热门话题。调查结果还显示，大学生普遍比较关注国家最新颁布的法律、法规，尤其关注涉及公民权利保护、经济、教育、劳动就业等方面的法律动态，也有些大学生比较关心婚姻家庭方面的法律、法规，如《婚姻登记条例》和《民法》。部分有过打工经历的大学生还渴望了解有关《劳动保护法》以及《合同法》等方面的法律、法规。[3]

高校大学生对法律的关注还表现在大学生对教育部将《思想道德修养》与《法律基础》合二为一的课程体系设置的态度上。

---

[1] 北京市司法局法宣处：《北京市市民法律素质状况调查评析》，载《中国司法》2006年第9期。

[2] 吕勇：《起草法律草案的两位郑州市民》，载《中国消费者报》2006年8月4日。

[3] 李义军：《当代大学生法律素质状况分析》，载《长春理工大学学报（综合版）》2006年第1期。

根据对厦门各高校的调查结果显示，在被问到"你认为《思想道德修养与法律基础》课程中思修部分与法律部分内容设置是否恰当"时，回答"不恰当，思想道德修养部分内容太多了"的占15.6%；回答"恰当"的占56.9%；回答"说不清楚"的占25.7%；认为"不恰当，法律部分内容太多了"的占1.8%。在被问到"你对《思想道德修养与法律基础》课程中哪部分内容较感兴趣"时，认为对思想道德修养部分比较感兴趣的占15.6%；认为对法律基础部分比较感兴趣的占48.6%；认为两部分比较适当的占31.2%；对两部分都不感兴趣的占4.6%。① 相比之下，大学生更加和偏爱关注法律。

五、法律评价：由感性到理性

评价是人们对事物静态的性质和动态的过程所作出的判断，是主观见之于客观的实践活动。法律评价则是社会主体依据一定的标准对法律及其运作过程所作出的价值判断，是"社会成员对法律规范、法律制度、法律活动、法律作用等法律现实所作的价值判断和在此基础上进行的价值设定与选择，反映主体需要与法律之间的某种肯定或否定关系"。② 法律评价是以法律认知和法律情感为基础的，经过法律运用实践后，人们所形成的对法律现象及法律的理性认知和价值评判，是法律意识的重要组成部分。法律评价直接影响着人们对法律的认同程度以及法律信仰是否能够确立，从而进一步影响着人们的法律行为。法律评价体现着人们的法律理想及法律价值观，体现了人们对法律现实的满意程度。客观、理性的法律评价往往会推动法制建设的进步。法律评价的内容非常广泛，包括人

① 陈光绍：《新课程体系下大学生法律素质状况调查及对策研究》，载《职业教育》2008年第8期。

② 张文显著：《法学基本范畴研究》，中国政法大学出版社1993年版，第230页。

们对现实法律制度好坏、法律运行状态是否良好，以及人们对法律秩序或法制建设是否满意等内容。改革开放以后，随着人们法律认知以及法律情感的不断提升，法律运用意识得到了进一步增强，人们对法律的评价逐步由感性趋于理性。

首先，农民的法律评价。在漫长的封建社会中，农村社会关系主要靠礼俗和人情等人伦理念来维系，虽然农村的政治经济关系现在已经发生了巨大变化，但在农村，人情对农村社会关系的维系仍然起着重要的作用。根据 1990 年与 2008 年的两项调查结果，可以基本看出农民对法律与人情关系的基本态度及变迁趋向。① 在两次不同时期的调查问卷中都设计了同样的问题，即生活中往往有人情大于国法的现象，您的看法是怎样的？答案见下表：

时间	对象及地点	答案	百分比
1990 年 9 月	湖北农民	对	20. 63
		不对	44. 28
		不完全对	34. 7
2008 年 2 月	黄河三角洲地区农民	对	14. 42
		不对	58. 3
		不完全对	28. 7

从上表中可以看出，两地农民对"人情至上"的观点直接持否定态度者占到了 44.28% 和 58.30%，如果按照对半原则再将回答"不完全对"的人分成肯定和否定两部分，那么，持否定态度

① 1990 年的调查结果，参见郑永流、马协华、高其才、刘茂林著：《农民法律意识与农村法律发展——来自湖北农村的实证研究》，中国政法大学出版社 2004 年版，第 9 页。2008 年黄河三角洲地区农民的调查结果，参见王丕琢：《农民法律意识的调查与思考——以黄河三角洲地区为例》，山东大学 2008 年硕士学位论文，第 27 页，指导教师葛明珍副教授。

的人分别占到了大约 61% 和 72%。这充分表明，传统的"人情至上"的观点已经在农村发生了巨大变化，不再占主流。另外，两组调查结果对象不同、时间不同，2008 年的调查结果显示出新时代的农民更倾向于否定人情大于国法的观念。当然，导致这一结果的原因也可能有调查对象不同的缘故，但总的来说，农民对国家法律的认同感是大大增强了。

农民是否选择"打官司"作为解决纠纷的方式，从某种程度上也说明了农民对法律是否信任。在对湖北农民的调查问卷中，设计了这样一个问题："当您遇到经济纠纷时，您认为哪种解决方式费时最少？费钱最少？最能圆满地达到您的要求？"并提供了三个选项：打官司、干部解决、私了。被调查人数共 664 人，具体结果见下表：①

解决纠纷方式	费时最少		费钱最少		最能圆满解决	
	人数	百分比	人数	百分比	人数	百分比
打官司	70	10.39	32	9.34	304	47.29
干部解决	297	44.73	358	53.92	229	34.34
私了	297	44.73	238	35.84	116	17.47

由上表可以看出，农民对待"打官司、干部解决、私了"三种解决纠纷的态度是不同的，并在选择低廉的诉讼成本与追求公正结果上存在着矛盾心理。他们认为干部解决与私了比较简便易行，费时、费钱较少，而打官司虽然费时、费钱较多，但结果是比较公正的。可见农民选择解决纠纷的方式时是经过利弊权衡的，不选择诉讼作为解决纠纷的方式不一定表明农民法律意识低下，对法律与

---

① 参见郑永流、马协华、高其才、刘茂林著：《农民法律意识与农村法律发展——来自湖北农村的实证研究》，中国政法大学出版社 2004 年版，第 19~20 页。

司法不信任。

    法律对农民的重要价值应该是是否有用。法律对农民日常生活是否重要，在某种程度上说明了法律的价值。法律与农民自身的关系，是测评法律作用的又一指标。当被问道："您认为法律与您的关系如何"时，测评结果见下表：①

调查时间	调查对象	答案	百分比
1990 年 9 月	湖北农民	与自己有很大关系	44.48
		与自己有关	41.14
		与自己无关	14.04
2008 年 2 月	黄河三角洲地区农民	与自己有很大关系	24.5
		与自己有关	50.3
		与自己无关	25.2

    从调查结果中可以看出，两地农民认为法律和自己有关的分别占到了 85.62% 和 74.8%，占被调查者的绝大部分。这表明法律在农村发挥着重要的作用。可能是由于村民自治的进一步发展或被调查地区经济发展的水平不同，或许是国家免除了农业税的缘故，使得两地农民对法律与自己的关系认识还有一定的区别，出现了时间在后的被调查者反而远离法律比例较高的现象。但总体而言，法律对农民的社会生活而言具有重要的价值，并非人们想象的法律与农民无关。

    首先，农民对于法律的评价还是比较理性的，农民与城市居民

———————
    ① 1990 年的调查结果，参见郑永流、马协华、高其才、刘茂林著：《农民法律意识与农村法律发展——来自湖北农村的实证研究》，中国政法大学出版社 2004 年版，第 32 页。2008 年黄河三角洲地区农民的调查结果，参见王丕琢：《农民法律意识的调查与思考——以黄河三角洲地区为例》，山东大学 2008 年硕士学位论文，第 28 页，指导教师葛明珍副教授。

相比，运用法律的机会肯定会少得多，这是由农村的经济发展水平导致的农民通过法律所追求的利益诉求不足以及农村可用社会规范的多元性等决定的，有其现实的合理性。

其次，城市居民的法律评价。据1995年中共北京市委党校的"北京市民的法律素质的调查与研究"课题组的调查结果显示，北京市民的法律价值观较1990年发生了很大的变化。在被问及"法律对公民来说意味着什么"时，1990年的调查结果与1995年的调查结果有了很大的不同。1990年的结果中，认为法律意味着约束的市民占60.4%，而1995年的数据减少到12.59%。在被问及"我国当前的法治化程度与你所期望的是否一致"时，回答"一致或基本一致"的占48.32%，回答"相差很远或背离"的占51.67%。[①] 随着市民法律意识的提高，有一半市民表示了对我国当时法治状况的不满。

而在几年之后的2002年4月到2002年11月，上海市社会科学院社会调查中心就"法治进程与上海市民"这个问题对5000多名市民进行了问卷调查，其结果显示，市民对我国法治状况有了充分的信心。在被问及"您对上海市法治建设成效是否满意"时，大多数（占78.9%）市民对上海市的法治环境总体上是满意或非常满意的。只有8.8%的市民声称自己对于上海市的法治环境不满意或非常不满意。进一步的统计分析显示，不同年龄阶段的市民对这个主题的看法具有明显的差异性。年龄越大的市民对上海市的法治环境的满意度越高，而年龄越小的市民对上海市的法治环境的满意度就越低。绝大多数市民（约占90%）对上海市建设社会主义法治城市的目标表示非常有信心或有信心，表示完全没有信心或没有信心的约占2.0%，而认为无所谓有无信心的市民占到

---

① 华玲：《北京市民的法律素质状况》，载《新视野》1995年第1期。

了 8.2%。①

另据辽宁省锦州地区公民法律意识调查结果显示，市民对我国法治环境的总体评价比较客观。在被问及"你认为应该是法大还是权大"和"你认为中国目前的实际情况是法大还是权大"时，有 63% 的人认为应该是法制约权力，法大于权力；然而有 66% 的人认为我国目前是权大而不是法大。这说明多数被调查对象已初步树立了法大于权、法律至上的意识，但他们对现实的法治环境评价比较客观，认为中国法治建设的"应然"和"实然"间还有相当大的差距。②

再次，大学生的法律评价。调查结果显示，大学生的法律评价逐步趋于理性，但对法律与司法的信任程度较低。

据对南昌市九所高校的大学生的调查结果表明，在被问及"在法治社会中您认为对社会经济生活调控影响最大的应当是什么"时，认为是"各级官员的意志"的占 23.1%，认为是道德的占 27.4%，认为是法律的占 48.2%，不知道的占 4%。这表明部分大学生在心中已经认同官员的特权，对法律的认可程度不高。③

面对"假设不幸遭劫或被盗，你会报案吗"的问题时，有 81% 的大学生选择"会，为维护我的合法权益"，有 75% 的大学生则对执法人员是否能够实施有效保护表示怀疑。对司法的信心不足也明显地表现在大学生对我国法治建设进程的预测与评价方面。绝大多数在校大学生认为我国法治进程比较快，对法治建设的成就表示满意和肯定，但是坚信法治目标一定能实现的只占 17.3%，大

---

① 杨雄、程福财：《依法治市与上海市民法律素质——对 5000 位市民的问卷调查》，载《社会科学》2003 年第 5 期。

② 张智武、刘长鸿、幺元昱：《锦州地区公民法律意识现状及评价》，载《辽宁工学院学报》2006 年第 2 期。

③ 谢山河、黄章华：《关于当代大学生法律意识的调查分析》，载《教育学术月刊》2008 年第 7 期。

部分大学生认为"实现尚有难度"，甚至还有近9%的大学生认为"没有进步，法治目标不可能实现"。①

据对内蒙古地区大学生法律问题调查结果显示：在被问及"你认为我国当前司法是否公正"时，选择公正的占17.1%，选择多数公正的占69.4%，选择不公正的占13.5%。在被问及"你认为法律面前是否人人平等"时，选择平等的占46.2%，选择不平等的占16.0%，选择不一定平等的占37.8%②

据对非法律专业大学生关于平等观念的调查结果显示，大学生认为理论上的"法律面前人人平等"与现实中的"法律面前人人平等"具有很大的差距。具体结果见下表：③

问题	状态	人群	平等（人）	基本平等（人）	不太平等（人）	不平等（人）
法律面前人人平等	理论上	理工科	213	43	39	18
		文科	181	8	4	1
法律面前人人平等	现实中	理工科	116	61	83	43
		文科	58	37	74	25

法律在社会中的地位、法律与权力的关系、法律与平等的关系以及司法是否公正等问题是法治建设过程中互相联结的几个问题，对其中一项怀疑或否定也必然会对其他问题产生怀疑或否定。从以上调查结果可以看出，大学生对所调查的问题作出了基本内在统一

① 鲁宽民：《西部高校大学生法律素质状况调查》，载《西北工业大学学报（社会科学版）》2004年第3期。
② 张宝成：《内蒙古地区大学生法律意识现状的调查与研究》，载《内蒙古师范大学学报》2006年第3期。
③ 阎向阳：《我国当代理工科、文科大学生法律意识之异同》，载《湖北经济学院学报（人文社会科学版）》2005年第2期。

的回答，符合逻辑规律。这表明了他们对法律的真实的、不盲从的理性态度。期间对我国法治建设中的不良现象或许有夸大的成分，但总体而言还是比较客观的。

第四章 冲突·矛盾·整合: 中国社会转型期法律意识变迁的相关变量分析

法律意识变迁的变量, 是指影响社会转型期法律意识变迁的相关动态要素。影响法律意识变迁的变量与法律意识变迁的历史渊源与现实根基不同, 前者是后者的具体化、动态化, 后者是前者的基础。法律意识变迁的变量是法律意识变迁的历史渊源与现实根基的动态的、具体的体现。影响社会转型期法律意识变迁的相关要素很多, 它们互相结合、相互作用, 形成影响法律意识变迁的合力, 制约、促进着法律意识的发展水平, 决定着法律意识的发展状况。本章仅就几种主要的相关变量进行分析, 具体包括政府推进型法治现代化模式与构建现代法律意识的冲突、社会转型期法律意识变迁的基本矛盾以及法律教育形式与法律意识结构的对接三个方面。

第一节 政府推进型法治现代化模式与构建现代法律意识的冲突

法治现代化模式, 是指不同国家在法治现代化过程中, 因法治建设的最初动因、国家与社会在法治建设中的作用以及对待传统法律文化与现代法律文化的态度等方面的不同, 而形成的法治现代化的不同范式。我国当前采取的政府推进型法治现代化模式有其历史与现实的必然性及合理性, 但政府推进型法治现代化模式与现代法律意识的内核之间存在着一系列的冲突。克服冲突的最佳办法不是另辟蹊径，寻找其他法治建设模式，而是完善我国现有的法治现代化模式。政府推进型法治现代化模式与社会演进型法治建设模式互相结合，或许是我们目前的最佳选择。

一、法治现代化的不同模式及其选择

按照法治现代化最初动力来源的不同，可以把法治现代化模式划分为内发型与外发型两种模式。所谓内发型法治现代化模式，是指法治现代化最初的动力来源于本社会内部，经过漫长的法律变革过程最终完成从传统法制向现代法治转变的法治化发展模式。所谓外发型法治现代化模式，是指法治现代化最初的动力来源于社会外部，往往是在一个外部的、较先进的法律系统对本国落后的法律系统的冲击下而导致的本国法律向现代法律转型的法治现代化模式。按照政府在法治现代化过程中所起作用的不同，可以将法治现代化的发展模式划分为政府推进型和社会演进型两种法治现代化模式。政府推进型法治现代化模式，是指政府在法治现代化的过程中起着主导作用，法治现代化的形式表现为自上而下由政府规划、指导、推进的发展模式。社会演进型法治现代化模式，是指社会在法治现代化进程中起决定性作用，传统法制在社会力量的推动下自然向现代法治转变的法治现代化模式。一般而言，外发型法治现代化模式同时也是政府推进型法治现代化模式，内发型法治现代化发展模式同时也是社会演进型法治现代化发展模式。

在我国法治现代化应采取何种模式的问题上，存在着众多的分歧。有学者认为，我国的法治建设只能走社会的自然演进道路，应采取社会演进型的法治现代化建设模式。其理由主要是，"人的理性认识和判断能力的局限性，决定了人们不可能按预先设定的计划去构建完备的法治秩序。法治和整个进程一样，在相当程度上是一个自发演进的过程"。① 还有学者认为，我国的法治现代化建设只能走政府推进型的发展模式，"中国只有选择在社会各个领域全面、强制推行法治，才可望在短时期内改变中国法治的落后面貌"。② 另有学者认为，"中国法治应该走政府推进型与社会推进型相结合的道路，以政府推进法治的改革为主导，辅之以社会民间自然生成的具有现代法治精神的制度、规范和力量"。③ "作为我们选择的行为模式应当是以国家推进为主导的，国家推进与民众推进相统一的行为模式。"④

从我国法治建设最初的动力来源来看，我国的法治建设属于外发型的模式，即法治现代化最初的动力来源于社会外部，是在西方法律体系的冲击下而导致我国的法律由传统法律体系向现代法律转型的。从 19 世纪中期到 20 世纪中期的大约一个世纪的时间内，从政治体制到司法体制，从法律编撰到法律实施，中国法制的每一步进展几乎都在不同程度上反映了西方法律文化的冲击和影响。而在新中国成立后，苏俄法律文化又对中国法制建设产生了极为深远的影响。因此，外域法律文化（主要是西方法律文化）的冲击或影响无疑是我国法制现代化的重要动因之一。⑤ 而西方的现代法治是西方社会长期发展的产物，是西方的政治、经济、文化自然演进的结果。从法治的源头看，西方绝大多数国家都继承了古希腊、古罗

---

① 叶传星：《论法治的人性基础》，载《天津社会科学》1997 年第 2 期。

② 汪太贤：《跨世纪的中国法治建设》，载卓泽渊主编：《法理学》，法律出版社 1998 年版，第 434 页。

③ 舒国滢：《中国法治建构：历史语境及其面临的问题》，载《社会科学战线》1996 年第 6 期。

④ 卓泽渊：《中国法治建设行为模式的选择》，载《云南法学》2000 年第 1 期。

⑤ 公丕祥著：《中国的法制现代化》，中国政法大学出版社 2004 年版，第 638 页。

马的法律思想，从而较早地确立了平等、自由、公平、正义等现代法治必备的观念，形成了理性化的法律传统。从政治、经济、文化的基础看，西欧也具有其独特的发展因素，如早期发达的商业文明、多样化的经济结构、独具特色的城市自治、较为分散的政治权力、16世纪以来的海外扩张以及宗教改革与启蒙运动等。这些独特的历史传统无疑在很大程度上促成了西欧内发型法治化模式的形成。与此相对应，从政府在法治现代化建设中所起的作用来看，我国法治现代化模式是属于政府推进型的，而西方法治现代化模式则是属于社会推进型的或社会演进型的。

二、我国选择政府推进型法治建设模式的必然性

目前，基本达成共识的是，无论选择何种法治现代化建设模式，中国法治化建设都离不开政府的主导作用，这不仅是由中国的国情所决定的，而且也已经为中国法治建设的历史所证实。正如有学者所指出的："一个国家选择和走上什么样的法治化道路，应该是主观因素和客观因素相互结合和作用的结果，是客观因素作用于主观进行选择的结果。但是，从根本上说，一国选择和走上什么模式的法治化道路，是由一国的历史和现实社会条件所决定的。"①政府在法治现代化建设中的主导作用，主要是由如下因素决定的：

1. 法制建设的最初动因。19世纪中期以来，中华民族已经落后于世界先进民族之林，逐步沦为半殖民地半封建社会，甚至曾经一度面临着亡国灭种的危险。"救亡图存"、"振兴中华"成为当时艰巨的历史使命，民族独立、国家富强成为时代赋予中国人的历史重任。而完成这一历史使命的前提是有一个强有力的政府做后盾。中国现代法治建设之路也是在这一大的历史背景下展开的。法治建设也是富国强兵、"师夷长技以制夷"的重要策略之一，一开始便

① 郭学德：《试论中国的"政府推进型"法治道路及其实践中存在的问题》，载《郑州大学学报（哲学社会科学版）》2001年第1期。

有浓重的工具主义色彩，戊戌变法、清末改法修律以及后来一系列的宪政运动莫不如此。中国共产党领导中国人民通过武装斗争的形式建立了统一的新中国，民族独立问题才得以解决。之后，国家富强成为新中国的主要任务。由于长期的武装斗争使人们坚信了"枪杆子里面出政权"的硬道理，掌握国家政权之后，中国共产党的执政理念并未迅速发生转变，仍然沿用革命斗争与阶级斗争的方式来行使其执政权力，依法治国被忽视，法律被视为碍手碍脚的清规戒律。因此，法律的功利目的与建立强大的政府的要求不谋而合，法律是辅佐国家强大的工具而非限制国家之规范。民族独立首先仰仗的是国家的强大，而非法律至上之理念。这种观念必然导致政府在国家建设各方面的主导地位，当然也包括法治建设在内。

2. 崇尚权力的心理需求。世间自有万物起就有了崇拜。在科学不发达的远古时代，当人们还不知道万物由何而来之时，就有了各种对物崇拜，如图腾崇拜。到了现在，又出现了对名的崇拜、对学者的崇拜、对歌星的崇拜。但是在中国最为广泛的崇拜就是对权力的崇拜了。中国在长期的封建历史过程中，从未形成一个发达的市民社会来与国家抗衡。封建专制集权统治一直占主导地位，权力的行使既可以给国家及社会大众带来灾难，也可以给人们带来幸福，普通个人根本无力与强大的国家权力抗衡，其命运受国家权力的主宰，于是就产生了人们对国家权力的推崇与敬畏。对权力的反抗一般都是在权力走向极端异化以致危及民众生存状况时才发生的。辛亥革命虽然推翻了坐在皇宫里的那个皇帝，却没有除去存在于人们大脑之中的那个皇帝。于是，中国社会继续延续着对人民的封建独裁专制统治。虽然经过中国共产党的努力，推翻了压在中国人民头上的"三座大山"，但由于封建思想在人们脑中根深蒂固，再加上新中国成立后，权力的制约机制还有待完善，因此人们对权力的崇拜依然在一定程度上存在着，个别地方或个别群体甚至有增强的趋势。在一个对权力仍有崇拜的社会中，要想实现法治，必须依靠权力的推动与引导。没有国家的引导与推动，中国的法治建设是很难向前发展的。①

3. 政治资源与法治资源的巨大落差。中国现实政治资源的强大，首先表现为中国拥有一个统一稳定而又具有较高威望的政府。政府体系本身所具有的庞大的组织系统和强有力的控制、管理社会的能力，使得政府成为推动中国经济现代化和法治现代化的强有力的保障。另外，中国还具有强有力的政党的领导。中国共产党以先进的理论作为自己的指导思想，并且上至中央，下至乡、镇、街道，广泛而有力地渗透在国家治理和社会生活之中，这也是中国选择政府推进型法治道路的重要因素和现实条件。另外，在中国传统文化中，法治资源极其匮乏。中国在长期封建专制的统治之下，不仅没有形成一个发达的市民社会，而且既缺乏商品经济的大力发展，又缺乏民主法制的历史传统，因此缺乏推进法治建设自然演进的本土社会资源和机制。如果等待社会法治资源自然生成和强大之后再去推进社会的法治化进程，不仅在时间上是不可能的，而且在实践上也是行不通的。②

以上种种原因，导致政府在中国法治现代化建设中起着决定性的作用。从法治道路的启动、法治目标的设立到法治进程的预设，都体现了政府在法治现代化建设中的主导作用。当然，这种模式并不完全排斥社会力量在法治意识构建中的积极作用，只不过社会力量不起主导作用而已。社会力量的推动，如某项立法建议，在一定程度上也必须借助党和政府的力量，才能够转化为法治发展的动力。

---

① 卓泽渊：《中国法治建设行为模式的选择》，载《云南法学》2000 年第 1 期。

② 郭学德：《试论中国的"政府推进型"法治道路及其实践中存在的问题》，载《郑州大学学报（哲学社会科学版）》2001 年第 1 期。

三、政府推进型法治建设模式与现代法律意识构建的冲突

如前所述，按照法律意识的发展水平可以把法律意识划分为法制意识与法治意识，法治意识是比法制意识更为高级的法律意识形式，是社会主体在社会实践中所形成的关于法治的态度、情感、意志、信仰、评价等心理要素以及有关法治的观念、思想和理念的总称，是符合法治社会建设要求的法律意识，是人们对法律和法律现象认识所达到的自觉性程度最高的一种法律意识形态。法治意识的核心理念是法律至上意识，它要求法律必须得到普遍的遵守，即使是政府也不能具有超越法律的特权，这就产生了政府主导型的法治建设模式与现代法律意识构建的悖论。正如有学者所指出的："中国社会法治化面临的困境就是法治建设依赖政府力量推行，法律的权威源于政府权威；但法治的本质却要求法律权威超越政府权威。这是一个两难困境：在旧的法律体系被打碎之后，政府权威成为所有社会权威的唯一来源，不依赖政府权威，法律权威无立足之地；但在政府权威协助下建立的法律权威却要求成为社会最高权威、成为超越一切权威的权威，这正是法治的本质要求。"① 具体来说，政府推进型法治建设模式与现代法律意识构建的冲突主要表现为如下几个方面：

1. 法治目标的主观设计与法律意识内在生成规律之间的冲突。建构论的理性主义世界观是政府推进型法治建设模式的哲学基础，这种哲学思想高度推崇人类理性的能动作用，认为人们可以凭借理性去发现自然界运行的规律，并凭借理性认识人为地构建一个更加符合自己需要的社会。"唯理主义的设计理论（rationalistic design theories）必定立基于下述假设：单个个人都倾向于理性行动而且个人生而具有智识和善……大凡认为一切有效用的制度都产生于深

① 郭星华：《走向法治化的中国社会——我国城市居民法治意识与法律行为的实证研究》，载《江苏社会科学》2003 年第 1 期。

思熟虑的设计的人，大凡认为任何不是出自于有意识设计的东西都无助于人的目的的人，几乎必然是自由之敌。"① 中国政府推进型法治建设道路的选择有其必然性与合理性，其对法治建设的人为推进确实在某种程度上契合了建构论的理性主义世界观。中国法治进程的启动、法治目标的设定、法治进程的安排以及法律的运行，无不是在政府的主导下进行的。这种模式在中国法治建设中已经取得了重大的成果。然而，这种法治建设的模式不可避免地与法律意识的自身形成规律相冲突。法律意识作为一种上层建筑，其发展水平必然受到现实经济基础的制约。现实政治、经济、文化的发展水平决定了法律意识发展水平的高低。另外，法律意识与文化传统联系更为密切，具有与经济基础发展的不同步性。政府推进型法治建设模式虽然有其优势及合理性的一面，但人为构建的法治发展模式必然会在某种程度上与法律意识自身的生成规律产生冲突。过分急促地推进和强制，极有可能造成政府的主观设计与社会生活需求之间的脱节，使人们失去对法律的情感、信任与信仰。实践证明，人的理性认识是有一定限度的，正如苏力教授所说："假如我们可以确定我们关于建立现代中国法治的知识是完全的，或者假定外国的法治经验已经穷尽所有有关的知识，或者假定建立法治所要所有具体的信息可以以某种方式汇合到一个大脑或一个中央权威机构的话，那么我们可以先说建立现代法治并非难事，只需按图索骥，演绎成章。然而，所有这些假定都是不能成立的。如同计划不可能穷尽关于一个社会中经济活动的一切信息或知识，不能获得关于人们偏好的一切知识一样，任何法治建设的规划也不可能穷尽关于一个社会中法律活动的全部信息或知识，无法对社会中变动不拘的现象作出有效的反映。因此，我们不能仅仅依据我们心目中的理想模式或现

---

① ［英］弗里德希·冯·哈耶克著：《自由秩序原理》，邓正来译，生活·读书·新知三联书店 1997 年版，第 70 页。

有理论来规划建立出一个能有效运作的现代法治。"①

2. 政府权力扩张与制约政府权力的冲突。政府推进型法治建设模式必然依赖强有力政府的支持，强调政府的主导作用。为推进法治建设的进程，政府的权力会得到进一步的强化。政府在推进法治进程的过程中，为了追求效率与秩序，还可能过分压制社会大众在法治建设中的力量，甚至推行工具主义的法律观，把法律演变为管理社会的工具。如果遇到国际或国内的某些压力和危机，又完全可能转化为强化国家权力的正当理由。这样，政府的权力会日趋强大，成为难以自我控制的权力。

然而，法治的目标不仅只在于管理社会，更重要的使命是控制国家权力。现代法律意识消融了国家本位的传统理念，强调国家是为社会服务的公共组织。一方面，国家是社会利益的保护者；另一方面，国家又是社会权利最大的、潜在的威胁者，因为其他组织的破坏力与国家组织相比是极其有限的。法治的精髓不仅要求市民社会必须遵守法律，而且还要求政府必须遵守法律，并且对政府权力的行使提出了更高的标准，即政府的权力必须法定。对于国家机关来说，法律没有赋予的权力就是不能够行使的权力；而对于广大的社会民众来说，法律不禁止的就是公民可以作为的。政府权力的强大必然导致对其控制难度的加大。因为强势政府必然与弱势的社会力量相对应，而制约国家权力的力量主要来自于社会力量而不是国家自身，国家自身权力制约机制的合理与否也主要取决于社会力量的推动，而不是靠一两个政治家的设计。

另外，随着法治化进程的推进而出现的内外压力的减弱和政府自身权力制约能力的加强，有可能导致政府推进动力的减弱甚至停滞。如前所述，中国选择政府推进型法治建设模式的重要原因是内外经济发展的压力，特别是西方发达国家经济发展的巨大压力和政

---

① 朱苏力著:《法治及其本土资源》，中国政法大学出版社1996年版，第17~18页。

治、文化的影响。但是，随着法治化进程的大力推进和我国国力的逐步增强，以及国内法律秩序的初步建立、法律意识的不断增强和外部经济发展压力的逐步减弱，政府对法治化进程的推进力有可能会逐步减弱。更重要的是，随着依法治国水平的不断提高，党政关系、国家权力结构形式和权力运作方式得到进一步理顺，政府的权力基本受到了有效的制约。在这种情况下，政府对社会法治化进程的推进力将会有可能减弱甚至停滞下来。① 因此，政府推进型法治建设模式与法治目标所要求的制约政府权力的冲突有可能是双重的，既表现为法治目标与政府权力制约的冲突，又表现为制约政府权力与法治现代化需要政府权力支持之间的冲突。

3. 政府自身利益与法治精神的冲突。法治的要义不仅在于控制社会，而且更在于控制政府的权力。与封建帝王独裁统治的权力来源相比，现代政府的权力是人民赋予的，政府的地位相当于人民的代理人。作为代理人，政府本来不应当有自己的特殊利益。但政府作为一种组织，一旦产生就不可避免地有了自己的利益，并且要不失时机地扩大自己的利益。而政府维护或攫取利益的手段就是通过人民委托给它的权力，法治要求控制政府的权力与政府本能地抵制控权就形成了冲突。"统治者在野心和奢侈的怂恿下，想要保持和扩大权力，不去做人们当初授权给他时要他办的事情，加之谄媚逢迎使君主认为具有与其人民截然不同的利益，于是人们发觉有必要更加审慎地考察政权的起源和权利，并找出一些办法来限制专横和防止滥用权力。他们原来把这权力交托给另一个人，目的是为他们自己谋福利，而现在却发觉被用来损害他们了。"② 而在政府推进型的法治建设模式中，由于社会力量的弱小不足以有效控制政府

---

① 郭学德：《试论中国的"政府推进型"法治道路及其实践中存在的问题》，载《郑州大学学报（哲学社会科学版）》2001年第1期。

② ［英］洛克著：《政府论》（下篇），叶启芳、瞿菊农译，商务印书馆1997年版，第70页。

的权力，政府权力的控制力量很大程度上来源于政府的自我约束。而自身制约与政府获取自身的利益又是互相矛盾的。政府的自身利益与法治理念的冲突，必然在一定程度上阻碍法治建设的进程。所以，在政府推进型的法治建设模式中，政府一方面扮演着法治建设的推动者，另一方面又不可避免地成为法治建设的阻碍者。这种阻碍的角色从政府的立法、执法及司法等方面都可见一斑。在立法上，改革开放之初的行政立法主要是有关行政机关组织和行政管理方面的法律，侧重于行政机关的重建和对行政机关权力以及相对人权利的确认与维护，但有关监督制约行政权的法律却存在空白。在执法上，有些控制政府官员的法律得不到有效的执行，如在我国《刑法》中虽然规定了"巨额财产来源不明罪"，但由于与之相配套的公务员财产申报制度和公益诉讼制度至今尚未建立，导致这一条款在实际运用中还存在较大的争议。在司法领域，这种表现也很突出。司法的使命在于控制立法权与行政权，这是世界公认的理念。而我国的司法权在宪法中的地位依附于立法权，在实践中则变相地屈从于行政权，从而使得司法权制约立法权与行政权的功能难以得到有效的发挥。最突出的表现是民告官案件的胜诉极其困难，胜诉率仅为三成左右，而且行政案件的数量偏少。

4. 政府价值偏好与法律意识自身价值的冲突。法律意识的价值既包含法律意识对社会的功用，也包含法律意识自身所具有的善的品质。在现代法律意识中，民主、法治、平等、人权、公开、公正、公平、正义、程序、效率等都是法律意识的应有之义。然而，政府由于各种历史或现实的原因，在不同的历史时期往往具有不同的价值偏好，而政府的价值偏好往往和法律意识的固有价值相互冲突，会对法治目标、法治进程、法治方向产生重大的影响。例如，政府对"法治"观念从肯定到否定，到反思，再到肯定；对"人权"观念从批判、论证直到写入宪法，从抑制和拒绝"权力制约"观念到承认和研究"权力制约"机制等，都在某种程度上体现了政府对"法治"、"人权"和"权力制约"等观念的价值偏好，而这些偏好往往成为现代法律意识形成的阻力或动力。下面仅从政府对"法治"观念的偏好来对此进行说明。

"法治"是与"人治"相对应的概念，我国对法治观念的接受经历了肯定、否定、反思与再肯定等若干阶段。1949 年至 1957 年为国家对法治的肯定阶段。这一时期，法学界就法治与人治的问题进行了讨论。国家对法治基本持认可的态度，这一点可以从党和国家领导人的论著及讲话中得到充分的体现。例如，1949 年 1 月，谢觉哉在司法训练班的一次讲话中指出："我们不要资产阶级法治，我们确要我们的法治。"[①] 1950 年，第一届全国司法工作会议的《人民法院审判工作报告》也指出："消除人民意志中从旧社会遗留下来的一切落后的和污浊的影响，代之以新民主主义的法治观念和道德观念。"[②] 1958 年至 1978 年为国家对法治观念的全面否定阶段。随着反右扩大化、"大跃进"、"文化大革命"等一系列的政治运动，法治观念被完全否定，关于法治与人治关系的学术讨论也基本成为学术禁区。1979 年到 1996 年为国家对法治与人治观念的反思阶段。该阶段以 1979 年 1 月 26 日《人民日报》发表王礼明撰写的《人治和法治》为开端，继而引发了对法治与人治的大规模的重新反思。[③] 通过这次反思及 1982 年宪法的推动，坚持法治、反对人治的思想成为主流。1996 年至今为国家对法治观念的接受阶段。1996 年八届全国人大四次会议通过的《国民经济和社会发

---

① 转引自韩述之主编：《中国社会科学争鸣大系》（政治学·法学卷），上海人民出版社 1991 年版，第 234 页。

② 转引自韩述之主编：《中国社会科学争鸣大系》（政治学·法学卷），上海人民出版社 1991 年版，第 234 页。

③ 例如，1979 年《法学研究》从第 5 期起开辟了"关于法治和人治的讨论专栏"，《民主与法制》、《法学》、《西南政法学院学报》等不少刊物积极组织专家进行了富有创新性的学术讨论，到 1980 年底已经初步形成了百家争鸣的良好局面。参见李龙主编：《新中国法制建设的回顾与反思》，中国社会科学出版社 2004 年版，第 69 页。

展"九五"计划和 2010 年远景目标纲要》，确立了"依法治国，建设社会主义法制国家的战略目标"；十六大将"法制国家"改为"法治国家"，标志着法治观念的基本确立。承接 1997 年党的十五大报告的理论成果，1999 年宪法修正案将"中华人民共和国实行依法治国，建设社会主义法治国家"写入宪法。至此，法治彻底地战胜了人治理念，为国家所接受。从国家对法治与人治关系的不同态度以及"法治"的曲折命运中，足见政府的价值偏好对法律意识的影响之深。

　　总之，当代中国选择政府推进型法治建设模式是历史的必然。然而，政府推进型法治建设模式在政府对法治目标的主观设计与现代法律意识内在生成规律之间，在该模式所要求的政府权力扩张和法治目标所要求的制约政府权力之间，在政府的自身利益与价值偏好和法律意识自身价值之间，还存在着一系列的冲突。克服种种冲突的最佳办法不是另辟蹊径寻找其他法治建设模式，而是完善现有的法治建设模式。随着我国政治、经济、文化水平的不断提高，社会力量的日益强大，社会主体法律意识的不断提高，政府推进型法治模式必须进一步和社会演进型法治建设模式互相配合，只有这样，法治建设的进程才能够大大加快，现代法律意识才能够尽快成长起来。

　　政府推进型法治模式和社会演进型法治建设模式的结合不仅是由我国的现实国情决定的，而且也是由法律意识的主体性要求所决定的。法律意识的主体不仅指政府，还包括社会主体，甚至可以说，社会主体是法律意识的最主要的主体。另外，我国的国家性质决定了国家利益与人民利益的根本一致性，我们不可能采取纯粹的、单一政府推进型的法治建设模式。事实上，在当代中国，单纯的政府推动或单纯的社会自发演进在现实中是不存在的，它们总是交织在一起而起作用的。[①] 只不过政府推进型法治建设模式体现了

---

　　① 孙国华主编：《社会主义法治论》，法律出版社 2002 年版，第 365 页。

政府在法治建设中的主导作用而已。我国政府推进型法治建设模式其实并不排斥社会力量对法治建设的推动,事实上,很多法律的修改、制订与完善,都与社会力量的推动是密不可分的。这一点从下面的两个案例中可以得到很好的证明。

案例1:2003年3月17日,在广州市寻找工作的湖北省大学生孙志刚,因逛街时未带身份证被广州市黄村街派出所收容,并在收容救治站被工作人员指使他人殴打导致死亡。事件被新闻媒体曝光后轰动了全国,社会和网络立刻形成了一股为孙志刚的生命进行反思的浪潮。孙志刚事件直接引发了2003年5月14日三位法学博士(华中科技大学法学院的俞江、中国政法大学法学院的腾彪、北京邮电大学文法学院的许志永)联名递交公民建议书事件,他们将一份题目为《关于审查〈城市流浪乞讨人员收容遣送办法〉的建议书》的材料,直接传真至全国人大常务委员会法制工作委员会,要求对《城市流浪乞讨人员收容遣送办法》进行违宪性审查,并改变或撤销收容遣送制度。同年6月20日,国务院总理温家宝发布了国务院第381号令,宣布自当年的8月1日起施行《城市生活无着的流浪乞讨人员救助管理办法》,同时废止了1982年5月由国务院所发布的《城市流浪乞讨人员收容遣送办法》。①

案例2:2003年6月,张先著在安徽省芜湖市人事局报名参加了安徽省公务员考试,综合考试成绩在所报考该职位的30名考生中名列第一位,但因张先著在体检中被检查出携带乙肝病毒,因此被宣布体检不合格而不予录取。2003年年底,张先著将芜湖市人事局告上法庭。2004年5月31日,安徽省芜湖市中级人民法院对我国"乙肝歧视第一案"作出了张先著胜诉的终审判决。在该事件的推动下,2004年6月,广东、江苏、四川、浙江四省率先对公务员体检标准作出一定的修改,取消了对感染乙肝病毒及无传染

---

① 蒋伟:《孙志刚:用生命改写了一部法律》,载《法制资讯》2008年第12期。

性的小三阳等情况的限制性条款。2004 年 8 月，国家卫生部、人事部公布了《公务员录用体检标准》（试行稿），并在网上开展了征求意见的活动。2004 年 11 月，国家卫生部、人事部公布了修改后的《公务员录用体检标准》（试行稿），根据专家意见和公众的反映取消了大量限制性条款。2004 年 12 月，新修订的《传染病防治法》新增加了一条规定：“任何单位和个人不得歧视传染病病人、病原携带者和疑似传染病病人。”[①] 试想，如果没有社会力量的推动与国家对社会呼声的吸收与采纳，也许收容遣送制度还在运行，也许传染病病人、病原携带者和疑似传染病病人的权利还在受到漠视。

第二节　中国社会转型期法律意识变迁基本矛盾分析

如前所述，我国社会转型期法律意识发生了巨大变迁，从执政党到国家机关及其工作人员、从农村居民到城市居民、从文化层次较低的社会群体到受过高等教育的大学生及其他知识分子等的法律意识水平都有了不同程度的提高。但法律意识的提高是就社会整体法律意识的发展水平与发展趋势而言的，在法律意识发展的进程中，社会上也同时产生了某些病态的法律意识，有些主体的法律意识还有退步的现象，法律意识构成要素也出现了严重的不平衡性，在发展阶段上出现了不同程度的迂回与反复。现代法律意识生成过程的曲折性是由法律意识发展的内在矛盾决定的，而法律意识发展的内在矛盾的产生不仅与法律意识构成的内部诸要素有关，还与中国社会转型期法律意识发展的外部社会因素密切相关。

“法律意识不是从来就有的，它是社会法权关系和社会法律现

---

① 黄毛旺：《张先著：乙肝制度歧视因他止步》，载《法制资讯》2008年第 12 期。

象在人们头脑中的主观反映，是人们在长期的生产生活过程中形成和发展起来的。法律意识关于社会法权关系和法律现象的看法和态度也不是凭空产生的，相反它是一定社会经济基础、政治基础和文化条件作用的产物。"① 改革开放以来，我国的政治、经济和文化建设都取得了巨大的进步，但必须承认的是，这种进步与建设社会主义法治国家的要求相比还有很大的差距。政治体制改革还有待于进一步推进，市场经济的发展还有待于进一步完善，文化建设也有待于进一步加强。社会转型期法律意识的变迁正是在这种不断完善的政治、经济和文化建设的碰撞过程中进行的。政治改革中新旧体制之间的冲突、经济体制变革中计划经济与市场经济的矛盾以及文化建设中传统与现代的摩擦，都必然反射到法律意识领域。在现代社会中，法律是社会关系的调节器，司法是解决社会纠纷的最后防线。现实社会的种种矛盾必然反映到司法中来。在社会矛盾的解决过程中，社会主体的法律意识与现实的法律运作发生着各种各样的碰撞与摩擦，进而导致在中国社会转型期法律意识变迁的过程中充满了各种各样的矛盾。法律意识变迁的推动力量和阻却因素互相斗争、相互冲突，构成了错综复杂的矛盾体系。

法律意识变迁过程中的矛盾，既表现为落后的法律意识不能满足现实政治、经济的发展需求的矛盾，又表现为现实政治、经济的发展条件不能满足现代法律意识生长需求的矛盾；既表现为现代法律意识不能迅速融合传统文化精华的矛盾，又表现为传统文化严重阻碍现代法律意识成长的矛盾；既表现为大众法律意识与职业法律意识之间的矛盾，也表现为精英法律意识与职业法律意识之间的矛盾；既表现为现代法律意识的匮乏与司法资源闲置的矛盾，又表现为现代法律意识的觉醒与司法权威不足、不能满足人们日益增长的现代法律意识需求之间的矛盾。具体来说，可以概括为如下三个主要方面。

---

① 刘旺洪著：《法律意识论》，法律出版社 2001 年版，第 125 页。

一、传统法律文化与现代法律意识之间的矛盾

中国传统法律文化根植于传统的农业文明社会，其与当时的政治、宗教、哲学、艺术等上层建筑一样决定于当时的经济基础，其内容不可避免地与建立在工业文明和市场经济基础之上的法律意识存在着冲突。除了前面涉及的封建等级观念与现代法律意识的平等观、国家本位意识与现代权利义务观之间存在的冲突以外，传统法律文化与现代法律意识之间的矛盾还表现在如下几个方面：

1. 工具主义法律观与法律至上意识的矛盾。在封建专制的统治之下，皇帝拥有至高无上的权力。但皇帝的权力不是来源于人民的授予，而是通过武力取得或继受取得，再配之以"君权神授"之美名加以装饰。在"普天之下，莫非王土；率土之滨，莫非王臣"的环境下，国、家甚至民众都是帝王的私有物，法律只能成为维护帝王统治的工具。正如管子所言："法者，上之所以一民使下也。"（《管子·任法》）其大意是说，法是君主用来劝善止暴、役使人民和维护统治的工具。法律在社会中的地位依附于权力，法自君出，言出法随。法为权力服务，成为君主安邦治国、驾驭臣民的利器。对于百姓而言，法律只能是其无条件遵守的规则。法家主张的法"不别亲疏，不殊贵贱，一断于法"只是针对臣民而言，并不包括君主在内。封建权贵阶层可以享有"官当"、"八议"等种种法外特权。因此，在古代中国，皇权至上、法自君出被认为是天经地义之公理。法律是治民的工具，不可能成为限制国家权力的规范，更不可能在权力之上。这与现代法治所推崇的法律至上、法的统治是截然对立的理念。传统的法律工具主义理念至今还影响着人们的行为，部分国家机关工作人员仍然视法律为治理社会的工具，这已成为建立法治国家、树立现代法治理念的严重障碍。如果不能及时摆脱工具主义的法律观，今天的"依法治国"便极有可

能回到中国古代"法治"的老路上去。①

2. 重实体轻程序与程序优位的矛盾。从法学的角度来说，"程序是从事法律行为、作出某种决定的过程、方式和关系"。② 程序有正当程序与非正当程序之分，正当的法律程序对于实体法具有重要的保障作用，没有程序法的保证，再公正的实体法也会被歪曲。"'无程序的法律'意味着没有程序制约的实体规则得不到一致的、普遍的、公开的执行，它完全可以演变成专制的恶法。"③ 在工具主义法律观的影响下，中国传统法律文化严重存在着"重实体轻程序"的法律思想，否定程序自身价值的程序虚无主义盛行。人们对程序法的价值定位基本上持工具主义的立场，认为程序只不过是实现实体的一种手段，只要结果正义，程序如何并不重要，甚至是可有可无的。传统法律文化之所以否定程序的自身价值，正是因为程序具有保障实体作用的功能，如果承认程序法的价值就意味着对权力的限制，统治者就不能够随心所欲地运用法律来达到自己的统治目的。所以，在中国的法律传统中，诸法合体、实体法与程序法不分构成了中华法系的一大特征，久而久之形成了人们淡漠法律程序的心理。随着现代民主意识的提高、法律意识的增强，人们逐渐认识到程序的独特价值，认为如果离开了程序的保护，公平、正义的结果本身也是值得怀疑的，正如美国上议院休厄特大法官所言："公平的实现本身是不够的。公平必须公开地、在毫无疑问地被人们所能够看见的情况下实现。这一点至关重要。"④ 甚至有人认为，程序的重要性在某种程度上还要高于实体，"宁可生活在用

---

① 张晋藩、焦利：《传统法律文化与现代法治理念的冲突与互动》，载《新视野》2003年第5期。

② 孙笑侠著：《程序的法理》，商务印书馆2005年版，第15页。

③ 孙笑侠著：《程序的法理》，商务印书馆2005年版，第43页。

④ ［美］彼得·斯坦、约翰·香德著：《西方社会的法律价值》，王献平译，中国人民公安大学出版社1990年版，第97页。

普通法程序适用的俄国法律之下，也不愿生活在俄国程序法适用的普通法之下"。[①] 就我国目前的法律意识状况而言，程序法律意识依然非常淡漠，有的人甚至任意歪曲程序，诋毁正当法律程序原则。行政机关的"暗箱操作"，公安机关在侦查过程中的非法取证、刑讯逼供，法院的拖延办案和超期羁押等现象都是程序意识缺失的表现。这些现象和我国传统法律文化"重实体轻程序"的法律思想是密不可分的。

3. "清官意识"与民主意识的矛盾。中国传统社会是封建帝王专制统治的社会，是"人治"社会。法律在人治社会里必然会演变为治民的工具，而非保护人民利益的规范。只要有利于统治者的利益，统治者便可以利用某项法律，也可以随时废弃某项法律。因此，保护人民利益与危害人民利益的不是法律，而是统治阶层的好恶。特别是统治阶层的个人的道德修养，成为直接影响人们命运的决定性因素。此时，人们便只能期盼官员清正廉明，清官意识也就不可避免地产生了。再加上封建统治者集立法权、行政权和司法权于一身，更导致了个人权力的膨胀，这样人的因素就尤为重要了。在强大的国家权力面前，个人的主体意识、独立意识也无法得到正常的发展，个人的命运几乎完全掌握在各级官吏的手中。封建统治者为维护自己的统治，一方面强化其独裁权力，另一方面教化统治阶级内部成员要牢记"水能载舟亦能覆舟"、"以德配天"的道理，这样，"清官意识"、"父母官意识"、"为民做主意识"就得到了进一步强化。在这种意识的指导下，如果个人的利益受到本级官员的侵犯或不能被本级官员所保护，百姓就会采取"拦轿喊冤"、"越级上访"的行为，希望上级官员保护自己的权益。当然，上级官员的清廉与否会成为权益能否被保护的决定性因素。直到今天，这种清官意识依然在现实中存在着。

---

① ［英］威廉·韦德著：《行政法》，徐炳等译，中国大百科全书出版社1997年版，第93页。

以为民做主为价值取向的清官思想是传统臣民关系的体现，是公民缺乏主体性的表现，其与现代社会的民主意识之间的矛盾是显而易见的。清官思想宣扬的不是人民自己掌握自己的命运、积极参与政治生活并通过合法途径维护自己权益的现代公民观念，而是一种盲目的英雄崇拜和期待人身依附的观念。在以人民主权为理念建立的现代国家中，官员是人民通过法定途径和程序选举的，是代表人民行使公权力的"公仆"。当国家机关工作人员滥用公权力损害公民合法权利时，公民有权通过法定途径来维护自己的合法权益，通过行政诉讼来纠正官员的违法行为，甚至对违法官员实施罢免权，而不是等待或期盼清官的降临。封建时代的清官固然比贪官要好得多，但必须明确的是，其与现代社会通过民主程序选举出来的官员之间，在权力来源、与人民的关系、为官目的等方面是有本质区别的。

4. 礼法结合与法律主治的矛盾。在中国传统法律文化中，礼是天理、国法、人情的有机结合体。礼的内容几乎涵盖了社会生活的方方面面。礼与法的关系表现为"礼所不容，刑之所加"，"出礼则入刑"。引礼入法、礼与刑的结合从西周时期便已经开始了。一方面是周礼的法律化，另一方面是周朝法律的伦理化。汉初确立了儒家思想的统治地位，"春秋决狱"使法律的伦理化程度不断加强，进一步促进了法律的伦理化进程。直到唐代的"一准乎礼"，使得礼与刑的结合达到了更加完美的地步。以礼附法使道德法律化，以法入礼使法律道德化，礼法结合，出礼则入刑。之后的宋至明清时期，法与礼的作用互有消长，但礼法不分的习惯依然延续，礼与法相互结合，共同起着现代国家法的作用。

礼法结合的法律文化实际上是法律和道德不分的法律文化，礼在法的强制下获得了法的权威，法在礼的引导下获得了对社会生活的全面控制。这样，我国传统法律文化就实现了对人的全面的法律控制，这也正是传统社会独裁与专制的一种表现。现代法律文化最大的进步之处在于对法律与道德的区分。法律成为有序社会的主导规则，具有强制力和至高无上的权威。国家只能对违法者采取法律措施，而不能干涉道德领域的事务。道德事务交给社会自由发展，国家可以给予必要的引导。这样，生活在现代法律制度之下的公民就享有了巨大的自由空间。法律与道德的分离体现了人类的文明与进步。

中国传统文化中的礼法结合与现代法治社会法律主治意识的矛盾表现为，在我国现阶段仍然存在着混淆法律和道德界限的倾向，这种倾向有时还非常严重。这不仅妨碍了法律规则的完善和发展以及法律体系的更新，而且还造成了现实国家事务中不必要的混乱，甚至使得国家的治理方向出现了不应有的偏差。例如，腐败问题是重要的社会问题，其行为后果具有严重性，并且属于邪恶道德之一种，这样的问题理应纳入法律的调整范围，法律问题必须通过法律途径来处理。如果将法律问题道德化，其结果只能是将问题进一步扩大。

二、市场经济的快速发展与法律意识相对滞后的矛盾

自然经济主要依靠伦理来调整，计划经济主要依赖行政来调整，市场经济主要依赖市场来调整，而市场经济在很大程度上来说又是法治经济。市场主体的权利与义务、市场交易的规则与秩序、政府在市场经济中的地位和行为的界限等都必须纳入法治轨道，以法律的形式来加以规范，离开了法治，市场经济就无法顺利进行。而由"法制"向"法治"转变的关键是法律意识的转变，树立与社会主义市场经济相适应的法律意识是市场经济健康顺利发展的必要条件。因此，建立社会主义市场经济体制，不仅是我国现行经济体制领域的一场革命，也是与法治经济相适应的法律意识的深刻变革。法律意识属于上层建筑领域的范畴，其形成最终受经济基础的制约。在市场经济与法律意识的关系中，市场经济的发展对法律意识的形成具有决定作用。只有在市场经济发展的过程中，与市场经济相适应的法律意识才会逐步形成。这就表明，市场经济的发展及

其与之相适应的法律意识在形成的过程中具有某种程度的同步性，现代法律意识的形成在很大程度上要靠市场经济的大力发展才能完成。但由于受浓厚封建法制传统的影响以及我国长期实行计划经济体制，法律意识在某种程度上落后于市场经济的发展也就在所难免。具体地来说，滞后的法律意识与市场经济发展的矛盾主要体现在如下几个方面：

1. 市场经济的发展与市场主体平等意识缺失的矛盾。市场经济是以市场为基础来配置资源的经济形式，价值规律是市场经济的基本规律，等价交换是市场经济的基本准则。这就要求市场经济主体之间的地位要平等，各主体具有平等参与市场竞争的权利。而我国延续数千年的身份法、特权法，使得在现实的市场经济实践中实现从身份到契约的转变非常困难。国内企业与国外企业、国有企业与私营企业、个体经济与集体经济等各主体的地位不仅在立法方面并非完全平等，而且在执法方面也不能够得到法律对各主体的平等保护，地方保护主义和部门主义时有发生。不平等的竞争必然导致垄断或变相垄断的发生，使正常的市场竞争秩序遭到破坏。因此，平等法律意识的缺失在一定程度上阻碍着市场经济的健康发展。

2. 市场经济的发展与错误的权利、义务观的矛盾。法律是以权利义务为核心来调整人们的行为的，法律是权利与义务的统一体，没有不履行义务的权利，也没有不享有权利的义务。我国的传统法律文化是以义务为本位的文化，经过两千多年封建社会的发展，其使得民众的权利意识被长期压抑，权利意识非常淡薄，义务意识根深蒂固。新中国成立后我国长期实行计划经济，同样强调主体的义务，忽视主体的权利，使得法律的义务属性进一步延续。而市场经济不仅是法治经济，同时也是权利经济。如果主体没有权利意识或权利意识淡薄，那么市场经济的发展就缺少内在的动力。应该说，社会转型期社会主体的权利意识有了很大的增强，但还有相当多的主体仍然缺乏权利意识，当自己的权利受到侵害后依然保持沉默。另外，权利义务观出现了新的畸形发展趋势，那就是割裂权利义务的关系，只享有权利而不愿意承担义务，如环境污染、偷税漏税、执法不严、违法不究等现象都是主体不积极履行义务（职责）的表现。权利意识的缺乏与权利义务关系的割裂，片面地强调享有权利，使逃避义务都会成为市场经济发展的阻力。

3. 市场经济的发展与诉讼意识落后的矛盾。诉讼是通过司法途径解决当事人之间争议的活动，是当事人维护自己合法权益的手段。在市场经济发展的过程中，不可避免地会产生各种各样的矛盾和纠纷，既有平等主体之间的民事纠纷，也有不平等主体之间的行政纠纷。但中国传统文化讲究"和为贵"，诉讼是当事人万不得已采取的手段。时至今日，这种厌诉心理依然非常严重，在某种程度上已经成为市场经济发展的阻力。有些当事人遇到纠纷后，要么大打出手、要么私了、要么找政府主管部门或党政领导解决，这使得本来通过诉讼就能够顺利解决的纠纷变得非常复杂，严重降低了市场效率。在侵权主体为国家机关时，当事人却采取逃避的态度，不敢通过行政诉讼来维护自己的合法权益。当然，这种厌诉心理不完全是诉讼法律意识缺乏所致，还有司法的权威不足等深层次的原因。中国加入世贸组织以后，诉讼法律意识对企业来说也变得尤为重要。近年来，一些境外企业抢先注册中国的知名品牌商标，还有一些国家频频指责我国的一些企业在对外贸易中有倾销行为并对之科以重罚，但很少有企业拿起法律的武器，利用世贸组织的争端解决机制来维护自己的合法权益，公平、合理地解决纠纷。因此，诉讼法律意识的淡漠也成为市场经济发展的又一阻力。

4. 市场经济的发展与守法意识缺失的矛盾。亚里士多德认为，法治有两重含义：一是已经制订的法律必须得到遵守，二是大家所遵守的法律又是良法。可见，法律的遵守是法治社会建立的应有之义，而且是法治的第一要义。虽然我国传统法律也强调守法，近年来的普法教育也把守法作为宣传的主要内容之一，但守法意识在一些人的头脑中依然相当淡漠，甚至违法主体不以违法为耻，反以"蹂躏法律"为荣。酒后驾车、欺行霸市、坑蒙拐骗、非法开采、偷税漏税、执法不严、徇私枉法等现象时有发生，而且愈演愈烈，已经严重影响了当前经济的发展。从违法的性质来看，既有民事违法、也有行政违法和刑事违法；从违法的主体来看，既有一般主体的违法，也有国家机关及其工作人员的违法；从违法的主观过错来看，既有故意的违法，也有过失的违法；从违法的原因来看，既有不知法违法，也有知法犯法；从违法的后果来看，既有轻微违法，也有严重违法。

总之，一方面，市场经济的健康发展必然导致法律意识的提高；另一方面，市场经济的健康发展也需要正确的法律意识的支持，法律意识的缺失必然为市场经济的发展带来巨大的阻力。

三、法律意识的增强与司法权"疲软"之间的矛盾

改革开放以来，人们的法律意识有了极大的提高。人们在认为自己的合法权益受到侵犯后寻求司法救济已经成为较为普遍的现象，诉讼、打官司、民告官等对于一般普通百姓而言也已经不是什么陌生的词语。但另一方面，我国的司法资源在很大程度上已经不能满足人们的司法诉求，人们日益增长的法律意识与司法资源不足之间的矛盾日益突出。司法是解决社会纠纷的最后一道防线，其以公开、公正的程序，借助舆论监督和高素质的法律专业人才取得了社会的信任，保障了法律的正确实施。如果司法受案范围狭窄、司法权威流失、司法不公严重，解决社会纠纷的最后防线就会崩溃，那么人们不仅会对司法公正失去信任，而且还会对法律失去信任，当然也就不会形成法律信仰。矛盾积攒过多，还会对国家和社会的安定造成威胁。由于种种原因，我国的司法权严重"疲软"，已经不能满足人们日益增长的法律意识需求，具体可以概括为以下几个方面：

1. 司法审查范围的狭窄性不能满足人们对司法的诉求。司法审查的范围，是指哪些案件应该属于法院受理范围并对之作出判决。由于各国的政治体制、司法资源、法律传统各不相同，司法的

管辖范围也不尽相同。刑事诉讼由于受罪刑法定原则的限制，刑法没有规定的罪名当然不能作为刑事案件来受理。民事诉讼由于受诉讼时效、受案标的及案件性质等的影响，也存在一定的限制范围。而行政诉讼的受案范围受政治体制的影响可能会更大些，各国的受案范围差距较大。我国现行行政诉讼法排除了四种行为：一是国防、外交等国家行为；二是抽象行政行为；三是内部行政行为；四是由行政机关终局裁决的行政行为。《最高人民法院关于执行〈行政诉讼法〉若干问题的解释》又增加了若干不受行政诉讼管辖的行为。由于公益诉讼制度尚未建立，公益诉讼案件也不能够纳入诉讼范围。另外，根据我国宪法的规定，我国的各级法院由同级人大产生，其地位低于各级人大，法院也不享有对各级人大立法的违宪审查权。

相比之下，我国法院司法审查的范围具有很大的狭窄性，特别是违宪审查权的缺失以及行政诉讼的受案范围过于狭窄，使得很多本该由法院解决的纠纷得不到司法的救济，纵使当事人有诉讼意识也无法利用司法资源来保护自己的合法权益。

2. 一定程度的司法腐败阻碍着人们对法律的信任。"一次不公的判断比多次不平的举动为祸尤烈。因为这些不平的举动不过弄脏了水流，而不公的判断则把水源败坏了。"① 司法不公正是最大的不公正。由于我国还没有建立起科学的司法体制以及对法官监督的有效制约机制，使得世界公认的最为公正的司法机关在我国还存在着诸多不公正的现象，如立案受阻、拖延办案、徇私舞弊、枉法裁判、索贿受贿、违法执行等，严重地影响了案件审判的公正性。我国的司法不公除了司法不独立导致的司法受制因素过多以外，司法人员的素质不高也是重要的原因之一。1995 年以前，我国的法官录用受新中国成立后长期施行的司法角色大众化惯性的影响，重点

---

① ［英］培根著：《培根论说文集》，水天同译，商务印书馆 1983 年版，第 193 页。

强调法官的政治忠诚，并不重视所录用的法官是否具有实际工作经验。① 1995 年的《法官法》以及 2001 年修订后的《法官法》虽然对初任法官的要求明显提高，但就总体而言，我国目前法官职业的准入标准要远远低于西方发达国家，法官的职业水平还有待提高。法官的素质不高，一方面妨碍了法官对法律真谛及公平正义的正确理解，进而导致大量冤假错案的发生；另一方面又导致了法官腐败，会人为地制造冤假错案。据最高人民法院工作报告统计结果显示，司法腐败现象目前依然较为严重，违法、违纪及被追究刑事责任的既有普通法院的法官、领导，也有最高人民法院的法官及领导。②

司法腐败不同于行政腐败，行政腐败可以由司法来纠正，如果司法再腐败了，社会最后的正义防线就会崩溃。司法腐败不但会动摇人们对法律的信心，阻碍法律信仰的形成，而且还会使人们逐步失去对党和政府的信任，危害极大。司法腐败对人们正确法律意识形成的打击是致命的。

3. 司法权威不足削弱着人们对司法的信心。"权威是权力和威（信）望的合成词。权力是强制服从的，威（信）望是使人信服而自愿接受的。权威作为一种信从的力量和威望，其中一半来自于正式的组织授予，表现为外在性的职务权力。另一半则来自于非正式的自我塑造，表现为自然性的社会影响力。"③ 因此，司法的权威来自于两方面，一是法院自身的素质如何，二是法院职务性权力的大小。如果说上述的司法不公正减损了法院一部分权威，那么法院

---

① 参见程竹汝著：《司法改革与政治发展》，中国社会科学出版社 2001 年版，第 361 ~ 362 页。

② 2008 年 10 月 15 日，原最高人民法院副院长黄松有因涉嫌严重违纪被中央纪委立案审查，并被采取"双规"措施。

③ 陈晋胜著：《警察执法论》，中国民主法制出版社 2001 年版，第 302 页。

在国家权力中的地位不高、权力不足则减损了法院的另一部分权威，具体表现如下。

首先，人民法院的判决执行难。执行难在我国表现得十分突出，它使公正的判决也化为了泡影。执行难表现在被执行人难找、暴力抗拒执行、不协助执行、地方保护主义干扰执行等多个方面。由于判决书得不到执行，甚至出现了当事人"卖判决书"的怪现象。① 人民法院为解决执行难问题，还迫不得已作出了"1999年为执行年"的有悖法理的决定。产生执行难的原因是多方面的，法律意识淡漠、社会信用缺失、地方保护主义盛行等都有可能导致执行难现象，但法院的权威不足也是重要原因之一。

其次，法院的地位要低于立法机关和行政机关。司法的重要使命在于控制立法权与行政权，而根据我国宪法及法院组织法的规定，我国的法院由同级人大产生，法院没有审查同级人大立法是否违宪或违法的权力。如果地方法院的法官敢于挑战地方性法规，则面临着被撤职的危险。② 就法院和行政机关的地位而言，它们在宪法中的地位本来是平等的，但在现实的操作层面，各级法院的人、财、物实际上却受制于各级政府，这样法院的实际地位就要远远低于各级人民政府的地位，这就使得人民法院在审理民告官的案件中

---

① 2003年12月20日上午，在广州市天河宏城广场，一位70多岁的老人在拍卖《广东省广州市某区人民法院民事判决书》，他的面前摆了一大张白纸，其上赫然用红色笔写着"拍卖法院判决书"几个大字，内文则有"赢了官司但讨不回薪水……现在愿五折出售法院判决书……如果有人代为追回欠薪可获2万元酬劳费"等内容。参见张配吉：《老翁为追薪'拍卖'判决书》，载《信息时报》2003年12月21日。

② 2003年5月27日，河南省洛阳市中级人民法院经济庭的法官李慧娟，在对河南省某两个县的种子公司案件作出的判决中，因使用了《中华人民共和国种子法》，而没有使用与《中华人民共和国种子法》相抵触的《河南省农作物种子管理条例》，竟然被河南省人大常委会宣布免去助理审判员的职务，其审判长的职务也被撤销。

处于被动的地位。行政机关在其成为被告时，往往采取"不应诉、不答辩、不出庭"的"三不政策"；某些公安机关作为被告时，竟然在法庭上将原告强行带离法庭，公然违背法律程序，挑战法院的权威。即使法院作出了原告胜诉的判决，行政机关也不予配合执行，甚至阻碍执行。

再次，司法权威不足还表现为法官审判案件的独立性不够。"司法独立可以从两个层面上来理解：一是作为现代宪政制度结构的一个部分，它意味着'司法权独立'；二是作为司法公正的制度保障，它意味着裁判主体即'法院和法官的独立'"。① 法院的权威不足不仅表现为上述的法院地位低于立法机关和行政机关，而且还进一步表现为法官审判案件的独立性不强。法官判案不仅受到法院内部领导的干涉，而且还受到审判委员会的制约，有时上级法院还通过案件请示制度干涉下级法院的审判，由此造成了审理与判决的分离。审案人员不判，判决人员不审，违背了诉讼活动的直接审判原则，这样既损害了合议庭及参与审判的法官的权威，又难以达到司法公正的目的，进而妨碍了司法权威的树立。

最后，司法裁决缺乏终局性。司法裁决的终局性是指法院作出的生效判决，对双方当事人和法院均具有约束力，法院以外的任何国家机关、社会组织及个人均无权改变法院的生效判决。如果确有证据证明判决错误，也只能通过审判监督程序来解决。法院判决的终局性是维护司法权威、实现司法效率、发挥司法定分止争功能的必要保障。司法裁决缺乏终局性是法院权威不足的又一表现。由于我国的审判监督程序在法律上没有次数的限定，在一味地追求实体公正的错误思想的指导下，再加上其他机关的干预，一个案件往往会有几个判决，最多的曾经达到有七八个内容相互冲突的判决。司法判决缺乏终局性与稳定性是导致司法权威不足的又一因素。

① 程竹汝著：《司法改革与政治发展》，中国社会科学出版社 2001 年版，第 72 页。

以上种种司法弊端一直都在不同程度上存在着，尽管改革开放以来我国的司法系统也在不断地进行着各种各样的改革，但改革的进程非常缓慢，没有取得实质性的进展。如果不从体制上进行彻底的改革，使司法获得独立的品质，司法腐败就难以消除，司法不公便会继续延续，司法权威也难以树立。当人们的法律意识日益增强，对司法需求越来越旺盛的时候，司法权的"疲软"与人们日益增长的法律意识之间的矛盾也必然会日益突出。

相比之下，中国社会转型期法律意识变迁的其他矛盾，如传统法律文化与现代法律意识之间的矛盾、市场经济的快速发展与法律意识相对滞后的矛盾、大众法律意识与职业法律意识之间的矛盾等，都是可以逐步克服的、隐性的矛盾，而人们日益增长的法律意识与司法资源不能满足人们日益增长的法律意识需求之间的矛盾则是刻不容缓的、显性的矛盾。因为司法直接面对着具体的纠纷，具体纠纷如果得不到解决或得不到公正、及时的解决，就会动摇人们对法律的信任，更难以形成对法律的信仰，进而还可能演变为社会不安定的隐患。所以，人们日益增长的法律意识与司法权"疲软"之间的矛盾，已经成为中国社会转型期法律意识变迁的主要矛盾。

第三节　法律意识结构对法律教育形式的整合

教育主体运用不同的教育方式，根据不同的教育目的，按照不同的教育标准，对不同的社会主体进行不同程度的法律教育，进而形成了不同的法律教育形式。不同的法律教育形式必然导致法律意识的层次性。就法律意识自身的结构而言，法律意识也有横向结构和纵向结构之分。法律教育的不同形式和法律意识的结构在某种程度上有很大的契合性，这就决定了国家法律教育改革不仅要从本国的国情出发，参照国外法律教育的先进经验，而且还必须重视法律意识的内部构成要素，按照法律意识结构的内在规定性来规划、设计本国法律教育的发展路径与目标。

一、我国法律教育形式

就我国目前法律教育的状况而言，按照法律教育的不同目的对法律教育的构成进行解析，可以把我国的法律教育划分为三类：高等院校法学教育、法律职业教育和普法教育。

1. 高等院校法学教育。从历史发展的角度看，改革开放前，新中国法学教育经历了初创阶段（1949～1956年）和停滞阶段（1958～1976年）。社会转型期的法学教育随着我国政治、经济的不断发展也呈现出不同的发展阶段。1978年至1993年，为法学教育的恢复阶段。该阶段在反思"文化大革命"教训的基础上，于党的十一届三中全会提出了党和国家工作重点转移到社会主义现代化建设上来和实行改革开放的战略决策，提出了加强社会主义民主、健全社会主义法制的基本方针。① 面对被"文化大革命"期间摧残殆尽的法学教育和政法专业人才极其匮乏的局面，刚刚恢复重建的司法部采取了恢复法学教育和加快政法干部队伍建设的一系列措施。例如，恢复重建政法院校和法律系、组织编写法学教材、组织大规模的司法干部培训和法律专业教师培训等。经过这一阶段的恢复和创建，多渠道、多形式、多层次的法学教育格局开始形成，

---

① 霍宪丹：《加强民主健全法制，没有知识没有人才不行——学习邓小平关于加强政法队伍建设、发展法学教育的论述》，载《现代法学》1995年第3期。

为中国法制建设培养了大批法律人才和政法干部。①

1993 年至 1999 年，为法学教育的改革发展阶段。继邓小平南行讲话之后，党的十四大和十五大相继提出了建立社会主义市场经济的发展战略和建设社会主义法治国家的基本方略，这为法学教育的发展提供了新的机遇和发展动力，法学教育迎来了改革开放以来的又一次发展高峰。在此期间，法学教育有了较快的发展。法学教育结构由普通高等法学教育、成人法学教育和法律职业教育构成，学历层次涵盖了中专、专科、本科、硕士、博士等各个类型，法学的办学规模不断扩大。② 同时，成人法学教育也迅速发展起来，据 1998 年底统计数据显示，全国成人高等法学教育的专业点达到了197 个。另外，1995 年 4 月，国务院批准在中国首次创建法律硕士学位教育制度，开辟了我国高层次应用型法律人才培养的新渠道。

1999 年至今，为法学教育的全面发展时期。此时，有中国特色的法学教育体系已经基本形成。法学教育的规模进入了空前的发展阶段，法学教育基本形成了门类齐全、结构完善和比较完整的学科专业体系。无论是招生高校数、招生人数还是师资队伍都有了空

---

① 据 1993 年的统计结果表明：（1）改革开放以来的 15 年，国家已培养 5 万多名普通本、专科法律毕业生，已建立起 135 个普通高等政法院校系（专业），比新中国成立以来发展最好的 1957 年增长了 13 倍。（2）适应发展需要，设立了新的专业。普通高校法律院系设立了法学、经济法、国际法、国际经济法和劳动改造法学 5 个本科专业、4 个普通专科专业和 6 个专业方向，改变了专业单一的问题。（3）师资队伍建设取得了很大的成效，全国共有法律专业教师约 9300 人，具有高级职称的约 2000 人。其中，普通高校法律专业教师 6162 人，教授、副教授 1500 多人。参见蔡定剑、王晨光主编：《中国走向法治 30 年》，社会科学文献出版社 2008 年版，第 164 ~ 165 页。

② 据 1998 年年底教育部教育信息中心资料，司法部法学教育司统计结果表明：专业结构调整后，全国普通高等院校设立法学专业点 214 个，当年法学本、专科在校生约 8.5 万人，招生约 2.9 万人，毕业生 1.78 万人。

前的增长，办学规模实现了跨越式发展。[1] 同时，中国法学界还积极组织开展了法学教育的对外交流与合作。

2. 法律职业教育。法律职业教育是指对法律职业者的法律教育。它不仅是我国法学教育的重要组成部分，而且也是我国法律制度的重要组成部分。与其他类型的法学教育相比，法律职业教育的对象具有特殊性，主要包括法官、检察官和律师三大类。改革开放前，法律职业在改造旧司法和各种政治运动中受到了一系列的冲击。"文化大革命"期间的彻底"砸烂公检法"运动，使得各级政法机关基本处于瘫痪状态；律师则被认为是"替坏人说话"，在"无法无天无律师"的时代，律师职业更是没有存在与发展的空间。我国严格意义上的法律职业兴起是在改革开放之后，经历了从"砸烂公检法"到法律部门的重建，从对政法干部补课式的应急培训向系统化、规范化培训的转变过程。

改革开放之初，我国法院系统内法律专业人才奇缺。据统计，1985 年之前，全国法院系统 20 多万干警中，具有大专以上文化的仅占 7%，而其中法律专业毕业的不足 3%。检察院系统也同样面临着人才短缺的困境。所以，在恢复了司法部、重建公检法系统的基础上，法律人才的培养成了当时的迫切需要。为了改变人才短缺的状况，1985 年 9 月，最高人民法院创办了全国法院干部业余法

---

① 据统计，2007 年，607 个法学院（系）招收了近 10 万普通本科生，比 30 年前的 1977 年的 3 个法律系共招收 223 人，分别增长了 202 倍和 448 倍。2007 年，全国法学类专业成人高等教育本、专科共招生 6.96 万人，在校 21.32 万人，毕业 3.46 万人；全国高等教育自学考试法律专业和律师专业的本、专科现有考生人数约 36 万人。参见蔡定剑、王晨光主编：《中国走向法治 30 年》，社会科学文献出版社 2008 年版，第 169 页。

律大学，为法律系统培养了大批人才。① 1988 年，最高人民法院和国家教育委员会还联合创办了中国高级法官培训中心，并委托北京大学和中国人民大学开办进修班，为法院定向培养学位研究生。截至 1997 年，该中心已培训出近 600 名有高级法官任职资格的学员和一批法学硕士。1997 年，国家法官学院在全国法院干部业余法律大学和中国高级法官培训中心的基础上成立了，承担法官的培训任务。后经最高人民法院批准，国家法官学院先后在北京、上海、天津、内蒙古、四川、山东等地的 17 个高级人民法院设立了分院。②

与此同时，检察官的职业教育也取得了很大的进展。1986 年，最高人民检察院报请国家教育委员会要求成立中央检察管理干部学院，并要求在有条件的省、自治区、直辖市积极筹建检察官干部学校。1988 年，最高人民检察院建立了高级检察官培训中心，地方检察院建立了 26 个电大分校、检察院和培训中心，1990 年成立了中央检察官管理学院。1998 年，最高人民检察院成立了国家检察官学院，检察官的培训机构进一步得到了加强。另外，法官、检察官的培训还建立了相应的制度保障。最高人民法院和最高人民检察院为规范法官、检察官的培训工作还制订了相应的制度，如《法官培训条例》、《2001～2005 年全国法院干部教育培训规划》、

---

① 在十多年的时间里，全国法院干部业余法律大学累计培养大专学历学生 8.9 万人，专业证书学生 8.2 万人。截至 1997 年，全国法院系统中达到大专以上文化程度的人占全体干警的 70%，其中法官占 80%，高级法官占 90%。参见乔燕、王红：《建立和完善我国的法官教育培训体系》，载《法律适用》1999 年第 5 期。

② 据不完全统计，截至 2007 年 8 月，全国省级法官培训机构共举办各类培训班 2000 余期，培训法官和其他法院工作人员 50 余万人次。国家法官学院共举办各类培训班 230 余期，培训各级法院院长、司法骨干和司法政务人员近 3 万人次。参见肖扬：《在庆祝国家法官学院建院十周年大会上的讲话》，载《法律适用》2007 年第 10 期。

《2006～2010 年全国法院教育培训规划》、《2001～2005 年全国检察干部教育培训规划》、《检察官培训条例》等。①

在检察官职业化的同时，律师职业也日益兴旺。1979 年颁布的《中华人民共和国刑事诉讼法》第一次以国家立法的形式确认了律师的法律地位。1980 年颁布的《中华人民共和国律师暂行条例》恢复了律师出庭辩护制度。1996 年制订的《律师法》进一步促进了律师职业的全面发展。2007 年 10 月修订的《律师法》对律师的法律地位进行了重新定位。该法第 2 条规定："本法所称律师，是指依法取得律师执业证书，接受委托或者指定，为当事人提供法律服务的执业人员。"这一界定纠正了过去对律师定位的偏差，涵盖了律师的应有之义，提升了律师应有的社会境界和法律人内涵，丰富和强化了其社会功能，形成了现代社会对律师的政治人、法律人、文化人等多重属性的综合把握和完整界定，凸显了律师在我国物质文明、政治文明和精神文明建设中的重要作用。② 律师的法律地位也完成了从国家法律工作者到社会法律工作者，再到为当事人提供法律服务的执业人员的转变。

与法官和检察官相比，律师的职业化发展一直处于领先地位。改革开放以来，律师队伍逐步壮大，服务的社会领域也日益广阔。律师除了涉足传统的诉讼领域外，也越来越关注非诉讼领域，并且在一定程度上进行了政治参与。③

为了加强法律职业建设，改变法律职业非专业化的现象，国家逐步建立了法律职业资格制度，逐渐提高了法律职业的准入标准。1995 年开始实行的初任法官、检察官资格全国统一考试制度规定，

---

① 冀祥德：《中国法律教育 30 年》，载中国社会科学院法学研究所编：《中国法治 30 年》，社会科学文献出版社 2008 年版，第 261～265 页。
② 王文远：《律师本体的重新思考》，载《中国司法》2008 年第 2 期。
③ 据不完全统计，到 2008 年 2 月 24 日为止，全国共有 3415 名律师当选为各级人大代表和政协委员。参见《中国律师》2008 年第 3 期，第 28 页。

初任法官、检察官必须具有高等学校专科以上学历。2001年，全国人大常委会修订了《法官法》、《检察官法》和《律师法》，明确规定初任法官、检察官和取得律师资格应当通过统一司法考试，并将法官、检察官和律师的职业资格提高到高等院校本科以上学历。这一制度不仅进一步提高了法律职业的准入标准，而且还推动了法律职业化的发展，促进了法律共同体的形成。

3. 普法教育。普法教育是指普及大众法律知识、法律常识、法治精神等的教育，是中国特色法律教育的重要组成部分。

改革开放之初，在认真总结历史，特别是"文化大革命"前法制建设遭到全面破坏、大众法律意识淡漠教训的基础上，党的十一届三中全会作出了关于加强社会主义法制建设的指示。根据我国宪法关于普及法制教育的规定，中宣部和司法部率先提出了用五年左右的时间在全体公民中基本普及法律常识的决定。1985年11月，党中央、国务院转发了司法部和中宣部《关于向全体公民基本普及法律常识的五年规划》。同年11月22日，第六届全国人民代表大会常务委员会第十三次会议通过了《关于在公民中基本普及法律常识的决议》。该决议规定，从1986年起，争取利用五年左右的时间在所有的有能力接受法制教育的公民中进行一次普及法律常识的宣传教育活动。此后，普法教育逐步做到了规范化与制度化。从1986年开始到目前为止，国家已经完成了四次普法教育，每次历时五年，第五次普法教育正在进行之中。

随着我国社会政治、经济发展的不断深入，人们的法律素质也在不断提高，历届普法教育的内容、对象、目标也随之发生着变化。"一五"普法的特点是启蒙教育，主要任务是普及法律常识，即普及所谓的"十法一条例"。① "二五"普法在继续进行基本法

---

① "十法一条例"包括：《宪法》、《民族区域自治法》、《兵役法》、《刑法》、《刑事诉讼法》、《民法通则》、《民事诉讼法（试行）》、《婚姻法》、《继承法》、《经济合同法》以及《治安管理处罚条例》。

律常识普及的同时，着重强调了对各部门法律知识的宣传，重点突出了以建立和完善社会主义市场经济为主要内容的法律、法规。"三五"普法时期的普法对象有所转移，司法人员、领导干部、企业经营管理人员、行政执法人员等也成了普法宣传教育的对象。"四五"普法则重点转向了对公民法律素质的培养，提出了"两个提高"和"两个转变"的工作目标，即争取实现由提高全社会法律意识向提高全社会法律素质的转变，进而全面提高全体公民的法律素质，特别是提高各级领导干部的法律素质；实现由注重依靠行政手段管理社会逐步向注重依靠运用法律手段管理社会的转变，不断地提高全社会法治化管理水平。"五五"普法以促进社会公平正义、深入学习宣传维护社会和谐稳定的相关法律、法规为目标，进一步提高全社会的法律意识和法律素质，进一步增强国家公务人员的社会主义法治理念，提高依法行政的能力和水平；进一步增强社会组织和各级政府依法治理的自觉性，提高依法服务社会和依法管理的水平。党的十七大报告再次对法制宣传教育工作提出了更为明确具体的要求："深入开展法制宣传教育，弘扬法治精神，形成自觉学法守法用法的社会氛围。"这对普法教育工作如何进一步发展指明了方向。

随着普法教育经验的不断积累，普法教育的形式也日益丰富。从最初发放普法宣传材料、创办普法宣传黑板报和宣传栏到成立普法讲师团进行宣讲，从公益律师进社区到法制电影进乡村，从一大批党报、党刊开辟的法制专栏到中央和地方创办的法制报，从中央电视台众多的法制宣传节目的开辟到地方新闻媒体法制频道的创建，从中国普法网的开通到各种普法网站的建立等，无一不体现了普法教育形式的日益翻新。普法对象也从工人、农民、知识分子、学生、军人扩大到领导干部、司法人员、行政执法人员乃至中央政治局领导等，呈现动态的发展趋势。普法的地点也从农村、厂矿、车间、学校扩大到党政机关甚至中南海怀仁堂。

20 多年的普法教育在中国起到了法律启蒙的作用，其作用是难以用某一数据来估算的。在传统法律观念非常浓厚的中国，其意义非常重大。正如卓泽渊教授曾经指出的："普及法律知识的宣传教育活动，使广大人民群众获得了较为全面地了解法律的机会，有效地提高了全民族的法律意识水平，在相当程度上减少了法盲违法的现象，并为整个法治建设提供了普遍的认识基础……在市场经济和社会发展的过程中，普法对于社会秩序的维护，社会稳定的保持，总之对于社会和谐的意义是不容低估的。"①

二、法律意识结构的层次性与法律教育形式的契合性

如前所述，法律意识的结构大致可以划分为法律心理、法律观念和法律思想体系三部分。从纵向的角度来说，法律意识的构成是有层次性的。法律心理是法律意识的低级发展阶段，它包含了法律情感、法律理想、法律意志、法律评价和法律信仰等与法律心理有关的内容。法律观念是介于法律心理和法律思想体系之间的层面，其既包含了主体对法律认识的感性成分，又包含了主体对法律认识的理性成分，表明主体对法律的认识已经上升到了一定的理性程度。法律思想体系是法律意识所达到的高级阶段，它表明人们对法律现象认识已经达到了理性认识的阶段，表现为系统化、理论化了的法律思想学说和观点，是人们对法律现象认识的自觉反映形式。由此，法律意识的构成表现为明显的层次性。

在现代社会中，一个健全的有行为能力的人以及限制行为能力人都有自己的法律意识，只不过是各主体之间的法律意识所处的层次不同而已。即使处于同一层次法律意识的主体，其法律意识水平也有量的差别，对待同一法律事件也许会持有不同的法律态度。法律意识构成的层次性，除了由社会各主体的生活阅历、经济状况、政治地位等各要素不尽相同所导致以外，更主要是因为后天接受法

---

① 卓泽渊：《构建和谐社会与法治社会》，载中国网时间，http://www.china.com.cn/chinese/zhuanti/chengdult/916649.htm,2005 年 07 月 15 日。

律教育的程度不同而导致的。一个没有接受过任何法律教育的公民，其对法律的理解一般会处于感性认识阶段，会根据自己的社会法律生活实践和感受形成对法律直观的、表面的、零散的、片面的认识、情感、体验等主观心理感受。接受过一定的法律教育之后，他们便对法律的认识上升到某种理性的高度，形成对法律的态度、看法和观念。他们在这个阶段对法律的认识既有感性的成分，又有理性的成分。只有经过长期系统的学习与研究之后，才有可能形成对法律的理性认识，形成理论化、系统化的法律思想、学说和观点，从而达到对法律的自觉反映。

对每一个个体来说，其法律意识一般不会始终处于停滞不前的状态，哪怕是在同一层次内也会有所发展。但法律意识层次之间的飞跃则是质的发展，必须通过后天的学习才能发生。深层次法律意识的获得必然要经过浅层次的法律意识阶段，而浅层次法律意识如果没有后天的培养，则不会自动发展到深层次的法律意识。正因为如此，法律教育才显得尤为重要。

我国目前的法律教育结构与法律意识的层次性具有某种高度的契合性。高校普通法律教育中的研究生法学教育旨在培养具有最高层次法律意识的人才，即培养具有法律意识形态的高级法律人才。职业法律教育从其准入制度来看，2001 年全国人大常委会修订的《法官法》、《检察官法》和《律师法》将法官、检察官和律师的职业资格提高到高等院校本科以上学历，但不仅仅限于法律本科。这意味着我国职业法律教育培养的是法律应用型人才。一个非法律专业本科生完全可以通过自学或其他学习途径获取司法考试资格证书，只不过比经过法学专门学习的本科生可能更困难一些罢了。显然，这种职业法律教育的重点不在于执业主体必须形成某种法律思想体系，其注重的是法律观念、法律方法、法律技巧等方面的培养，属于法律意识的中间层次。当然，这并不妨碍某些职业法律者形成某种法律思想体系，向法律意识的更高层次飞跃。而普法教育则侧重于法律的启蒙教育。虽然国家投入了大量的人力、物力和财力进行空前的普法教育，但法律作为一门专业知识不可能通过几个专栏、几场报告、几个节目就能够被掌握。因此，普法教育的目的主要是针对大众法律意识的提高而言的。而大众化法律意识一般处于法律心理或法律观念阶段，但以法律心理为主。

应该说，三种法律教育形式对社会正确法律意识的形成所起的作用是不同的，相比之下，高等法学教育在正确法律意识形成的过程中起主导作用。一方面，高等法学教育为社会培养出一批具有法律意识形态的精英；另一方面，一大批法律专业的学生加入到法律职业队伍的行列，或进入其他国家机关工作，为法律的正常运作发挥着决定性作用。他们同时又是普法教育的中坚力量，并在日常生活中为社会大众正确法律意识的形成发挥着重要作用。

三、法律意识结构视域中的法律教育资源整合

随着我国高等法学教育的进一步发展以及法律职业共同体的不断形成，高等法学教育与法律职业教育之间的矛盾日益凸显。如何处理好发展高等法学教育与职业法律教育和普法教育的关系成为当前必须加以解决的问题，特别是高等法学教育与法律职业教育的关系问题更值得关注。笔者拟从法律意识构成的角度予以分析。

1. 正确处理高等法学教育与职业法律教育的关系问题。根据国际通行的做法，从事专门的法律职业都必须以接受过基本的法学训练为前提。获得一个类似于我国法学本科的学位，然后才能获取从事法律职业的资格。所以，法学教育是从事法律职业的基础，法律职业是法学教育的目的与结果。法学教育与法律职业有必然的联系。从我国法学教育与职业法律教育的历史来看，存在着法学教育与职业法律教育严重脱离的现象，法学教育与职业法律没有必然的联系。我国的法学教育属于普通的素质教育，而不是职业教育。有很多受过高等法学教育的本、专科毕业生不能够或不愿意从事法律职业，但却有相当多没有受过或没有系统接受过高校法学教育的毕业生或退伍军人等从事着法律职业。统一司法考试前，法律职业受

政治因素影响比较严重，政治素质过硬是进入法律职业的最主要条件，有无法律专业知识则并不重要。统一司法考试后，只要已经获得大学本科学历，无论什么专业都可以参加全国统一司法资格考试。这样，一个非法律专业者，完全可以不经过正规的法学教育，集中时间突击一下国家司法考试的资料，只要通过了考试就可以从事法律职业了。与非法律职业的大学生相比，受过法律专业教育的优势就是提前接受了一些法律知识，更有利于通过司法考试罢了。而高校在传授法律知识方面并不比各种司法考试专门培训班更有优势。这样一来，正规的高校法学教育似乎失去了存在的价值。为此有学者呼吁取消法学本科教育，走西方法律教育精英化的道路，高校法学教育只保留研究生教育。当然，这一建议也是由高校本科生扩招，法学本科毕业生就业困难的事实所致。

但笔者认为，在我国，高校法学教育同时还承担着法律职业教育的重任，目前仍然有其继续存在的合理性，不能贸然取消。法学职业教育是职业化教育，随着社会分工的不断细化、法律的日益复杂，必然要求法律职业专业化，以保证从事法律职业者具有相同的教育背景、统一的价值取向、共同的思维模式。然而，从我国法律职业教育的发展史来看，其确切地说是有法律职业，但没有形成专门的、统一的法律职业教育。改革开放之初，为了培养大批的公检法人才，各种级别的高校、职业学校、司法学校，甚至检察院、法院内部举办的各种培训班、速成班都是培养法律人才的基地。而这种不规则的、没有统一标准的培养形式是无法使法律职业共同体具有统一品格的。在各种培养形式中，高等法学本科教育及研究生教育是最为规范的教育形式，在培养法律人方面起着越来越重要的主导作用。在国外，如英、美等国家，虽然大学本科基本没有法学教育，法学教育的起点相当于我国现在的法律硕士学位教育，但其毕竟没有超越专门法学教育的特殊阶段，只不过将这一阶段推迟而已。加上后续的、严格的职业培训、继续教育培训制度的保证，才保证了法律职业共同体的高贵品格。就我国目前的状况而言，通过司法考试后，再经过形式上的"挂职锻炼"，就可以名正言顺地从事法律职业了，正规的、有针对性的法律职业训练其实是不存在的。因此，在正规的法律职业教育制度形成之前，如果没有了高等院校法学教育的基础作后盾，法律职业队伍的素质就无法保证。

用法学硕士或法律硕士研究生教育代替法学本科教育的不可取之处还在于，我国法学硕士研究生教育的现有培养目标并不明确，较国外的法律职业专门训练还不够规范，而法学硕士研究生教育又侧重理论的学习与培养，与法律实践距离较远。就总体而言，我国法学硕士研究生教育侧重培养法学理论人才，更趋向于最高法律意识层次，即法律意识形态的培养。

保留法学本科教育的重要原因还在于，我国的法学本科教育不仅会为法律职业培养中坚力量，而且还在客观上承担着传播现代法律意识的使命。如前所述，法学教育培养出来的人才不仅只从事法律职业工作，在非法律职业部门中，如行政机关、立法机关等，同样存在着大批的受过高等院校法学教育者，他们在各行各业中也无形地传播着法律意识。在我国人治思想还比较严重、封建残余思想仍然存在的时期，高等法学专业的毕业生发挥着遏制落后法律意识、弘扬法治精神的重要作用。

法学专业就业难也并不能成为取消高等院校法学本科教育的当然理由。就业难是各个学科普遍存在的现象，法学本科以及法学研究生就业难其实并不等于社会真的不需要法学人才。现在在国家机构内还存在着大量不太合格的法律职业者，随着政治改革的不断深入，体制外的人才必然要加入到体制内部中来。2007年的五四青年节，国务院总理温家宝在看望中国人民大学学生时说："政治体制改革其中一个重要的任务就是依法治国，建设法治国家，现在我们法律方面的人才不是太多了，而是太少了。"① 苏力教授认为，

---

① 冀祥德：《中国法律教育30年》，载中国社会科学院法学研究所编：《中国法治30年》，社会科学文献出版社2008年版，第269页。

目前我国法学教育不能满足中国需要的另一方面原因，在于其还不能满足中国农村或经济相对落后地区的法治需要。例如，直到2005年底，全国不仅还有206个县没有任何律师，更多的中西部省、自治区，每个县往往只有一两位律师，甚至不能建立一个律师事务所，在一些中西部省、自治区甚至连法官队伍的正常更替都难以保证。[①]

至于法学教育与法律职业教育进行何种方式、达到何种程度的对接，是一个在改革中不断探索的问题，也是一个要看社会发展程度的问题。现代社会中，法律职业的发展程度归根到底要受到国家和社会相对分离的状况的制约，"法律职业共同体的重建，不是一个单纯的法律知识的补充或司法资格统一考试问题，更是一种职业类型的转换和职业合法性的重塑问题，归根结底，它涉及司法权力性质从国家权力向社会权力的深刻转变"。[②]

2. 取消普法教育。之所以取消普法教育，是由普法教育的功能所决定的。从法律意识的层次角度来说，普法教育的主要功能在于法律启蒙教育，其重点是培养公民最基本的法律心理以及最基本的法律观念。改革开放之初，鉴于"文化大革命"期间法律功能的丧失、法律意识淡漠以及我国浓厚的封建法律文化的延续，普法教育对于培养大众基本的法律心理还是非常有必要的。普法教育从1986年开始已经走过了20多年的历程，经过连续五次的普法教育之后，从我国公民现有的法律意识发展水平来看，普法教育的目的已经基本达到了。如果继续强行普法，只会使得普法教育偏离普法的目的，浪费人力和物力。就目前的情况看，普法教育的对象、目标以及内容等在某种程度上就已经偏离了普法教育的正确方向，赋

---

① 苏力：《当代中国法学教育的挑战与机遇》，载《法学》2006年第2期。

② 杨海坤、黄竹胜：《法律职业的反思与重建》，载《江苏社会科学》2003年第3期。

予了普法教育不能承受之重。例如, "三五"普法期间, 领导干部、司法人员、行政执法人员、企业管理人员等成为普法教育的重点对象。试想, 如果领导干部、司法人员、行政执法人员、企业管理人员仅仅靠普法而执法、守法的话, 我国的法治建设还怎么继续进行下去呢? 领导干部、司法人员、行政执法人员、企业管理人员本来就应该知法、懂法, 应该在我国政府推进型的法治建设中起主导作用, 应该成为普法的主体, 而不是普法的对象。如果连起码的法律意识都没有, 那么他们也只能通过其他途径来解决问题, 而不是靠普法途径来解决。再如, "四五"普法规划提出的目标同样违背了普法的初衷, 赋予了普法教育过高的期望。"实现由注重依靠行政手段管理向注重依靠运用法律手段管理的转变, 不断提高全社会法治化管理水平。"管理方式的转变是政治改革要解决的问题, 而不是普法要解决的问题。

从普法教育的内容来看, 普法过多地注重了法律知识的宣传而忽视了法律意识的培养。大量的研究结果表明, 普通公民的法律认知要达到非常发达的程度, 在当今任何一个国家不仅是不可能的, 也是完全没有必要的。这主要是因为: 一方面, 社会分工在不断发展, 现代法治日益庞杂, 非专业法律工作者无法胜任。法律职业与医师、建筑师等一样, 都是一种专业化程度很高的职业。另一方面, 普通公众忙于生计, 无暇深入学习法律文献和考察法制的运作。随着法律服务机构的日益完备, 普通公民宁愿以交换的方式换取法律服务, 也不愿抽出时间全面深入地学习法律知识以备不测(打官司)。因此, 普法宣传中应该侧重传播权利义务观念以及法律的基本原理和精神, 而不是向公众灌输大量的法律条文。正如美国法学家庞德在本世纪初曾说的: "法学教育不是教授法学知识, 而是涵养法律思维。无论教授了多少实定法的知识, 也无法追赶上法律的制定、修改和废除的速度。"① 当然，庞德是针对法学教育而言的，普法教育也更应如此。普法教育就好比让一个普通公民能够意识到自己可能有病了，至于什么病、如何治疗，并不是自己所能够解决的，而是医师的事了。因此，在取消普法教育的同时，为帮助大众正确地行使自己的权利义务，国家可以设立法律中介服务机构，为大众提供法律咨询，通过中介机构把法律问题引到司法轨道上来。这要比漫无边际的普法教育更具有针对性，更加切实可行。当然，取消普法教育的同时，普法教育中某些好的、便利的普法形式还是应该保留的，如中央电视台以及各地方电视台的法制节目、普法网站、各类法制日报等。

总之，动用大批人力物力的、大规模的、群众运动式的普法教育在"五五"普法之后将完成其历史使命。如前所述，中国社会转型期法律意识变迁的主要矛盾已经不是公民法律意识淡漠与国家司法资源闲置之间的矛盾，而是人们法律意识的日益增强与司法机关不能够满足人们的司法需求之间的矛盾了。

---

① 转引自霍宪丹：《法律职业与法律人才培养》，载《法学研究》2003年第 4 期。

第五章　法律意识现代化路径分析

　　法律意识现代化的路径，是指实现法律意识现代化的方法与途径。法律意识现代化的实质，乃是从与传统人治型社会法制系统相适应的法律意识向现代法治型的法律意识的历史转变过程。对于法律意识现代化的路径，不同学者有不同的观点。刘旺洪认为实现当代中国法律意识现代化的机制有：法律至上：树立公民对法律的依赖感；制订良法：确立公民的法律正义感；公正司法：培养公民对法律的信任感；法律仪式：形成公民的法律神圣感；法律教育：塑造公民现代法律观念的基本途径。[①] 柯卫认为公民法治意识的培养途径包括：人权保障：促进公民对法律的认同感；完善民主：树立公民对法律的依赖感；法律至上：培养公民对法律的神圣感；公正执法：加强公民对法律的正义感；法制完备：增强公民对法律的信任感。[②] 笔者认为下列问题对当今中国能否树立现代法律意识尤为重要，即如何树立司法权威与法律信任，以及执政党如何引领现代法律意识的发展潮流。本章仅围绕这两个方面的问题展开简要论述。

---

　　① 刘旺洪著：《法律意识论》，法律出版社 2001 年版，第 309 ~ 341 页。

　　② 柯卫著：《当代中国法治的主体基础——公民法治意识研究》，法律出版社 2007 年版，第 247 ~ 259 页。

第一节　树立司法权威，培养社会法律信任感

法律信任不同于法律信仰，就信任与信仰的区别而言，树立对法律的信任是比较务实的追求，而法律信仰几乎是可遇而不可求的。法律的信任来源于司法权威，而司法的权威又来源于司法独立以及法院和法官的自身塑造。在我国，由于对司法独立的本质存在着误解，导致在司法改革中出现了尴尬局面，司法改革的路径出现了悖论：一方面呼吁司法独立，另一方面又加强着对司法机关的监督与制约。走出这一误区的最佳选择是：在准确把握司法独立本质的基础上，做到司法独立与对司法权监督的有机统一。

一、法律信仰命题质疑

"法律必须被信仰，否则它将形同虚设。"[①] 美国法史学家和比较法学家伯尔曼的这句能够引起情感共鸣的话语，至今还经常被我国的学者一遍遍地引用着，它表达了我国学者对我国法治现状的不满以及对法治国家理想状态的期冀。然而，当我们心平气静地仔细对这句话推敲后，却发现了其中的"破绽"：法律真的能够被信仰吗？答案基本上是否定的，似乎这样的表述也许更为贴切：法律必须被信任，否则它将形同虚设。

这里首先有必要对"信任"和"信仰"的内涵作一下区分。从语源学的角度看，汉语中的"信"在《说文解字》中的解释是："信，诚也，从人从言"；"任"的解释是："任，符也，从人"。"信任"在辞书中常常被解释为"信得过而托付重任"或"相信并

---

① ［美］哈罗德·J. 伯尔曼著：《法律与宗教》，梁治平译，生活·读书·新知三联书店 1991 年版，译者序言第 15 页。

敢于托付"之意。① 而"信仰"的内涵一般是指对某种主义和价值的信奉。如《辞海》的解释："对某种宗教或主义极度信服和尊重，并以之为行动的准则。"② 《汉语大词典》的解释也基本相似："信仰是对某种主张、主义、宗教或某人极度相信和尊敬，拿来作为自己行动的指南或榜样。"③ 具体来说，"信任"和"信仰"有如下几点区别。

首先，对象不同。信仰的对象一般来说离信仰主体的现实生活比较遥远，并具有抽象性的特征，通常为某种宗教、主义或某个政治领袖等。信任的对象一般比较具体，与信任主体的现实生活距离比较接近，信任的对象比较广泛，具体的个人、团体、制度等都有可能成为信任的对象。

其次，价值追求不同。信仰的价值追求对主体来说一般是高尚的和"善"的，有时体现了对人的终极价值目标的追求。信任的价值追求具有一般性、普遍性、功利性、世俗性的特征，有时很难作善与恶的区分。

再次，运作方式不同。信仰的获得途径具有单向性，信仰主体与信仰对象之间几乎没有多少直接的互动或交往。而信任是信任主体与信任对象在反复互动与交往的过程中形成的，其获得途径具有双向性。

---

① 例如，孙慕天等在其主编的《实用方法辞典》（黑龙江人民出版社1990年版）中认为："信任、承认需求就是人们对希望得到别人相信和认可的一种需要。这是人的较高层次的社会性精神性需求。"信任在贾崇吉等主编的《中华伦理道德辞典》（陕西人民出版社1992年版）中的解释是："信得过而托付重任，是处理人与人之间关系的一种态度。"信任在北京师范大学交叉学科研究会主编的《中国老年百科全书——文化·教育·修养卷》（宁夏人民出版社1994年版）中的解释是："相信别人能满足自己的委托和希望的一种态度和情感。"

② 《辞海》（彩图缩影本3），上海辞书出版社2001年版，第2384页。

③ 《汉语大词典》，上海辞书出版社1986年版，第1417页。

　　最后，内心确认程度不同。信仰和信任都包含相信的意思，但是两者在内心确认程度上具有很大的不同。信仰是一种充满感情的、毫无疑问的接受，是一种对某种特定对象极端忠诚和献身的精神，是不能从理性推导中获得的，它带有非理性的特征。信任是对相关风险理性评估后的选择，是主体的理性判断的结果。①

　　如果按照上述对信任和信仰的区别来判断，那么法律一般只能成为人们信任的对象而不是信仰的对象。具体分析如下：

　　首先，从对象要素来说，法律距离主体的现实生活很近，是看得见的、摸得着的、实实在在的存在物，是具体的而非抽象的，是世俗的而非高尚的。正如法国著名法学家布律尔在评价马克思主义法律学说对法律科学的贡献时指出的："推翻了它们以前的各种学派所坚信的法律规定的所谓理性基础……剥去了法律的神圣外衣，甚至可以说，破除了法律的神秘力量，使人们得以把它作为社会生活的一项正常内容，人们能够也必须像考察整个社会其他现象，诸如艺术、语言等现象那样来考察它。"②

　　其次，从价值追求来说，法律是道德的底线，道德是连接宗教与法律的桥梁。在法律、道德、宗教的关系中，法律处于最为基础的地位，法律是道德的底线，宗教是道德的升华。虽然法律保障的民主、法治、人权、自由、平等、公平、正义等价值具有善的品格，但这些价值是现代社会应该具有的价值，其与道德和宗教所追求的价值相比，还不具有最高性与终极性。此外，法律和其所要维护的价值还不能完全等同，法律也有良法与恶法之分。恶法所代表的法律精神和维护的价值是不具有高尚性与善的品质的。

　　再次，从运作方式来说，人们对法律的心理态度一般是在与法

---

　　①　王明亮：《中国语境中的法律信仰》，载《中山大学学报》2005年第5期。

　　②　[法]亨利·莱维·布律尔著：《法律社会学》，许钧译，上海人民出版社1987年版，第17页。

律打交道的过程中逐步形成的。法律所代表的价值与人们进行着广泛的互动，人们对法律的最终心态源于互动的效果。在立法、行政、司法等法律运作过程中，如果任何一个环节出现了问题，都有可能导致人们对法律的心态发生一定的变化。"如果一个法律仅仅给人们带来的是不便，甚至是损害，或是给大多数人带来的是不便和损害，那么，只要没有实际的强制在场，这个法律即使被人们公认为是法律，却也很难为人们自觉遵守，更不可能进入他们的心灵和身体，成为他们的信仰。"①

最后，从内心确认程度来说，由于法律是具体的、世俗的，人们对法律的情感又是在与法律打交道的过程中产生的，所以对法律的确信程度不可能达到狂热的地步。在我国，由于现代法律是西方舶来品，与我国的传统文化存在着价值冲突，所以我们对法律一开始就普遍具有一种不信任的态度，也就谈不上什么信仰了。正如梁治平先生所言，我们的现代法律制度"不但没有融入我们的历史，我们的经验，反倒常常与我们'固有的'文化价值相悖。于是，当我们最后不得不接受这套法律制度的时候，立即就陷入到无可解说的精神困境里面。一种本质上是西方文化产物的原则、制度，如何能够唤起我们对于终极目的和神圣事物的意识，又怎么能够激发我们乐于为之献身的信仰与激情？我们并不是渐渐失去了对法律的信任，而是一开始就不能信任这法律"。②

根据以上分析可以看出，法律无论在对象和价值追求，还是运作方式及内心的确认程度方面，都很难成为人们信仰的对象，而一般只能成为信任的对象。伯尔曼所呼吁的"法律必须被信仰，否则它将形同虚设"是有其特定的历史背景的。就伯尔曼的论证范

---

① 朱苏力：《法律如何信仰?》，载许章润等著：《法律信仰》，广西师范大学出版社 2003 年版，第 134 页。

② [美] 哈罗德·J. 伯尔曼著：《法律与宗教》，梁治平译，生活·读书·新知三联书店 1991 年版，译者序言第 15~16 页。

围而言，它指的是起源于 1075 年至 1122 年的教皇革命所导致的西方法律传统的信任危机。"西方社会共同体的各种传统象征，即传统的形象和隐喻首先是宗教和法律方面的。然而，在 20 世纪，宗教首次在很大程度上变成了一种私人事务，而法律在很大程度上则变成了一种与实际权术相关的事务。宗教的隐喻和法律的隐喻之间的联系已经破裂。它们不再能够表达社会共同体对于其未来和过去的想象力了；也不再能够博得社会共同体的热诚了。"① 法律与宗教的分离是西方法律从宗教化到世俗化的必然结果，伯尔曼的呼吁说明了法律一旦与宗教脱离，剥去了神秘的面纱，就不再是信仰的对象了。"法律信仰观的一个重要主张就是认为法律不仅是一种社会控制和社会治理的工具，而且本身还是生活的终极目的和意义。但是法律自身却具有不可克服的局限性，法律可能张扬了社会价值却危害了个体价值，可能张扬了效率却损害了公平，可能过多地进入了某些领域而又过少地关注某些领域，可能为了某种'善'的目的而创立却又在实际运行中产生出相反的效果。与法律运行相伴的永远都会有法律局限性的这种困扰和人们对法律的质疑。"② 所以法律在很大程度上只能被信任，而不能被信仰。如果我们执意要现代人树立起法律信仰，那无异于让一个唯物主义者相信上帝的存在。主张法律信仰是对法律的神化，如果法律一旦被信仰就极有可能导致人们对法律的盲从，这不但有碍于法律权威的树立，反而还会削弱法律的权威性。当然，也不能完全排除法律信仰的存在，当人们对法律所代表的价值的信任达到狂热的地步时，也有可能转化为对法律的信仰。但就目前的状况而言，如果要想形成对法律大规

---

① ［美］哈罗德·J. 伯尔曼著：《法律与革命——西方法律传统的形成》，贺卫方等译，中国大百科全书出版社 1993 年版，"序言"部分第Ⅱ～Ⅲ页。

② 马新福、杨清望：《法律信任初论》，载《河北法学》2006 年第 8 期。

模的信仰几乎是可遇而不可求的。法律信仰之所以被称颂，正是由于它的珍贵而又罕见。在人类历史的长河中，也许我们只能从苏格拉底和谭嗣同那里找到法律信仰的踪影。

二、树立司法权威：法律信任生成之关键

信任的来源不同于信任的根据，"如果说'来源'的话，信任应该是来源于发生重复性博弈的群体生活"。① 人们对法律的信任与否也同样是在与法律博弈的过程中形成的。而人们与法律的博弈过程也就是法律的运作过程，它涵盖了全部的立法过程、执法过程和司法过程。如果立法、行政与司法采取非民主式、完全封闭或半封闭的运作方式就会阻碍人们的参与，也就谈不上什么真正的博弈。

人们参与法律的运作过程之所以重要，不仅因为它是信任的来源，而且还因为它体现了现代国家"人民主权"的民主原则，而民主本身就是处于信任与不信任之间的一种国家制度。现代国家在赞同"主权在民"的同时，又不得不承认民主的最佳方式是代议制民主。代议制民主一方面由人民选出自己的代表组成国家机构来实现国家对社会的管理，另一方面又要采取分权制约的手段限制国家权力的滥用。前者在一定程度上体现了相信并托付的一面，而后者则体现了不信任的一面。如果信任的一面是出于建立国家的需要而迫不得已的话，那么不信任的一面或许更能体现民主的本质。民主参与立法、行政与司法的过程正是这种不信任的体现，通过民主参与，在不信任中孕育着信任。因此，要使人们对法律产生信任感，立法、行政、司法过程中的民主参与是必不可少的，尽管参与的程度、方式有所不同。

立法参与首先表现为立法者本身是人民选举产生的代表，除此

① 郑也夫：《读张维迎〈信息、信任与法律〉》，载《学术评论》2004年第2期。

之外，立法机关还通过其他途径广泛吸纳专家学者及社会其他民众，通过立法听证、立法建议等形式参与立法过程，增强人们对法律的信任感和法律的亲和力，使得对法律的服从尽量由强迫转化为自愿。正如托克维尔在论述美国公民信任法律时所指出的："不管一项法律如何叫人恼火，美国的居民都容易服从，这不仅因为这项立法是大多数人的作品，而且因为这项立法也是本人的作品。他们把这项立法看成是一份契约，认为自己也是契约的参加者。"① 行政过程的参与表现在政府的信息公开、执法透明、信赖保护等方面。为防止行政权的滥用，还要通过正当法律程序来限制政府的行政行为。正当法律程序的内涵之一是：任何人在受到惩罚或其他不利处分之前，应为之提供公正的听证或其他听取其意见的机会，它从程序上保障了相对人与行政主体之间的互动。与立法程序和行政程序相比，司法权的行使体现了当事人与司法机构之间最大限度的互动。辩论制度、陪审制度、公开审判制度都体现了在司法权运行过程中当事人及社会的广泛参与。特别是公开审判制度允许群众旁听，允许新闻记者报道，通过媒体的监督与宣传使得司法权的行使被置于全社会的监督之下，完成了司法与最广大民众的互动。

公众对立法权、行政权与司法权的参与及互动程度决定了人们对法律的信任程度，但这并不意味着公众参与的程度越高越好，因为民主、效率、公正之间还存在着一定的冲突。由于立法权、行政权和司法权性质各不相同，对民主、效率和公正的追求也各有侧重，它们对法律信任生成的作用也不尽相同。立法更多地关注民主，行政更多地注重效率，而司法则更多地关注公正。相比之下，司法的程序是最为公开的，即使不公开审判的案件也必须公开宣判。司法以其最为公开的运作过程承载着司法的特殊使命——控制立法权与行政权，并成为解决社会纠纷的最后一道防线和社会的正

---

① ［法］托克维尔著：《论美国的民主》（上），董果良译，商务印书馆1988 年版，第 275 页。

义之源。司法必须公开，容不得半点虚假，否则正义之源就会被败坏。正如英国的哲学家培根所言："一次不公的判断比多次不平的举动为祸尤烈。因为这些不平的举动不过弄脏了水流，而不公的判断则把水源败坏了。"① 通常在人们的想象中，立法应该是社会正义之源，但为何培根把司法作为了正义之源？这是因为，立法的失误可以由司法机关来纠正，行政的腐败可以由司法来惩治。在立法——行政——司法这一前后衔接的链条中，立法虽然处于源头地位，但立法者也会出现偏差，制订出恶法。"立法者和其他人一样都会出错和出偏差，他们对社会交往、合作规则的认定可能与普通人以实际活动体现出来的判断有差异，他们不会仅仅因为进入了立法机关或在立法机关工作就一夜之间具有上帝的全知全能，洞察一切。"② 即使立法是正义的，但立法包含的正义一般要通过行政来完成，行政可以实现正义，也可以使正义化为泡影，于是司法成了正义的最后一道防线。立法的正义是抽象的，司法的正义是具体的、看得见的。立法体现的是普遍的正义，司法追求的是特殊的正义、个别的正义。普遍必须通过特殊表现出来，所以司法的正义像水源一样，虽是涓涓细流，却可以化为滔滔江水，使得立法的正义通过行政顺利地转化为现实。司法作为解决社会纠纷的最后防线和正义之源，如果被突破或被污染，那么法律的信任危机就会不可避免地发生。而司法权要控制立法权与行政权，要赢得人们的广泛信任就必须具有权威，否则司法权就无法完成其所承载的使命。因此，树立司法的权威成为法律信任生成的关键。

---

① ［英］培根著：《培根论说文集》，水天同译，商务印书馆 1983 年版，第 193 页。

② 朱苏力：《法律如何信仰？》，载许章润等著：《法律信仰》，广西师范大学出版社 2003 年版，第 135 页。

三、司法独立的本质与树立司法权威的路径选择

如前所述，司法权威来源于两个方面：一是司法在国家权力配置中的地位，也就是司法权在宪法中的地位；二是司法通过公正的审判所塑造的良好形象。前者是根据政治制度设计，通过授权来获得的，是司法自身不能自足的；后者是司法自身运作的产物，是司法可以自我塑造的。就两者的关系而言，前者起着决定性的作用。由于司法程序的最为公开性，使得控制立法权与行政权的使命落到了司法的肩上，如果司法权受制于立法权或行政权，司法就无法完成其使命，其判决也难以做到公正，进而也阻碍了司法自身塑造公正的可能性。由此可见，司法的权威主要来源于司法独立，只有当法官不受任何干扰只根据法律来公正断案时，才会有司法的权威。"法院是法律帝国的首都，法官是帝国的王侯。"①

如果司法独立，谁又能保证司法权不会被滥用呢？美国学者波斯纳就发出了这样的感叹："但如果独立性仅仅意味着法官按照他们的意愿来决定案件而不受其他官员的压力，这样一个独立的司法机构并不显然会以公众利益为重；人民也许仅仅是换了一套暴政而已。"② 这也正是国人所担心的问题，或许也是新中国成立初期我们把司法独立作为资产阶级的东西加以批判的原因之一。即使在现在，许多人对司法独立的本质也并没有清醒的认识，甚至谈司法独立色变的也大有人在。看来，如果不解决司法独立于谁、司法独立后由谁来控制等有关司法独立本质的一系列问题，就难以消除人们对司法独立的恐惧心理，司法改革也会失去正确的方向，司法的权威也就难以树立。

---

① ［美］德沃金著：《法律帝国》，李长青译，中国大百科全书出版社1996年版，第361页。

② ［美］波斯纳著：《法理学问题》，苏力译，中国政法大学出版社1994年版，第8页。

1. 司法独立的本质。从司法独立的最初形态来看，司法独立是指法院独立于立法机关和行政机关，不受立法机关和行政机关的干涉。这无论是在孟德斯鸠的分权理论，还是在西方国家根据这一理论建立的"三权分立"体制中都体现得非常明确。① 虽然国家权力也存在着制约的一面，但其彼此制约的程度和方式是大不相同的，制约司法腐败的力量主要来自于立法权与行政权之外，而制约立法权与行政权的力量主要来自于司法权。虽然为了防止司法权的腐败，各国也在一定程度上设置了立法权与行政权对司法权的制约，如在英国，立法机关中的上议院作为最高上诉法院行使着部分司法权，主管司法工作的大法官同时又是行政机关内阁的当然成员；在美国，国会对法官具有弹劾权，总统有权提名并在取得参议院的同意后，任命联邦最高法院的法官；日本国会为裁判受罢免追诉的法官设置了由两院议会议员组成的弹劾法院，但千万不要忘记，这种制约具有较高的层次性，不是全方位的制约，这种制约相对于司法权对立法权与行政权的制约而言则是微不足道的。立法机关和行政机关都有可能成为案件的一方当事人，"就人类天性之一般情况而言，对某人的生活有控制权，等于对其意志有控制权"。② 所以，司法独立必然要求法院及法官在人、财、物等方面尽量摆脱立法机关与行政机关的控制，除了受制于最高级别的立法权与行政首脑的某些控制之外，其他任何主体都不具有对法院人、财、物的控制权，这是司法独立的内核。当然，司法权在本质上是一种判断权，其不仅要求作为审判机关的法院独立，还要求司法系统内部上、下级法院之间独立，更要求审理具体案件的法官及合议庭独立。

---

① 参见谭世贵著：《司法独立问题研究》，法律出版社 2004 年版，第 83 页。

② ［美］汉密尔顿、杰伊、麦迪逊著：《联邦党人文集》，程逢如等译，商务印书馆 1980 年版，396 页。

在只有最高议会或个别最高行政首脑对法院的人、财、物进行有限控制的情况下，如何保障如此庞大的法院系统而不腐败呢？这正是理解司法独立的关键之所在。一切有权力的人都容易滥用权力，这条万古不易的经验对于司法人员来说也毫不例外，因此司法权也必须受到制约。只要细心观察就会发现，法院除了在人、财、物等方面有限受制于最高议会及最高行政首脑，还受到其他大量因素的制约，这些制约因素通过借助议会的人事罢免权对司法形成强大的制约。或者反过来说，议会对司法的制约力量本来也不足为惧，正是议会借助了这些制约因素，才将司法这匹野马牢牢地掌控在自己的手中。具体来说，司法权受到以下诸多方面因素的制约：

第一，司法受制于法律。各国在规定司法独立的同时，往往加了一个定语，即行使审判权时要"依法"。德国基本法第 97 条规定："法官是独立的，只服从法律。"日本宪法第 76 条规定："所有法官依良心独立行使职权，只受本宪法和法律的约束。"意大利宪法第 101 条规定："司法权以人民的名义行使，法官只服从法律。"我国 1954 年宪法也曾经规定："人民法院独立进行审判，只服从法律。"马克思也认为："法官除了法律就没有别的上司。"①在英美法系国家，法官行使职权还受到判例的制约。

第二，司法受制于诉讼的法律制度。为防止司法腐败，世界各国都创造出各种各样的法律制度，如合议制、回避制、公开审判制、陪审制、判决理由制、审级制、律师制度、法官任职条件、法官职业道德以及法官保障制度等来约束法官的审判行为。合议制的判决实行少数服从多数的原则，比起独任制更为有效地制约了法官的恣意；回避制为防止法官滥用权力提供了预防手段；公开审判制将法庭的审理置于广大的社会监督之下；陪审制通过调动社会力量参与审判来制约司法权；判决理由制不仅要保证当事人与社会公众对判决结果的认同与信任，而且也是法官判案的铁证；审级制使得

① 《马克思恩格斯全集》（第 1 卷），人民出版社 1956 年版，第 76 页。

上级法院对下级法院无形中形成了一种制约；律师职业的出现使得原、被告不再是法盲，当事人也不再是法官任意愚弄的对象，律师本身也形成了对法官的制约；法官任职条件则保证了法官具有较高的法律素养以及法官对公平正义的正确理解；法官职业道德则从内心制约着法官的良知；法官保障制度使得法官更加珍视自己的职业和来之不易的社会地位。

第三，司法受制于案件当事人。在具体的诉讼法律关系中，一般存在着三方主体，即法官、原告和被告。原告与被告是诉讼法律关系的当事人。法官要想使双方当事人满意，只有依法判案，做到不偏不倚。由于当事人一般亲自或委托诉讼代理人参加诉讼活动的全过程，其对司法机关及其工作人员的司法活动是否公正、合法往往有更为清楚的了解，加上案件处理结果与其有直接的法律利害关系，如果当事人的权益受到侵害，其必然要运用法律赋予的一系列的监督手段，要求有关国家机关依法纠正司法机关及其工作人员的违法失职行为，从而有效地维护自己的合法权益。当事人在维护自己合法权益的同时，也维护着司法公正，形成了对法官的最为有力的钳制。

在司法受制的因素中，有些是静态的、被动的因素，如法律、法律规定的各种诉讼制度；有些是动态的、积极主动的因素，如当事人及社会公众、政党、新闻媒体等。正是这种动与静的结合、被动与主动的结合，而且和控制法院人、财、物的议会监督权的结合与互动，才共同形成了对司法权强有力的制约，使得法官不仅不想腐败，而且不敢腐败、不能腐败。

综上所述，司法独立并不意味着司法权不受控制，但是控制司法权与控制立法权和行政权的主体是不尽相同的。从各国的权力控制实践以及权力的本质属性来看，控制司法权的主要力量来自于社会。社会力量通过一系列的司法制度与公开的程序，并借助议会的罢免权来实现对司法权的制约。这样就形成了一个完整的权力控制链条：社会力量控制司法权，司法权控制立法权与行政权。这种制约司法权运行的模式，其实是把国家机关的大多数法律行为借助司法途径最终置于广大社会主体的监督之下，也正是通过这样的权力制约机制使得权力控制找到了最坚强的后盾与根基，从而使得司法权成了整个社会的正义之源，最终使得所有公权力的运行得到了有效的监督与制约。人们实现正义的企盼也从依赖封建帝王阶层个别精英人物的英明转移到了由社会大众所监督的司法机构之廉洁，从而使得一人之治变为了众人之治，国家的治理模式也从人治转变为法治。

由于各国的国情不同，司法独立在各国的实践并不完全一致，控制司法权的力量与方式多少会有些差异，但控制司法权的基本思路是不变的，那就是控制司法权的主要力量来自于社会。可见，司法独立绝不意味着司法权不受监督与制约，"司法"虽有独立之名，却无独立之实。司法独立的本质，正是在司法独立于谁与司法受制于谁之间找到平衡点。

2. 司法权威路径选择。司法权威是生成法律信任的关键，而司法独立又是树立司法权威的前提和关键。就我国目前的司法权地位而言，在宪法层面司法权低于立法权，在现实的操作层面司法权的地位又低于行政权。根据人民代表大会制度，我国的各级司法机关是由同级权力机关产生的，司法机关必须接受同级权力机关的监督与制约，权力机关对司法机关具有广泛的监督权，其监督方式有听取法院的报告、质询、组织特定问题调查、撤职等，并且监督手段还在不断创新。行政机关虽然在法律上不具有对司法机关的监督权，但根据党管干部的原则和审判机关由同级人大产生的规定，地方各级法院的领导及审判员须由同级党委讨论同意或党委组织部门讨论同意，然后再提交本级人民代表大会选举或本级人民代表大会常务委员会任命。而党政领导同时又是政府的一把手或二把手。另外，根据政府统管财权的原则和体制，我国地方各级人民法院的经费均由同级人民政府进行预算，报经同级人民代表大会审议通过后由财政部门划拨。因此，行政机关在人、财两方面控制着司法机关。另外，作为我国法律监督机关的人民检察院负有监督人民法院的责任，根据宪法、人民检察院组织法、刑事诉讼法、民事诉讼法和行政诉讼法等的有关规定，人民检察院有权查处司法人员的职务犯罪案件，有权对人民法院的审判活动和执行活动进行监督。在法院系统内部，法官判案还会受到法院内部领导以及审判委员会的不当制约。显然，这种过多地来自国家其他权力机关的制约有违司法独立的本质，使得司法权在我国的独立性尚不完整，司法的权威不足也就在所难免了。

司法权威不足使得司法受制的因素过多，法官不能按照法律来断案，司法腐败也就因此而出现（当然有些腐败则是法官自身因素造成的）。从 20 世纪 80 年代开始，腐败现象也从行政机关逐步蔓延到了司法机关，司法作为公民权利救济的最后途径越来越失去其公正性和权威性。面对司法不公，国人的第一反应就是要加强对司法机关的监督与制约。于是，人大在原有监督手段（主要有听取工作报告、审查司法解释、执法检查、询问和质询、特定问题调查、罢免、撤职等）的基础之上，又创新了许多监督方式，如代表评议、述职评议、个案监督、执法责任制、错案追究机制、法律监督书等。然而在西方国家，追求司法公正的最重要的途径则是司法独立，西方国家在司法上显示出的优势让我们认识到司法独立是追求司法公正的必由之路。于是，中国的司法改革的方式出现了悖论，即追求司法公正在两个相反的方向同时发生作用力，一方面呼吁司法独立，另一方面又要求加强对司法机关的监督与制约。主张加强对司法权监督的观点认为，没有监督的权力就会导致腐败，司法权力也是如此，当前我国司法存在腐败现象，不监督不行；有的司法人员素质太低，易出现错误，也需要加强监督。而反对的观点认为，西方法治国家的经验表明，司法独立是实现司法公正的条件，没有独立就没有司法公正；司法审判是法律专业判断，其他监督主体往往不具有这种专业知识；监督不利于司法的既判力，妨碍司法的权威和社会关系的稳定；等等。因此，人大监督与司法独立在我国似乎成了一个似是而非的悖论。① 中国司法改革追求公正的路径何在？是增强司法独立减少监督，还是应该限制司法独立增强监督？能否处理好司法独立与对司法权监督的关系，使二者达到有机的统一？这些问题关系到中国司法改革的方向，是中国司法改革必须首先回答的问题。而回答这些问题的关键在于对司法独立本质的准确把握。司法独立的本质是解开中国司法改革迷雾的关键。

既然司法独立的本质是在司法独立于谁与司法受制于谁之间找到平衡点，那么控制司法权的基本思路就已经非常明确了，司法改革的路径也就明朗化了：一方面要减少立法权与行政权对司法权的制约；另一方面要加强社会力量对司法权的监督，完善司法自身的监督机制。

司法"独立"方面的改革思路是：第一，司法系统应当在组织上脱离地方各级人大的控制与监督，法官的产生根据法官的任职条件由法院系统自行决定。第二，从法院的经费来源说，所有司法经费由中央财政统一划拨，彻底摆脱地方行政机关对法院财政的权力；法院的司法管理工作由最高人民法院统一管理，再根据分级负责的原则，由各级法院在法定的权限范围内自行管理。

司法"受制"方面的改革思路是：第一，健全制约司法恣意的各种制度，如合议制、回避制、公开审判制、陪审制、判决理由制、审级制、律师制度、法官任职条件、法官职业道德规范以及法官保障制度等，为社会监督提供可靠的制度保障。第二，提升对法官免职的条件，法官除非犯罪，否则不得免职，并把对法官拥有免职权的部门提高到全国人大特设的委员会，或最高人民法院的特设机构。

这样的改革模式体现了司法独立的本质，使司法权既有独立的一面，又有受制的一面。最终使司法独立与对司法的监督达到有机

---

① 参见蔡定剑主编：《监督与司法公正—研究与案例报告》，法律出版社 2005 年版，前言第 1 页。

的、完美的统一。

当然，司法权威的另一方面来源于司法自身的塑造，如法官的形象、职业道德水平等，由于篇幅所限，在此就不再进行过多的论证了。

第二节　提高执政党法律意识，引领 现代法律意识潮流

一、提高执政党法律意识的必要性

德国社会学家和历史学家马克斯·韦伯在《新教伦理与资本主义精神》一书中曾经指出："在任何一项事业背后，必然存在着一种无形的精神力量；尤为重要的是，这种精神力量一定与该项事业的社会文化背景有密切的渊源。"① 在当代中国，实现"依法治国，建设社会主义法治国家"是一项前无古人的伟大事业，法律意识作为意识形态力量，正是实现这一伟大目标的精神支柱之一。而要在一个有着数千年封建法律文化传统的泱泱大国实现法律精神和法律理念的深刻变革，中国共产党法律意识水平的高低起着决定性的作用。如果没有中国共产党对现代法律意识发展潮流的正确引领，建设社会主义法治国家这一伟大目标几乎是不可能实现的。因此，必须提高执政党法律意识，发挥执政党引领现代法律意识的带头作用，具体理由如下。

1. 提高执政党法律意识是加强中国共产党执政地位的必然要求。在我国，中国共产党是唯一的执政党，坚持党的领导是宪法规定的四项基本原则之一。中国共产党的执政地位不是自封的，而是近百年来中国历史发展的必然结果，是历史的选择，是人民的选

---

① ［德］马克斯·韦伯著：《新教伦理与资本主义精神》，黄晓京、彭强译，四川人民出版社 1986 年版，"译者絮语"第 3 页。

择。中国共产党不仅领导人民推翻了压在中国人民头上的"三座大山",建立了新中国,而且还在新中国成立后领导人民恢复了国民经济,完成了生产资料私有制的改造,确立了以公有制为主体的社会主义经济制度,实现了由封建专制向人民民主专政的历史跨越。改革开放以来,在中国共产党的领导下,我国的政治、经济、文化等各方面都取得了举世瞩目的巨大成就。事实证明,没有共产党就没有新中国,没有共产党就没有中华民族的繁荣昌盛。也正是中国共产党在过去和现在领导中国人民所取得的巨大成就,使得中国共产党的执政获得了合法性。然而,我国毕竟处于社会主义初级阶段,现实社会发展中面临着的种种新问题使中国共产党正经受着前所未有的考验。如何很好地完成从革命党到执政党的角色转换,如何保持中国共产党的先进性,如何始终实现"三个代表",如何实现党的领导、人民当家做主、依法治国的统一等问题,不仅是重大的政治问题,也是重大的法律问题。这就要求执政党不仅要用更高的政治觉悟来武装自己,而且还必须用现代法律意识来武装自己。

2. 提高执政党法律意识是协调政治意识与法律意识内在张力的需要。政治意识不同于法律意识,它是某一政治主体在政治过程中所形成的对政治的认知、态度和信仰的总称。政治意识与法律意识既有密切的联系又有重大的区别。一般而言,政治意识的发展水平决定着法律意识的发展水平。但法律有其自身的价值取向与规范体系,法律意识的发展水平与政治意识的发展水平有时具有不同步性。落后的法律意识对政治意识的发展具有阻碍作用。政治意识与法律意识之间的内在矛盾具体表现在以下两个方面:一方面,政治意识与法律意识形成的时间有所不同。对于革命党来说,往往是先具有了先进的政治意识,然后才能建立先进的法律意识,也就是说革命党往往具有叛逆的法律意识。革命必须打碎旧的国家机器和已有的法律制度,否则革命就无法进行。树立新的法律意识是在建立新政权之后才面临的任务。而新政权建立之后,受革命惯性的影响，执政党如不能及时转换自己的角色并处理好政治与法律的关系问题，就极有可能导致政治意识水平很高而法律意识水平却相对落后的结果。另一方面，法律有其自身的运作规律与价值取向，政治意识往往具有强烈的阶级暴力倾向，与法律所要保障的平等、人权等价值理念相冲突。政治从本质上说是实现阶级利益的工具，但阶级利益的实现却不能仅仅依靠政治。民主社会只能是法治社会，通过暴力取得的政权也主要由法律来巩固。"如果认为国家是一个法律秩序，法律意识和政治意识就一定是融合在一起的，呈现出政治法治化的模式。相反，如果认为国家是阶级统治的形式，法律就只能是政治的附庸。"① 执政党如果不能够正确处理政治意识与法律意识的关系，树立先进的法律意识，就极有可能导致政治问题法律化或法律问题政治化。

3. 提高执政党法律意识是满足我国法治建设模式的内在需求。如前所述，我国法治建设模式采取的是政府推进型的法治建设模式。法治建设的进程、方式及目标都是在政府的指导下进行的。而由于特殊历史原因，新中国成立后执政党始终没有把党政分开问题处理好，致使党和政府高度地契合在一起。现行的宪法虽然也规定了中国共产党的领导地位，同时也规定了全部国家机构的结构及其相互关系，但从宪法或法律文本中我们所看到的党的作用与现实情况大为不同，正如费正清先生所指出的那样："实施过程中的实际的机构模式往往比宪法条款更为重要。在这一点上，中国同苏联的实践也是既有相同之处也有重大相异之处。从根本上来说，两者实行的都是一种党政统治并行的制度，而由党掌管着最根本的权力（这一点宪法并未明确指出）。……党的领导是更为具体的，是实实在在的，最终的政策决定权掌握在党的中央机构手中，尤其是政

① 黄健：《政治意识与法律意识的冲突与融合——学习董必武法治思想的一点体会》，载《学习月刊》2004 年第 2 期。

治局和书记处。而地方各级党的委员会也比人民政府更有权力。"①
在中国，党的领导既包括了对作为最高权力机关的全国人民代表大
会以及其他政府机关的领导，也包括了对司法机关的领导；既包括
了宏观的领导，也包括了微观的领导。因此，执政党法律意识水平
的高低与强弱，不仅直接影响着法治建设的进程、方式与目标，而
且由于执政党法律意识对国家法律制度的渗透，其还必然影响着法
律的制订、执行与遵守。例如，"文化大革命"期间，由于党内法
律虚无主义占据了主导地位，致使中国的法制建设遭到了毁灭性的
打击。而改革开放后，随着党内对"文化大革命"的反思与对法
制建设的重视，中国的法制建设又开始了复苏，并取得了巨大的进
步。总之，中国法治建设水平是执政党法律意识水平的具体体现，
其与执政党法律意识具有不可分割的联系。

二、执政党引领现代法律意识的路径

依法治国的核心是依宪治国，宪政是以民主为基石、以法治为
形式、以分权制约为手段、以保障人权为目的的政治形态及政治过
程。宪政的基本要素是民主、法治和人权。民主是宪政的基础，没
有人们掌握国家权力的事实，没有人民主权原则的贯彻，就不会有
现代意义的宪法。法治是实现人民主权必须借助的形式，是人民意
志的载体，它要求良法之治与法律的严格遵守。人权则是宪政的终
极目的。权力制约虽然不能单独构成宪政的一个要素，但其是保障
宪政运行的必要手段，离开了权力制约，民主、法治与人权将不可
能实现。尽管现代法律意识所包含的内容具有多样性，但民主意
识、法治意识、权力制约意识和人权意识是最为基本的内容要素，
在法律意识的诸要素中占有主导地位，离开了这些基本要素的支
撑，自由、平等、公平、正义等价值就会失去依托，成为无法实现

① ［美］费正清、麦克法夸尔主编：《剑桥中华人民共和国史 1949～
1965》，王建朗等译，上海人民出版社 1990 年版，第 113 页。

的梦想。因此，作为执政党要想走在时代的前面，引领现代法律意识的发展潮流，就必须具备先进的民主意识、法治意识、权力制约意识和人权意识。应该说，中国共产党从成立到现在，对民主、法治、权力制约和人权的理论探索就一直没有停止过，并且在实践中取得了巨大的成就。但在引领社会法律意识发展潮流方面，还有巨大的潜力可以挖掘。这里仅就执政党在民主意识、法治意识、权力制约意识和人权意识方面如何引领社会法律意识的发展进行简要的论述。

1. 引领民主意识：以党内民主带动人民民主。党内民主与人民民主属于不同层次、不同性质和不同范围的民主，但二者都属于社会主义民主政治建设的重要组成部分。在我国，党内民主与人民民主具有内在的统一性和关联性。统一性表现为，两种民主都是社会主义性质的民主，都必须遵循党的领导和社会主义根本政治制度，都必须贯彻民主集中制原则，都以建设有中国特色的社会主义政治文明作为共同的目标。关联性表现为，党内民主是人民民主的先导，人民民主是党内民主的最终目标和归宿；党内民主是人民民主发展的逻辑起点和政治前提，人民民主是社会主义民主政治的最高级形态和根本目标。① 党内民主与人民民主的统一性和关联性决定了党内民主与人民民主的互动性，为以党内民主带动人民民主提供了前提条件。党的先锋队性质以及党在国家权力体系中的执政地位，又决定了以党内民主带动人民民主的可行性。

历史的经验表明，党内民主搞得好与坏直接决定了人民民主建设的兴衰与成败。正如邓小平在 1962 年所指出的，党所倡导的民主的、生动活泼的"这种局面首先要从党内造成……如果党内不造成，国家也造不成"。② 因此，党的十三大在总结历史经验的基

---

① 刘诚等著：《1989～2002 中国民主法治建设》，社会科学文献出版社，第 383 页。

② 《邓小平文选》（第 1 卷），人民出版社 1989 年版，第 306 页。

础上明确指出："以党内民主来逐步推动人民民主，是发展社会主义民主政治的一条切实可行、易于见效的途径。"① 党的十六大继续坚持了这一思想，并具体指明了党内民主对人民民主的重要示范和带动作用。党的十六大和十六届四中全会把党内民主视为党的生命。党的十七届四中全会更是把党内民主提高到前所未有的高度，视其为事关党的生死存亡的大问题。

虽然在中国社会主义政治构架下，党内民主对人民民主的发展具有直接的主导作用，但从历史唯物主义的观点来看，人民民主发展的根本决定力量是社会主义经济和社会的发展。随着社会主义市场经济体制的建立，国家与社会、个人与组织之间权力关系的变化，经济和社会发展对政治发展具有越来越强的决定作用。② 因此，民主的发展是社会的潮流。它不以个人或任何党派的意志为转移。这就要求党面对日益扩大的民主参与，不仅应该作出积极的回应，而且还必须引领民主发展的潮流，党内民主必须走在人民民主的前面，否则就有可能会被人民所抛弃。

在推进党内民主的措施方面，一方面，要从思想上提高党员特别是党员干部对发扬党内民主重要性的认识，形成党内政治生活中的批评氛围。另一方面，要切实保障党员的民主权利，加大党内民主的制度建设。建立完善的党内民主监督制度，保障党员有效地行使监督权；要完善党内公开制度，提高党内权力运行的透明度；规范党内权力的配置，理顺党代会、全委会、常委会的权力关系。

另外，民主不仅是一种社会观念，而且也是一种政治制度。"民主政治是解决'权力'与'权利'两大问题的一种政治方式，也就是解决国家政权怎样形成以及怎样运行的问题，解决人民的权

① 中共中央文献研究室编：《十三大以来重要文献选编》（上），人民出版社1991年版，第50~51页。

② 林尚立著：《党内民主——中国共产党的理论与实践》，上海社会科学院出版社2002年版，第250~251页。

利能否得到实现和保障的问题。"① 因此，党内民主本身不是目的，在推进党内民主的基础上，还必须把党内民主渗透到人民民主中去，渗透到国家制度中去，这是党内民主的必然延伸，也是党内民主带动人民民主的必由之路。在推进党内民主的同时，一方面，党必须进一步领导人民继续完善国家制度。具体来说，进一步完善人民代表大会制度、中国共产党领导的多党合作和政治协商制度、民族区域自治制度等国家重要的民主制度；进一步完善城乡基层民主自治制度；继续提升政府民主行政的能力，不断地推进司法民主体制建设；进一步改革国家领导制度、立法制度、行政管理制度、决策制度、司法制度、人事制度和监督制约制度。另一方面，进一步扩大人民参与国家管理的有效途径。具体来说，一是领导人民通过人民代表大会制度掌握国家权力，保证国家制订的法律、方针和政策能够体现人民的共同意志，维护人民的根本利益，保障人民当家做主。二是领导人民依照宪法和法律的规定，通过各种途径和形式，管理国家事务，管理经济和文化事务，管理社会事务，保证国家各项事业的发展符合人民的意愿、利益和要求。三是领导人民实行基层民主，由群众依法办理自己的事情，通过民主选举、民主决策、民主管理、民主监督，实行自我管理、自我教育、自我服务。四是领导人民严格贯彻公民在法律面前一律平等的原则，使公民享有法律上、事实上的广泛的自由和权利，尊重和保障人权，维护公平与正义。通过这些制度和法律保障，使人民真正成为国家的主人，运用属于自己的公共权力和各项公民权利去维护和实现自己的利益。②

---

① 房宁著：《民主政治十论：中国特色社会主义民主理论与实践的若干重大问题》，中国社会科学出版社 2007 年版，第 15 页。

② 参见《中国的民主政治建设》白皮书，载中国国务院新闻办公室，http：//news. xinhuanet. com/politics/2005 – 10/19/content_ 3645697. htm，2005 年 10 月 19 日。

2. 引领法治意识：正确对待司法独立。依法治国，建设社会主义法治国家必然要求法律具有至上的权威，任何政党、团体或个人都没有超越法律之上的特权。法治的要义包括良法之治和法律必须得到遵守两个方面，所以没有法律的至上权威就谈不上什么"法治"。而要树立法律的至上权威，必须实行司法独立。

如前所述，司法独立并不意味着司法权不受控制，只是控制司法权与控制立法权和行政权的主体不尽相同而已。从各国的权力控制实践以及权力的本质属性来看，控制立法权的主体主要是司法权，控制行政权的主体主要是立法权与司法权，而控制司法权的主体主要是社会力量。社会力量通过一系列的司法制度与公开的程序，并借助议会的罢免权来实现对司法权的制约。司法独立的本质正是在司法独立于谁与司法受制于谁之间找到平衡点，因此司法独立本身不具有姓"资"和姓"社"的属性，司法独立与人民代表大会制度和党的领导并不矛盾。

人民代表大会制度的核心是人们当家做主。立法机关作为国家的一个机关，其制订的法律或地方性法规也极有可能与人民的意志——宪法相违背，这已经被事实所证明。代议机关如果有违其权限制订了与宪法或法律相违背的法律或地方性法规而不受制约，这无异于是在说：代表的地位反而高于所代表的主体，人民代表反而高于人民本身。法院制约人大其实也并不意味着法院的地位就高于人大，而是说：宪法与法律相比以宪法为准，人民与其代表相比以人民的意志为准。法院只是人民与立法机关的中间机构，它要监督后者在其权力范围内行事。正如美国制宪者所言："以上结论并无假定司法权高于立法权的含意。仅假定人民的权力实在二者之上；仅意味每逢立法机关通过立法表达的意志如与宪法所代表的人民意志相违反，法官应受后者，而非前者的约束，应根据根本大法进行裁决，而不应根据非根本法裁决。"①

　　党对于司法的领导不是直接的领导，不应该对具体案件的审判进行把关。党对司法的领导主要是通过两种方式来实现的。一是党的领导可以通过其党员来进行。司法机关的工作人员大部分是党员，党在司法中实现其政策，是通过司法系统内的党组或党员来进行的，党只能直接命令它的党员在司法工作中起某种作用，绝不能凌驾于司法之上来直接行使审判权。二是党对司法的领导还在于将党的路线、方针、政策通过国家权力机关上升为法律。而司法独立的目的正是实现法律的权威，保证法官严格按照法律来行使审判权。司法行为越规范，法官忠实于法律的程度越高，法律贯彻的就越彻底，党的路线、方针、政策也就越能够得到很好的实现。司法独立只涉及党对司法领导方式的转变问题，而不是要司法摆脱党的领导问题。"在党权大于法权、政策高于法律、群众运动代替常规的法制建设时，司法只可能隶属于党委存在，没有任何独立的品质，成为政治运动的工具和附庸。"② 司法没有独立的品质，法律也就当然没有权威，而法律没有权威只会削弱党的领导。"无数事实证明，党委包揽司法业务的做法，实际上混淆了党委和司法机关的性质和职责，把党组织混同为司法机关，把党的领导变为包办代替，把党的领导作用降低为处理具体司法业务，其结果必然削弱和贬低了党的领导。"③

　　我国的司法实践证明，司法权在我国权力结构中的地位还不是十分独立，其无法对行政权的行使形成十分有效的控制，尽管

---

　　① ［美］汉密尔顿、杰伊、麦迪逊著：《联邦党人文集》，程逢如等译，商务印书馆 1980 年版，第 393 页。

　　② 封丽霞著：《政党、国家与法治——改革开放 30 年中国法治发展透视》，人民出版社 2008 年版，第 360 页。

　　③ 江华：《谈谈依法办事问题》，载《江华司法文集》，人民法院出版社 1989 年版，第 138 页。

1982 年宪法规定的"人民法院依照法律规定独立行使审判权，不受行政机关、社会团体和个人的干涉"可以作为我国司法独立的依据，[①] 但现实的制度安排使得司法机关不具有独立的地位，"司法权的独立行使必须以司法机关和司法角色的独立性为前提，只规定了司法权的独立行使而没有为它提供更为具体的制度安排，司法独立也只能是个空中楼阁"。[②] 司法权是国家的一种重要权力，司法权的不够独立导致了国家权力结构的失衡，权力得不到有效的制约必然导致权力腐败，这一点已经被改革开放后的实践所证明。

另外，司法改革还是我国政治体制改革的突破口。维护社会稳定是政治体制改革的目标之一，而司法体制改革可以保障我国政治体制改革的平稳进行，因为司法是社会政治的稳定力量，它促进社会的秩序化、规范化而不是相反。同时，相对于行政改革而言，司法部门的改革所涉及的既得利益较少，操作起来也比较容易。[③]

司法具有最为严格、复杂、公开的程序，这是立法程序与行政程序所不能比拟的。司法受制的主体侧重于强大的社会力量的监督，司法的使命又主要在于控制立法权与行政权，这样的权力制约机制无异于把国家权力的运行通过司法最终置于广大人民群众的监督之下，从而使得监督找到了最有力的、最广泛的社会根基，为权利制约权力提供了制度性安排。因此，执政党必须正视司法独立问题，积极着手司法体制相关方面的改革，"如果没有政治体制中其他相关制度的配套改革，就不可能实现政治体制意义上的司法独立；相反，如果司法独立没有得到国人的广泛认同，没有被执政党

---

① 1954 年宪法对司法独立的规定是："人民法院独立进行审判，只服从法律。"应该说这一规定比 1982 年宪法对司法独立的规定更符合司法独立的本质要求。

② 程竹汝著：《司法改革与政治发展》，中国社会科学出版社 2001 年版，第 169 页。

③ 章武生：《我国政治体制改革的最佳突破口：司法体制改革?》，载《复旦学报（社会科学版）》2009 年第 1 期。

视为法治国家的必要保障，没有成为政治文明的重要组成部分，那么，我国政治体制改革的僵局仍将持续而无法打破，政治文明也只能作为一句诱人的口号而永远停留在纸上"。①

3. 引领权力制约意识：党政功能分化势在必行。改革开放以来，我国的政治体制改革取得了一定的成绩，但不容忽视的是权力制约问题没有得到很好的解决，不断发生的腐败现象已经成为社会发展的严重障碍。在沿用革命时期的道德说教和政治威慑来治理腐败的方式显然已经不足以遏制腐败的蔓延，而新的权力制约机制又不完善的情况下，腐败的发生也就在所难免了。但更为令人担忧的是不完善的制约机制背后所隐藏的相对落后的权力制约意识问题。在我国，执政党权力制约意识水平的高低直接决定了党对国家政权的领导是否有效。

社会主义国家的党政关系与资本主义国家的党政关系有很大的不同，社会主义国家的党政关系是以党的领导为前提而展开的，资本主义国家的党政关系是以国家政权为前提而展开的。所以，资本主义国家的党政关系主要解决的是执政党如何在国家机构的框架内依法执政的问题。而我国的党政关系则面临着双重的任务，既面临着如何处理好党在国家机构框架内依法执政的问题，又面临着在党的领导下如何构建权力制约的模式问题。更明确地说，第一个问题是依法执政问题，第二个问题是国家政权结构合理化问题。两个问题互相联系，其核心是权力制约问题，任何一方面的失误都有可能导致权力制约的失效。如果党政不分、以党代政，国家权力必然集中到党委或党委一把手的手里，法律规定的国家权力制约制度在现实生活中便无法正常运作，再精美的制度设计也会落空。如果国家权力配置不合理，即使是党政分开，又会出现新的集权者，权力的运行也同样达不到有效的制约。因此，为了实现国家权力的平稳过

① 谭世贵著：《司法独立问题研究》，法律出版社 2004 年版，第 7～8 页。

渡与有效制约，我国政治体制改革必须要采取两条腿走路的办法：
一方面，要改进党的执政方式，逐步实现党政分开；另一方面，要
积极培养国家权力在宪法和法律规定的范围内自行运作的能力，及
时发现国家权力配置中存在的问题，认真对待国家权力结构的失衡
问题。以党代政问题已经引起了党和国家以及学界的广泛关注和论
证，这里仅就国家权力配置的失衡问题作一下简要的分析。

就我国目前的政治现状而言，党政不分、以党代政的问题依然
存在。在这个前提下，党的权力主要依附在行政权上，与行政权互
为表里，立法权与司法权的权威严重不足，在实际运作层面都要远
远低于行政权。而在宪法制度层面，立法权处于最高的地位，行政
权与司法权的地位都低于立法权。行政权与司法权的地位是平等
的，只是功能不同而已，司法权并不隶属于行政权。在某种程度上
可以说司法权还高于行政权，因为行政行为还必须接受司法的审
查，宪法也明确排除了行政权对司法权的干预。我国 1982 年宪法
第 126 条规定："人民法院依照法律规定独立行使审判权，不受行
政机关、社会团体和个人的干涉"。

如果党政关系一旦正常化，宪法制度得以全面落实的话，新的
情况就极有可能会出现了：立法权成为了最高的权力，行政权和司
法权都是由立法权产生的，都受立法权的监督与制约，而这种监督
和制约是单向的，不是双向的。如果说行政权不能制约立法权还符
合权力的制约规律的话，那么司法权不能制约立法权就有悖权力运
行的规则了。因为这等于说立法权成为了不受制约的权力。我国宪
法虽然明确规定一切权力属于人民，但是由于直接民主具有过于巨
大的困难，不可能由全体人民直接行使国家权力，所以人民只能通
过代议机关来代表国家对社会进行管理，正如列宁所指出的："国
家一直是从社会中分化出来的一种机构，一直是由一批专门从事管
理、几乎专门从事管理或主要从事管理的人组成的。"[1] 既然立法

---

① 《列宁选集》（第四卷），人民出版社 1972 年第 2 版，第 47 页。

机关也是由人组成的，那就不能排除其犯错误的可能性。实践证明，立法权也有被滥用的时候。地方人大所立的地方性法规有时就与全国人大制订的法律和国务院制订的行政法规相抵触。我们甚至不能排除全国人大会制订出与宪法和其他法律相互抵触的法律的可能，当然也不能排除权力机关对行政权和司法权违法实施监督的可能。行政权不能对立法权形成反制约，如果再没有司法权对立法权的制约，那无异于人大的权力是不受制约的，而绝对的权力会导致绝对的腐败。也许有人会说，人大的错误由人大自身来纠正，或者由人民来纠正。这种观点看上去似乎很有道理，但仔细推敲一下却并非如此。人大自己纠正自己的错误违背了自然公正原则——自己不做自己的法官。那么人民又是通过什么方式来纠正人大的错误呢？要么是采取群众运动的方式，要么依法进行。依法进行就需要司法的居中裁判，显然问题又回到了人大的活动需要司法监督的话题。赋予人大至高无上的地位以及包罗万象的权力其实是把人大代表想当然地等同于了人民。人大代表不能等同于人民，代表一旦选出，对代表的控制也并非易事，正如卢梭曾对英国议会选举的异化现象所指出的："英国人民自以为是自由的；他们是大错特错了。他们只有在选举国会议员的期间，才是自由的；议员一旦选出之后，他们就是奴隶，他们就等于零了。"① 而宪政的主题，正是要防止人民的"公仆"转变为人民的"主人"。所以，如何完善我国的人民代表大会制度是一个需要执政党认真对待的问题。而构建合理的权力制约方式就必须尊重权力制约的规律。综观古今中外的权力制约方式，不外乎以道德制约权力、以权力制约权力、以法律制约权力和以社会制约权力四种。② 而被实践证明最为有效的方式，

---

① ［法］卢梭著：《社会契约论》，何兆武译，商务印书馆 1980 年第 2版，第 125 页。

② 参见喻中著：《权力制约的中国语境》，山东人民出版社 2007 年版，第 1～12 页。

乃是以权力制约权力和以法律制约权力互相结合为主导，再辅之以道德制约权力和以权利制约权力的方式。实践证明，纯粹的道德说教是不可靠的，以社会制约权力也必须借助权力和法律，否则就是革命了。

4. 引领人权意识：推进人权立法的完善与实施。"人权（Human Rights），就是人的自由平等的权利。它代表了人类尊严，体现了正义、公平、人道、善良等美好的人类精神和价值。"[①] 它是人基于自然属性和社会属性应当享有的，有尊严地做人的权利。充分地享有人权是中国人民长期追求与奋斗的理想和目标。始终代表最广大人民根本利益的中国共产党，自诞生以来就把为中国人民争取人权作为己任，中国近代革命史同时也是一部中国共产党领导中国人民获得民族独立、消灭阶级剥削、实现人民当家做主的人权运动史。

由于中国共产党在不同的历史时期所面临的历史任务不同，所以中国的人权思想在内容和特点等方面也存在着一定的差别。以毛泽东为核心的中共第一代领导集体主要解决的，是国家独立和民族解放这一近代中国最大的人权问题。新中国的成立和人民的当家做主为中国人权的进一步完善和发展奠定了基础。以邓小平为核心的中共第二代领导集体重点解决人的生存权问题。经过改革开放的巨大发展，中国人的生存权问题已经得到了根本解决。以江泽民为核心的中共第三代领导集体更关注人的发展权，把推进人的自由全面发展作为发展人权的重要内容。

尽管在我国的人权建设过程中也存在过一些挫折和倒退，但不容否认的是，经过近四代中央领导集体以及全国人民的共同努力，中国的人权建设已经取得了举世瞩目的巨大成就。在人权理论方面，对人权与主权的关系问题，生存权和发展权的重要性问题，经

---

① 张晓玲主编：《人权理论基本问题》，中共中央党校出版社 2006 年版，第 1~2 页。

济、社会、文化权利与公民政治权利相互促进的问题，人权普遍性与特殊性的关系问题，个人人权与集体人权的关系问题，人权与具体的国情问题，国际人权领域的对话与合作问题等一系列内容进行了深入的研究，并基本达成了共识。在人权立法方面，从内容体系上看，既包括政治权利与经济权利，也包括社会权利和文化权利；从立法层次上看，既包括宪法层面的人权保护条款，也包括法律、行政法规、地方性法规和规章的人权保护条款，还包括我国政府加入的国际人权法律和条约；从规范体系上看，既包括实体性的法律规范，也包括程序性的法律规范和保障性的法律规范。在人权实施保障方面，建立和完善了国家制度，尤其是民主政治制度；建立和完善了司法保障制度；建立和完善了社会主义经济制度和经济体制；建立和完善了社会保障体系；建立和完善了国家赔偿与法律援助制度；加强了对公民进行思想道德教育和文化教育、培育公民意识；等等。①

人权的内涵不是抽象的、绝对的和不变的，而是具体的、历史的和发展的。虽然我国的人权事业已经取得了巨大的进步，但由于我国的社会主义社会脱胎于半殖民地半封建社会，并且目前仍然处于社会主义发展的初级阶段，这就决定了我国的人权建设不可能是尽善尽美的。不仅社会现实发展水平制约着人权的发展，而且社会制度本身的不完善也拉大了人权应然状态与实然状态的距离。另外，从动态的角度看，随着社会的不断进步与发展，人们对人权的需求也会处于不断拓展的状态。探索在现有的社会条件下最大限度地实现人权的方式与途径，是历史赋予中国共产党的光荣使命，为此，应当从以下几个方面继续把我国的人权建设事业推向新的高度。

第一，加强人权理论研究，为保障人权提供科学的理论依据。我国人权理论方面的研究起步较晚，对人权的实践研究也不够充

---

① 张继良著：《中共人权理论与中国人权立法》，中国社会科学出版社2004年版，第147页。

分，与国际人权研究水平还存在着一定的差距。这不仅导致了我国在国际人权对话中处于被动的地位，而且也不可避免地造成了我国人权建设实践中的盲目性与非科学性。对人权理论的深入研究不仅可以使我们树立科学的人权观，而且还有助于我们正确地对待与吸取我国传统文化中有利于人权发展的积极因素，大胆地借鉴国外人权发展的先进经验，正确地处理人权普遍性与特殊性的关系。

第二，建立健全人权立法，为实现人权提供制度保障。人权立法是实现人权的前提，不从立法上固定人权成果，不用法律的手段来保护人权，人权就难以真正落到实处。十一届三中全会以来，我国的人权立法有了重大的突破，1982年宪法以及其后的宪法修正案都加强了对公民政治、经济、文化和社会权利的立法保障。特别是2004年宪法修正案将"国家尊重并保障人权"写入宪法，开创了我国人权立法的新局面。到目前为止，我国的人权立法不仅在内容上比较全面，而且在保护对象上也日益完善，涉及老人、妇女、儿童、残疾人、少数民族等不同的群体。但人权立法还有待于进一步提高，首先，在内容上应该把条件基本成熟的权力纳入法律的保障范围，如迁徙权、知情权、环境权等；其次，进一步完善原有立法，如《集会、游行、示威法》、《国家赔偿法》以及社会保障等方面的法律；再次，及时废除与宪法和法律相抵触的法律法规。当然，纸面上的权利要转化为现实，更需要法律的执行与司法的保障，这又涉及前面论述的改善党的领导、完善国家权力的制约机制等更深层次的问题。

第三，加强人权领域的国际交流与合作，积极做好国内人权法与国际人权法的对接。新中国成立后，人权一度成为东西方国家进行冷战的工具。改革开放以后，邓小平曾多次强调，我国应当在解决国际人权争端问题上发挥一定的作用，随着我国国力的不断增强，我们也开始积极了解和适应国际人权活动的运作过程。① 1991年，中国政府发表了《中国的人权状况》白皮书，在国内外引起了巨大反响，为中国开启了人权领域的话语权。从此，以江泽民为核心的中共第三代领导集体积极地参与联合国人权领域活动。中国政府先后批准并参加了 23 个国际人权公约，其中包括《经济、社会和文化权利国际公约》、《消除一切形式种族歧视国际公约》、《消除对妇女一切形式歧视公约》、《儿童权利公约》、《关于难民地位国际公约》等核心人权公约。② 但是必须看到，我国现行宪法和国内法律在保障人权方面的规定与国际公约相比在内容和保障机制方面还有一定的差距。为此，我们一方面必须要在观念层面积极寻求对话与合作的共同基础，另一方面必须从制度层面借鉴国外寻求国内法与国际法规范相衔接的做法，以保障人权国际合作的实现。③

社会永远处于变化、发展之中，旧的矛盾解决后，新的矛盾又开始了，所以引领法律意识发展的路径与方法也处在不断变化之中。但只要中国共产党真正坚持马克思主义基本原理，坚持解放思想、实事求是、与时俱进的原则，始终坚持"三个代表"重要指导思想，就一定能够引领法律意识的发展潮流。

---

① 李蓬：《中共三代领导人人权思想的比较及现实思考》，载《桂海论丛》2006 年第 3 期。

② 刘海年：《中国人权法治 30 年》，载中国社会科学院法学研究所编：《中国法治 30 年：1978～2008》，社会科学文献出版社 2008 年版，第 341 页。

③ 张继良著：《中共人权理论与中国人权立法》，中国社会科学出版社 2004 年版，第 255～258 页。

参考文献

一、经典原著

1.《马克思恩格斯选集》（第1—4卷），人民出版社1995年第2版。
2.《马克思恩格斯全集》（第1卷），人民出版社1995年第2版。
3.《马克思恩格斯全集》（第25卷），人民出版社2001年第2版。
4.《列宁选集》（第1—4卷），人民出版社1995年第3版。
5.《列宁全集》（第33—37卷），人民出版社1985年第2版。
6.《毛泽东选集》（第1—4卷），人民出版社1991年第2版。
7.《毛泽东选集》（第5卷），人民出版社1977年第1版。
8.《刘少奇选集》，人民出版社1985年版。
9.《董必武政治法律文集》，法律出版社1986年版。
10.《邓小平文选》（第2卷），人民出版社1994年第2版。
11.《邓小平文选》（第3卷），人民出版社1993年第1版。
12.《江泽民文选》（第一、二、三卷），人民出版社2006年版。

二、国外译著

1.［英］M. J. C. 维尔著：《宪政与分权》，苏力译，生活·读书·新知三联书店1997年版。
2.［美］E. 博登海默著：《法理学：法哲学与法律方法》，邓正来译，中国政法大学出版社1999年版。
3.［美］约翰·罗尔斯著：《正义论》，何怀宏、何包钢、廖申白译，中国社会科学出版社 1998 年版。

4. ［美］本杰明·卡多佐著：《司法过程的性质》，苏力译，商务印书馆 2002 年版。

5. ［美］埃尔曼著：《比较法律文化》，贺卫方、高鸿钧译，生活·读书·新知三联书店 1990 年版。

6. ［美］汉密尔顿、杰伊、麦迪逊著：《联邦党人文集》，程逢如等译，商务印书馆 1980 年版。

7. ［德］普维庭著：《现代证明责任问题》，吴越译，法律出版社 2004 年版。

8. ［英］J. S. 密尔著：《代议制政府》，汪瑄译，商务印书馆 1982 年版。

9. ［古希腊］亚里士多德著：《政治学》，颜一、秦典华译，中国人民大学出版社 2003 年版。

10. ［法］卢梭著：《社会契约论》，何兆武译，商务印书馆 1980 年版。

11. ［德］黑格尔著：《法哲学原理》，范杨、张企泰译，商务印书馆 1991 年版。

12. ［英］罗素著：《权力论》，瞿菊农、叶启芳译，商务印书馆 1996 年版。

13. ［美］斯科特·戈登著：《控制国家》，应奇、陈丽微、孟军、李勇译，江苏人民出版社 2005 年版。

14. ［日］美浓部达吉著：《议会制度论》，邹敬芳译，中国政法大学出版社 2005 年版。

15. ［德］马克斯·韦伯著：《儒教与道教》，洪天富译，江苏人民出版社 1993 年版。

16. ［美］庞德著：《法律史解释》，曹玉堂、杨知译，华夏出版社 1989 年版。

17. ［美］庞德著：《通过法律的社会控制、法律的任务》，沈宗灵、董世忠译，商务印书馆 1984 年版。

18. ［美］帕森斯著：《现代社会的结构与过程》，梁向阳译，光明日报出版社 1988 年版。

19. ［德］哈贝马斯著：《交往与社会进化理论》，张博树译，重庆出版社 1989 年版。

20. ［苏］C. C. 阿列克耶夫著：《法的一般理论》，黄良平等译，法律出版社 1988 年版。

21. ［俄］B. B. 拉扎列夫主编：《法与国家的一般理论》，王哲等译，法律出版社 1999 年版。

22. ［俄］伊·亚·伊林著：《法律意识的实质》，徐晓晴译，清华大学出版社 2005 年版。

23. ［苏］雅科布松著：《情感心理学》，王玉琴等译，黑龙江人民出版社 1997 年版。

24. ［瑞士］皮亚杰著：《发生认识论原理》，王宪钿译，商务印书馆 1981 年版。

三、国内专著

1. 孙国华主编：《市场经济是法治经济》，天津人民出版社 1995 年版。

2. 吕世伦著：《黑格尔法律思想研究》，中国人民公安大学出版社 1989 年版。

3. 沈宗灵著：《现代西方法哲学》，法律出版社 1983 年版。

4. 张文显主编：《法的一般理论》，辽宁大学出版社 1988 年版。

5. 郭道晖著：《法的时代精神》，湖南出版社 1997 年版。

6. 公丕祥著：《法哲学与法制现代化》，南京大学出版社 1998 年版。

7. 公丕祥著：《马克思法哲学思想论述》，河南人民出版社 1992 年版。

8. 刘作翔著：《法律文化理论》，商务印书馆 1999 年版。

9. 刘作翔著：《法律的理想与法制理论》，西北大学出版社 1995 年版。

10. 武树臣等著：《中国传统法律文化》，北京大学出版社 1994 年版。

11. 谢天佑著：《专制主义统治下的臣民心理》，吉林文史出版社 1990 年版。

12. 梁治平编：《法律的文化解释》，生活・读书・新知三联书店 1994 年版。

13. 谢晖著：《法律信仰的理念与基础》，山东人民出版社 1997 年版。

14. 刘旺洪主编：《中国公民现代法律观念》，山东人民出版社 1997 年版。

15. 刘旺洪著：《法律意识论》，法律出版社 2001 年版。

16. 乐国安主编：《法律心理学》，华东师范大学出版社 2003 年版。

17. 路海东主编：《心理学》，东北师范大学出版社 2006 年版。

18. 吴汉东总主编、熊云武编著：《犯罪心理学》，北京大学出版社 2007 年版。

19. 杨韶刚著：《道德教育心理学》，上海教育出版社 2007 年版。

20. 戴健林著：《法律社会心理学》，广东高等教育出版社 2002 年版。

21. 韩秀桃著：《司法独立与近代中国》，清华大学出版社 2002 年版。

22. 方立新著：《传统与超越——中国司法变革源流》，法律出版社 2006 年版。

23. 谭世贵主编：《中国司法改革研究》，法律出版社 2000 年版。

24. 谭世贵著：《司法独立问题研究》，法律出版社 2004 年版。

25. 胡建淼主编：《公权力研究——立法权・行政权・司法权》，浙江大学出版社 2005 年版。

26. 孙谦、郑成良主编：《司法改革报告——中国的检察院、法院改革》，法律出版社 2004 年版。

27. 张智辉主编：《中国检察——检察机关的监督与被监督（第 11

卷)》，北京大学出版社 2006 年版。

28. 邓思清著：《检察权研究》，北京大学出版社 2007 年版。

29. 蔡定剑著： 《中国人民代表大会制度》，社会科学文献出版 2003 年版。

30. 徐祥民等著：《中国宪政史》，青岛海洋大学出版社 2002 年版。

31. 浦兴祖主编：《中华人民共和国政治制度》，上海人民出版社 2005 年版。

32. 高放著：《中国政治体制改革的心声》，重庆出版社 2006 年版。

33. 崔宜明著：《道德哲学引论》，上海人民出版社 2006 年版。

34. 徐育苗主编、尤光付著： 《中外监督制度比较》，商务印书馆 2003 年版。

35. 喻中著：《权力制约的中国语境》，山东人民出版社 2007 年版。

36. 李鹏著：《立法与监督——李鹏人大日记》，中国民主法制出版 社、新华出版社 2006 年版。

37. 郭成伟主编：《中国法制史》，中国法制出版社 2007 年版。

38. 柯卫著：《当代中国法治的主体基础——公民法治意识研究》， 法律出版社 2007 年版。

39. 林端著：《儒家伦理与法律文化：社会学观点的探索》，中国政 法大学出版社 2002 年版。

40. 王义祥著：《当代中国社会变迁》，华东师范大学出版社 2006 年版。

41. 苗连营主编： 《公民法律素质研究》，郑州大学出版社 2005 年版。

42. 曾尔恕主编：《社会变革之中的传统选择——以外国法律演进 为视角》，中国政法大学出版社 2007 年版。

43. 朱征夫著：《公民的权利》，法律出版社 2006 年版。

44. 郑永流、马协华、高其才、刘茂林著：《农民法律意识与农村 法律发展——来自湖北农村的实证研究》，中国政法大学出版 社 2004 年版。

45. 蔡宝刚著：《社会转型与法理回应——以 21 世纪初中国为背景》，社会科学文献出版社 2007 年版。

46. 马汉宝著：《法律思想与社会变迁》，清华大学出版社 2008 年版。

47. 杜承铭、吴家清等著：《社会转型与中国宪法自由权制度的完善》，北京大学出版社 2005 年版。

48. 陈新汉著：《权威评价论》，上海人民出版社 2006 年版。

论文类：

1. 侯振汉：《社会主义市场经济与法律意识》，载《空军政治学院学报》1996 年第 4 期。

2. 顾培东：《我国市场经济与法制建设几个问题的思考》，载《法学研究》1994 年第 1 期。

3. 李长喜：《儒家思想与当代公民的法律意识》，载《社会科学家》1997 年第 6 期。

4. 龙宗智、李常青：《论司法独立与司法受制》，载《法学》1998 第 12 期。

5. 徐长安、宋新夫：《传统法律心理对培养现代公民意识的二重作用》，载《社会科学》2002 年第 8 期。

6. 吴美来：《论我国司法信任的养成》，载《西北政法大学学报》2009 年第 2 期。

7. 马新福、杨清望：《法律信任初论》，载《河北法学》2006 年第 8 期。

8. 孙春增：《先秦法家：法治的中国渊源》，载《法学论坛》2008 年第 2 期。

9. 吴斌、汪公文：《我国公民法律意识之矛盾分析》，载《当代法学》2003 年第 9 期。

10. 夏勇：《飘忽的法治——清末民初中国的变法思想与法治》，载《比较法研究》2005 年第 2 期。

11. 李晓辉、周兆娟：《新时期执政党法律意识的形成及其社会基础》，载《河北法学》2004 年第 7 期。

12. 柴荣：《清末中国民法思想形成分析》，载《江海学刊》2007 年第 4 期。

13. 郭为桂：《我国社会主义宪政建设初期的历史境遇》，载《中共福建省委党校学报》2003 年第 1 期。

14. 顾昂然：《回顾新中国法制建设的历程》，载《中国人大》2004 年第 15 期。

15. 张爱军：《毛泽东工具主义法律观及其成功实践》，载《毛泽东思想研究》2008 年第 1 期。

16. 刘旺洪：《法律意识现代化之模式分析》，载《南京师大学报（社会科学版）》2001 年第 5 期。

17. 周骁男：《对建国初批判"旧法观点"的历史反思》，载《东北师大学报（哲学社会科学版）》2002 年第 5 期。

18. 杨仁财、甄军军：《陕西农村地区农民法治意识现状概述——宝鸡部分县乡农村地区法律意识状况调查报告》，载《法制与社会》2008 年第 23 期。

19. 易有禄、徐宏亮：《论政治文明与法治的关系》，载《广西社会科学》2005 年第 1 期。

20. 周小毛：《清官意识生成的深层动因及其危害》，载《湘潭大学学报》1997 年第 6 期。

21. 朱文雁：《中国传统儒家法律文化与人权思想》，载《东岳论丛》2005 年 2 期。

22. 赵文：《刍议培养大学生法律情感》，载《法制与社会》2008 年第 12 期。

23. 纪政文：《当代中国社会主义公民意识探析》，载《东岳论丛》2009 年第 3 期。

24. 王果纯：《程序法治意识初论》，载《湖南师范大学社会科学学报》2005 年第 1 期。

25. 刘振:《传统法律文化心理剖析》,载《社会心理科学》2007年第 Z2 期。

26. 韩久龙:《论中原地区法律观念现状及法治理念培育》,载《河南社会科学》2008 年第 2 期。

27. 江涛:《程序法与实体法关系的思辨》,载《政法论丛》2004年第 6 期。

28. 吕明:《法律意识形态的变迁——以我国民事诉讼中的"调解"为样本》,载《法律科学》2007 年第 5 期。

29. 吴小英:《重塑程序意识》,载《现代法学》1999 年第 4 期。

30. 王霄燕、肖明:《中国传统法律意识的现代化》,载《山西大学学报（哲学社会科学版）》2001 年第 1 期。

31. 戴者春、王珉:《自我创新和政府推进——浅谈我国公民法律意识现代化道路》,载《甘肃政法学院学报》2001 年第 2 期。

32. 马建欣:《试论我国公民法律意识的现代化》,载《甘肃社会科学》2004 年第 1 期。

33. 李洁珍:《法制现代化与法律意识现代化》,载《江西社会科学》2005 年第 2 期。

34. 唐学文:《论我国公民法律意识的现代化》,载《法学与实践》2007 年第 1 期。

35. 于庆生:《农民法律意识现代化的路径选择》,载《社会科学家》2008 年第 3 期。

36. 莫于川:《公法共同价值要论》,载《法学论坛》2007 年第 4 期。

37. 童之伟:《权利本位说再评议》,载《中国法学》2000 年第 6 期。

38. 袁曙宏:《论建立统一公法学》,载《中国法学》2003 年第 5 期。

39. 叶青:《检察机关在保障司法公正中的地位和作用》,载《政治与法律》2006 年第 4 期。

40. 杨振山：《中国法学教育沿革之研究》，载《政法论坛》2000年第 4 期。

41. 董节英：《董必武与新中国法学教育》，载《毛泽东思想研究》2007 年第 2 期。

42. 金安平：《从发展党内民主走向人民民主》，载《科学社会主义》2008 年第 3 期。

43. 谭世贵：《论司法独立》，载《政法论坛》1997 第 1 期。

44. 祝铭山：《法官职业化与现代司法观念》，载《法学家》2003年第 3 期。

45. 周永坤：《政治文明与中国宪法发展》，载《法学》2003 年第 1期。

外文资料：

1. John Rawls, A Theoty of Justice, Harrard University Press, 1997.

2. Norberto Bobbio, The age of Rights, Cambridge, Polity, 1996.

3. James Harrington, The Prerogative of Popular Government (1658) in The Oceana and his Other Works, ed. J. Toland (London, 1771) .

4. Cairns. H, The Theory of Legal Science, in the American Jurisprudence Reader, Cowan, T. A. P.

5. Henry J. Abraham, Judicial Process, Oxford University Press, 1998.

6. Galligan, Ddiscretionary Power, Clarendon Press, Oxford, 1986.

7. Harold J. Spaeth, Supreme Court Policy Making , W. H. Freeman and Company.

8. Dhavan, Judges and the Judicial Power, London, Sweet & Maxwell, 1985.

9. Frederick Cooper, Africa Since 1940 : The past of the present, Cambridge University Press, 2002.

10. Bruce Ackerman, Social Justice and the Liberal State, Yale University Press, 1980.

后　记

　　本书是在我的博士论文《社会转型期法律意识变迁研究》的基础上形成的，基本保留了该论文的原貌，个别地方作了一些修改和删节。博士论文原本有个后记，副标题为《从放牛娃到博士生》。由于该后记长达4600多字，并且已在网上登出多时，这次整理时就忍痛作了删除。之所以说忍痛，是因为该后记不失为一篇好的后记，曾经感动过很多人。其记录了我学术生涯的艰辛历程，表达了我对所有帮助过我的人的谢意，特别是还引发了人们对社会转型期学子们的命运思考与重新定位。

　　2007年3月，我有幸成为上海大学社会科学学院的一名博士研究生，在恩师程竹汝教授和其他各位导师的指导下，我于2010年3月顺利完成了学业。其实，在考取博士之初，导师就给我指明了研究方向——人大对法院的监督关系。但考虑到这个论题和思想政治教育专业不太对口，在研究了一段时间之后就暂停了，改为研究中国社会转型期法律意识变迁。由于半路改道，在写作的过程中曾经遇到了不少困难和问题，但在各位导师的热心帮助下，我最终克服了困难。所以在本书的出版之际，我由衷地再次感谢我的导师程竹汝先生和其他帮助过我的所有良师益友。

　　毕业之后，我继续研究人大对法院的监督关系问题，并且出版了有关的专著，所以博士论文的出版也就一拖再拖。如今，为了我校重点学科建设的需要，我又把博士论文重新找了出来，三年未读却仍倍感亲切，因为书中的许多观点和看法并不过时，有些观点和看法甚至还很具有超前意识。虽然如此，但法律意识毕竟是很抽象的研究领域，再加上本人学术功底较浅，所以本书的一些观点和看法肯定有偏颇和不妥之处，还望读者不吝赐教。

姜起民
2013 年 3 月 8 日于烟台